Grundstudium
Betriebswirtschaftslehre
Band 4

Produktions- wirtschaft

Eine Einführung mit Anwendungen und Kontrollfragen

von

Professor Dr. Egon Jehle, Dortmund
Dipl.-Kfm. Dr. Klaus Müller, Mühlacker und
Dipl.-Kfm. Dr. H. Michael, Bergisch Gladbach

3., überarbeitete und erweiterte Auflage 1990

Mit 94 Abbildungen und Tabellen

Verlag Recht und Wirtschaft GmbH
Heidelberg

1. Auflage 1983 · ISBN 3-8005-6295-2
2. Auflage 1986 · ISBN 3-8005-6298-7
3. Auflage 1990 · ISBN 3-8005-6287-1

CIP-Titelaufnahme der Deutschen Bibliothek

Jehle, Egon:
Produktionswirtschaft : eine Einführung mit Anwendungen und Kontrollfragen / von Egon Jehle, Klaus Müller u. Horst Michael. — 3., überarb. u. erw. Aufl. — Heidelberg: Verl. Recht u. Wirtschaft, 1990

   (Grundstudium Betriebswirtschaftslehre; Bd. 4)
   ISBN 3-8005-6287-1

NE: Müller, Klaus:; Michael, Horst:; GT

ISBN 3-8005-6287-1

© 1990 Verlag Recht und Wirtschaft GmbH, Heidelberg

Das Werk einschließlich aller seiner Teile ist urheberrechtlich geschützt. Jede Verwertung außerhalb der engen Grenzen des Urheberrechtsgesetzes ist ohne Zustimmung des Verlages unzulässig und strafbar. Das gilt insbesondere für Vervielfältigungen, Bearbeitungen, Übersetzungen, Mikroverfilmungen und die Einspeicherung und Verarbeitung in elektronischen Systemen.

Satz: Filmsatz Unger & Sommer GmbH, 6940 Weinheim
Druck und buchbinderische Verarbeitung: Wilhelm & Adam, Werbe- und Verlagsdruck GmbH, 6056 Heusenstamm
Umschlagentwurf: Horst König, 6700 Ludwigshafen

Printed in Germany

Geleitwort

Das Fach industrielle Produktionswirtschaft bildet an allen Universitäten und Hochschulen des In- und Auslandes einen zentralen Ausbildungsbereich für den Führungsnachwuchs der Wirtschaft. Ohne Zweifel haben unsere industriellen Unternehmen Bedarf an gut ausgebildeten Produktionswirtschaftlern. Das generelle Ziel eines Studiums der Produktionswirtschaft ist es, die Kenntnisse und Fähigkeiten zu vermitteln, die zur Berufsreife führen und zur gestaltenden Planung und Durchführung von industriellen Produktionsprozessen unter Berücksichtigung ökonomischer Kriterien befähigen.

Wegen der Ausstrahlung des im Fach industrielle Produktionswirtschaft erarbeiteten Wissens in fast alle anderen wirtschaftswissenschaftlichen Teilgebiete, sollten dessen Grundlagen jedem Studierenden der Wirtschaftswissenschaften im Rahmen der Allgemeinen Betriebswirtschaftslehre nahegebracht werden (Grundlagenstudium). Diese Regelung beinhaltet auch das Anforderungsprofil für die Hochschulausbildung im Bereich der Industriellen Produktionswirtschaft, das von der entsprechenden Fachkommission für Ausbildungsfragen der Schmalenbach Gesellschaft/Deutsche Gesellschaft für Betriebswirtschaft e.V. erarbeitet und veröffentlicht wurde.

Das vorliegende Buch will einen Beitrag zum Grundlagenstudium im Bereich der industriellen Produktionswirtschaft leisten. Es richtet sich deshalb vor allem an Studienanfänger der Wirtschaftswissenschaften. Den Verfassern ist es gelungen, die komplexe Materie in knapper und verständlicher Form, aber dennoch in der notwendigen Systematik und Tiefe zu behandeln und didaktisch klug aufzubereiten. Es ist zu wünschen, daß dieses Buch bei Studenten und in der Praxis einen guten Anklang findet.

Mannheim, Mai 1983 *Prof. Dr. Gert von Kortzfleisch*

Vorwort

Das vorliegende Buch soll Studenten von Universitäten, Fachhochschulen und Berufsakademien sowie interessierten Personen aus der Praxis von Unternehmen und Verbänden umfassende Grundkenntnisse im Fach Produktionswirtschaft vermitteln.

Der Leser wird in einem ersten Teil mit den am Produktionsprozeß beteiligten Produktionsfaktoren – menschliche Arbeit, Betriebsmittel und Werkstoffe – vertraut gemacht. In diesem Zusammenhang werden insbesondere Ergiebigkeitskomponenten dieser Faktoren herausgearbeitet und typische Entscheidungsprobleme im Hinblick auf deren Einsatz analysiert.

Der letzte Abschnitt dieses ersten Teiles ist ausgewählten Problemen der Fertigung gewidmet. Nach Systematisierung der Fertigungsverfahren werden Probleme der Allgemeinen und Speziellen Arbeitsvorbereitung in den Vordergrund des Interesses gerückt. Im Rahmen der Speziellen Arbeitsvorbereitung wird ausführlich auf die operative Fertigungsprogrammplanung sowie die Reihenfolgeplanung eingegangen und diese durch Beispiele unter Rückgriff auf einfache Rechenverfahren näher erläutert.

Im zweiten Teil setzt sich das vorliegende Buch mit den Grundlagen der Produktionstheorie auseinander. Um dessen einführenden Charakter zu wahren, werden allerdings nur die Produktionsfunktionen vom Typ A und B ausführlich analysiert. Im Rahmen der Darstellung dieser Funktionen wird auf eine rechenhafte Behandlung von produktionstheoretischen Entscheidungsproblemen (z. B. Minimalkostenkombination, optimaler Leistungsgrad) besonderen Wert gelegt.

Im Mittelpunkt des dritten Teiles, der die kostentheoretischen Grundlagen der Produktionswirtschaft behandelt, steht die Analyse der betrieblichen Anpassungsprozesse und ihrer kostenmäßigen Konsequenzen.

Anwendungen der in den ersten drei Teilen des Buches vermittelten produktionswirtschaftlichen Erkenntnisse sind Gegenstand des vierten Teiles. Besonderer Raum wird hierbei den kombinierten Anpassungsprozessen gewidmet.

Das Buch schließt mit ausgewählten Kontrollfragen und Aufgaben mit Lösungen aus dem Gebiet der Produktionswirtschaft.

Dieses Buch versteht sich als eine Einführung in die Produktionswirtschaft. Um diesem Charakter der Abhandlung Rechnung zu tragen, ist die mathematische Behandlung des Lehrstoffes auf das unbedingt Notwendige reduziert. Diesem Ziel dient auch die bewußte Darstellung der vermittelten Lehrinhalte anhand ausgewählter Rechenbeispiele.

Herrn Dipl.-Kfm. Hartmut Wiethoff danken wir für seine Hilfe bei der Erstellung der 2. Auflage dieses Buches. Besonderer Dank gilt jedoch Herrn Professor Dr. Gert v. Kortzfleisch, der uns beim Zustandekommen des Buches stets großzügig unterstützt hat.

Dortmund, August 1985 *Die Verfasser*

Vorwort zur 3. Auflage

Die zweite Auflage des Buches ist auf lebhaftes Interesse, vor allem seitens der Studenten, gestoßen. Sie war deshalb relativ schnell vergriffen.

Bei der dritten Auflage handelt es sich um eine überarbeitete und erweiterte Fassung. Inhaltlich wurden insbesondere neue Fertigungstechnologien, die CIM-Konzeption sowie einige zentrale logistische Aspekte neu in das Buch aufgenommen. Zusätzlich wurde im Rahmen der kurzfristigen Programmplanung der Simplex-Algorithmus berücksichtigt und anhand eines einfachen Beispiels in verständlicher Form dargestellt und erklärt.

Im Anwendungsteil wurden schließlich einige neue Rechenbeispiele hinzugefügt.

Den Herren Dipl.-Kfm. Reiner Schweitzer, Dipl.-Kfm. Hartmut Wiethoff und cand. rer. pol. Thomas Plümer danken wir für die Hilfe bei der Erstellung der dritten Auflage dieses Buches.

Dortmund, Dezember 1989 *Die Verfasser*

Inhaltsverzeichnis

		Seite
	Abkürzungsverzeichnis.............................	XIV

Erster Teil
Grundlagen der Produktion

1.	Begriff der Produktion und ein System von Produktionsfaktoren	1
2.	Menschliche Arbeit als Produktionsfaktor	2
2.1	Menschliche Arbeitsleistung................................	2
2.2	Einflußgrößen auf die menschliche Arbeitsleistung	2
2.2.1	Intrapersonelle Einflüsse	3
2.2.1.1	Leistungsfähigkeit...	3
2.2.1.2	Leistungsbereitschaft	3
2.2.2	Extrapersonelle Einflüsse	5
2.2.2.1	Art und Komplexität der Arbeitsaufgabe	5
2.2.2.2	Soziale Arbeitsumweltbedingungen	6
2.2.2.3	Sachliche Arbeitsumweltbedingungen	6
2.2.2.4	Zeitliche Arbeitsumweltbedingungen	7
2.2.2.5	Arbeitsmethodik	9
2.2.3	Arbeitsentgelt...	9
2.2.3.1	Arbeitsbewertung	10
2.2.3.2	Leistungsbewertung	11
2.2.3.3	Lohnformen	11
2.2.3.3.1	Zeitlohn	11
2.2.3.3.2	Akkordlohn (Stücklohn)	12
2.2.3.3.3	Prämienlohn...	15
2.2.4	Soziallohn..	16
3.	Betriebsmittel...	16
3.1	Begriff und Arten von Betriebsmitteln	16
3.2	Ergiebigkeitskomponenten von Betriebsmitteln	16
3.2.1	Technischer Leistungsstand	17
3.2.2	Spezielle Eignungsfaktoren	18
3.2.2.1	Kapazität	19
3.2.2.2	Fertigungstechnische Elastizität............................	21
3.2.2.3	Verfahrenstechnische Entsprechung	22
4.	Werkstoffe..	24
4.1	Werkstoffarten	24
4.2	Ergiebigkeitskomponenten von Werkstoffen	24
4.3	Werkstoffbeschaffung	26
4.3.1	Materialbereitstellungsprinzipien	26
4.3.2	Planung der Materialvorratsmenge	27

4.3.3	Planung der Materialbeschaffung	29
4.3.3.1	Begriff der optimalen Bestellmenge	29
4.3.3.2	Grundmodell zur Ermittlung der optimalen Bestellmenge	30
4.3.3.2.1	Annahmen dieses Modells	30
4.3.3.2.2	Mathematische Ableitung der optimalen Bestellmenge	31
4.3.3.2.3	Graphische Darstellung der Bestellmengenoptimierung	34
4.3.3.2.4	Mängel der optimalen Bestellmenge	35
4.3.3.2.5	Weiterentwicklung des Grundmodells der optimalen Bestellmenge	35
4.4	Lagerhaltung	38
5.	**Fertigung**	**40**
5.1	Fertigungsverfahren	40
5.1.1	Systematisierung der Fertigungsverfahren nach der Art des Produktionsprogramms	40
5.1.2	Systematisierung der Fertigungsverfahren nach der Art der technischen Prozesse	41
5.1.3	Systematisierung der Fertigungsverfahren nach der organisatorischen Gestaltung des Fertigungsablaufes	42
5.1.4	Neue Tendenzen der Fertigungstechnologie	44
5.1.5	Einsatz von Fördermitteln in der Fertigung	46
5.2	Arbeitsvorbereitung	47
5.2.1	Allgemeine Arbeitsvorbereitung unter besonderer Berücksichtigung der Fertigungsprogrammplanung	47
5.2.1.1	Arten und Aufgaben der Fertigungsprogrammplanung	47
5.2.1.2	Entscheidungshilfen im Rahmen der strategischen und taktischen Fertigungsprogrammplanung	47
5.2.2	Spezielle Arbeitsvorbereitung	48
5.2.2.1	Aufgaben der Speziellen Arbeitsvorbereitung	48
5.2.2.2	Modell der optimalen Losgröße	49
5.2.2.3	Operative Fertigungsprogrammplanung als Aufgabe der Speziellen Arbeitsvorbereitung im Rahmen der Gestaltung der Auftragsprogramme	53
5.2.2.3.1	Sach- und Formalziel der operativen Fertigungsprogrammplanung	53
5.2.2.3.2	Durchführung der operativen Programmplanung	54
5.2.2.3.2.1	Operative Programmplanung bei freien Kapazitäten	54
5.2.2.3.2.2	Operative Programmplanung bei einem Kapazitätsengpaß	55
5.2.2.3.2.3	Operative Programmplanung bei mehreren Kapazitätsengpässen	56
5.2.2.4	Reihenfolgeplanung	62
5.2.2.4.1	Das Dilemma der Ablaufplanung	63
5.2.2.4.2	Johnson-Algorithmus	65
5.2.2.4.3	Reihenfolgeplanung mit Hilfe von Prioritätsregeln	70
5.3	CIM-Konzeption	72

Zweiter Teil
Produktionstheoretische Grundlagen

1.	Produktionsfunktion	77
2.	Arten von Faktorbeziehungen	77
3.	Begriffliches Instrumentarium zur Analyse von Produktionsfunktionen	80
4.	Produktionsfunktion vom Typ A	82
4.1	Kennzeichen der Produktionsfunktion vom Typ A	83
4.2	Partielle Faktorvariation	84
4.3	Totale Faktorvariation	88
4.3.1	Ertragsgebirge	88
4.3.2	Isoquanten und Isoquantensysteme	89
4.3.3	Homogenitätsgrad	90
4.3.4	Grenzrate der Substitution	92
4.3.5	Minimalkostenkombination	93
5.	Produktionsfunktion vom Typ B	95
5.1	Kennzeichen der Produktionsfunktion vom Typ B	95
5.2	Analyse der mittelbaren Input-Output-Beziehungen	96
5.2.1	Technische Eigenschaften von Aggregaten	96
5.2.2	Verbrauchsfunktionen	96
5.2.3	Bestimmung des optimalen Leistungsgrades	99
5.2.4	Kritik der Produktionsfunktion vom Typ B als Ansatzpunkt für eine Erweiterung	101
6.	Übergang vom Leontief-Produktionsmodell zur Aktivitätsanalyse	101

Dritter Teil
Kostentheoretische Grundlagen

1.	Betriebswirtschaftlicher Kostenbegriff	107
2.	Kosteneinflußgrößen	107
2.1	Beschäftigungsgrad als zentrale Kosteneinflußgröße	107
2.1.1	Definition des Beschäftigungsgrades	107
2.1.2	Arten von Kosten in Abhängigkeit vom Beschäftigungsgrad	108
2.1.2.1	Fixe Kosten	108
2.1.2.1.1	Arten von Fixkosten	108
2.1.2.1.2	Ursachen von Fixkosten	109
2.1.2.2	Variable Kosten	110
2.2	Betriebsgröße als Kosteneinflußgröße	113
2.3	Faktorpreise als Kosteneinflußgröße	113
2.4	Faktorqualitäten als Kosteneinflußgröße	114
2.5	Fertigungsprogramm als Kosteneinflußgröße	114
2.6	Externe Effekte als Kosteneinflußgröße	115

3.		**Anpassung an Beschäftigungsschwankungen und ihre kostenmäßigen Konsequenzen**	115
3.1		Kostenverlauf bei ertragsgesetzlicher Anpassung (partielle Faktorvariation)	116
3.1.1		Grenzkostenkurve	118
3.1.2		Kurve der totalen Durchschnittskosten (Stückkosten)	119
3.1.3		Kurve der variablen und fixen Durchschnittskosten	120
3.1.4		Zusammenhänge zwischen den Kostenkurven	121
3.2		Kostenverlauf bei Anpassung im Rahmen der totalen Faktorvariation	122
3.3		Anpassung auf der Grundlage der Produktionsfunktion vom Typ B	124
3.3.1		Kostenverlauf bei zeitlicher Anpassung	125
3.3.2		Kostenverlauf bei intensitätsmäßiger Anpassung	128
3.3.3		Kostenverlauf bei Kombination von zeitlicher und intensitätsmäßiger Anpassung	130
3.3.4		Kostenverlauf bei quantitativer Anpassung	131
3.3.4.1		Kostenverlauf im Falle quantitativer Anpassung bei unverändertem Potentialfaktorbestand	132
3.3.4.2		Kostenverlauf im Falle quantitativer Anpassung durch Veränderung des Potentialfaktorbestandes	134
3.3.4.3		Kostenverlauf bei selektiver Anpassung	135
4.		**Kostenverlauf bei Änderung der Betriebsgröße**	136

Vierter Teil
Anwendungen

1.		**Arbeitsbewertung und Lohnberechnung**	139
2.		**Verfahrensvergleich**	141
3.		**Grundmodell zur Ermittlung der optimalen Bestellmenge**	143
3.1		Bestellmengenplanung	143
3.2		Optimale Bestellhäufigkeit	145
4.		**Operative Programmplanung**	146
4.1		Lineare Optimierung	146
4.2		Engpaßbezogene Deckungsbeitragsrechnung mit mehreren Engpässen	149
5.		**Optimale Losgröße**	151
6.		**Produktionsfunktion vom Typ A**	153
6.1		Ermittlung der vier Phasen einer ertragsgesetzlichen Produktionsfunktion	153
6.2		Minimalkostenkombination	155
6.3		Homogenität	157

7.	Produktionsfunktion vom Typ B	158
8.	Aktivitätsanalyse	161
9.	Optimale Anpassung an Beschäftigungsschwankungen	163
9.1	Ertragsgesetzliche Anpassung	163
9.2	Kombinierte Anpassung bei zwei funktionsgleichen, aber kostenverschiedenen Maschinen	165

Fünfter Teil
Kontrollfragen und Aufgaben

1.	**Grundlagen der Produktion**	177
1.1	Menschliche Arbeit als Produktionsfaktor	177
1.2	Betriebsmittel	179
1.3	Werkstoffe	181
1.4	Fertigung	183
2.	**Produktionstheoretische Grundlagen**	187
2.1	Produktionsfunktion, Faktorbeziehungen und begriffliches Instrumentarium	187
2.2	Produktionsfunktion vom Typ A	188
2.2.1	Partielle Faktorvariation	188
2.2.2	Totale Faktorvariation	189
2.2.3	Minimalkombination	190
2.3	Produktionsfunktion vom Typ B	193
3.	**Kostentheoretische Grundlagen**	195
3.1	Betriebswirtschaftlicher Kostenbegriff, Kosteneinflußgrößen	195
3.2	Beschäftigungsgrad als zentrale Kosteneinflußgröße	196
3.3	Formen der Anpassung an Beschäftigungsschwankungen und ihre kostenmäßigen Konsequenzen	197
4.	**Ergebnisse der Aufgaben**	203
	Literaturverzeichnis	210
	Sachregister	213

Abkürzungsverzeichnis

a. a. O.	am angegebenen Ort
Abb.	Abbildung
Atlg.	Abteilung
Aufl.	Auflage
Bd.	Band
DB	Deckungsbeitrag
ders.	derselbe
d. h.	das heißt
etc.	et cetera
FE	Faktormengeneinheit(en)
g	Gramm
GE	Geldeinheit(en)
GP	Grenzproduktivität
ha	Hektar
hrsg.	herausgegeben
HWB	Handwörterbuch der Betriebswirtschaft
HWProd.	Handwörterbuch der Produktion
Jg.	Jahrgang
kg	Kilogramm
konst.	konstant
m^3	Kubikmeter
max.	maximal(e)
ME	Mengeneinheit(en)
min.	minimal(e)
Min.	Minute(n)
MKK	Minimalkostenkombination
p. a.	pro anno
R	Reagibilitätsgrad
S.	Seite
Sp.	Spalte
Stck.	Stück
Std.	Stunde
t	Tonne(n)
TLE	technische Leistungseinheit
u. a.	unter anderem
usw.	und so weiter
v.	von
vgl.	vergleiche
z. B.	zum Beispiel
ZE	Zeiteinheit(en)
ZfB	Zeitschrift für Betriebswirtschaft
ZfbF	Zeitschrift für betriebswirtschaftliche Forschung
ZfhF	Zeitschrift für handelswissenschaftliche Forschung
ZfO	Zeitschrift für Organisation

Erster Teil
Grundlagen der Produktion

1. Begriff der Produktion und ein System von Produktionsfaktoren

„Eine Leistungserstellung, die außer Arbeitsleistungen und Betriebsmittel auch den Faktor Werkstoffe enthält, ist eine Produktion"[1]. Diese Definition von *Gutenberg* umfaßt die wichtigsten der am Produktionsprozeß beteiligten Einsatzfaktoren (Produktionsfaktoren): Menschliche Arbeit, Betriebsmittel, Werkstoffe und den dispositiven Faktor. Die ersten drei der genannten Produktionsfaktoren bilden die **Elementarfaktoren** der Produktion. Es sind dies die grundlegenden produktiven Einsatzfaktoren in noch unkombiniertem Zustand. Zum Zweck der Leistungserstellung müssen die Elementarfaktoren kombiniert werden. Der **Kombinationsprozeß** wird durch den dispositiven Faktor bewirkt, der alle zur Leistungserstellung erforderlichen Planungs-, Entscheidungs- und Organisationsaktivitäten umfaßt.

Dieses System von Produktionsfaktoren, das in Abb. 1 noch einmal zusammenfassend dargestellt ist, liegt den weiteren Ausführungen zugrunde. Seine einzelnen Komponenten werden im folgenden noch schärfer herausgearbeitet, erläutert und analysiert.

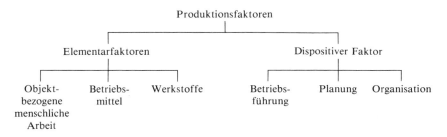

Abb. 1: *System der Produktionsfaktoren nach Gutenberg*

---

1 *Gutenberg, E.,* Grundlagen der Betriebswirtschaftslehre, Band I, Die Produktion, 23. Aufl., Berlin/Heidelberg/New York 1979, S. 3.

2. Menschliche Arbeit als Produktionsfaktor

2.1 Menschliche Arbeitsleistung

Beim Einsatz der menschlichen Arbeit im Produktionsprozeß interessieren vor allem die Höhe der **menschlichen Arbeitsleistung** und deren Bestimmungsfaktoren. Diese läßt sich in Anlehnung an den physikalischen Arbeitsbegriff wie folgt definieren:

$$\text{Menschliche Arbeitsleistung} = \frac{\text{Nach Art und Menge determinierte Arbeit}}{\text{Zeit}}$$

Eine Messung der menschlichen Arbeitsleistung ist nur über Ersatzgrößen (indirekte Messung) möglich, wie z. B. über die Zahl der Arbeitsverrichtungen, die Vorgabezeit oder den realisierten Produktionsoutput. Zuverlässige Meßwerte lassen sich jedoch in der Regel nur für **objektbezogene** Arbeitsleistungen im Sinne *Gutenbergs* ermitteln. Dies sind alle diejenigen Tätigkeiten, die unmittelbar mit dem Leistungserstellungsprozeß zusammenhängen und von primär ausführender Art sind.

Nach *Gutenberg* lassen sich drei Arten von objektbezogenen Arbeitsleistungen unterscheiden[2]:

a) Arbeitsverrichtungen, die unmittelbar am Produkt vollzogen werden, wie z. B. Werkstatt- oder Montagearbeiten,

b) Maschinenbedienungsarbeiten, die mittelbar zur Produktentstehung beitragen, wie z. B. Einlegen von Werkstücken zur maschinellen Bearbeitung, Umrüsten der Maschine und

c) Steuerungs-, Kontroll- und Überwachungstätigkeiten im Produktionsbereich. Hierzu gehören Arbeiten von Vorarbeitern, Meistern, Kontrolleuren, Terminplanern usw.

2.2 Einflußgrößen auf die menschliche Arbeitsleistung

Die Betriebsführung ist an einem unter Produktivitäts- und Wirtschaftlichkeitsgesichtspunkten optimalen Einsatz der menschlichen Arbeit interessiert. Um dieses Ziel zu erreichen, benötigt sie Kenntnisse über deren Einflußgrößen. Es fehlt im betriebswirtschaftlichen Schrifttum nicht an Versuchen, die zahlreichen und vielfältigen Determinanten der menschlichen Arbeitsleistung zu systematisieren. Das im folgenden zugrundegelegte System von Bestimmungsfaktoren ist der Arbeit von *Pfeiffer, Dörrie, Stoll*

---

2 *Reichwald, R.*, Arbeit als Produktionsfaktor, München/Basel 1977, S. 43 f.

entnommen[3]. Auch die folgenden Ausführungen zu den aufgezeigten Determinanten der menschlichen Arbeitsleistung lehnen sich sehr stark an die Überlegungen dieser Autoren an.

2.2.1 Intrapersonelle Einflüsse

Unter intrapersonellen Einflußgrößen werden alle Bestimmungsfaktoren der menschlichen Arbeitsleistung zusammengefaßt, die im wesentlichen im Arbeitenden selbst begründet sind. Hierzu zählen in erster Linie die **Leistungsfähigkeit** und die **Leistungsbereitschaft** des arbeitenden Individuums.

2.2.1.1 Leistungsfähigkeit

Die Leistungsfähigkeit bringt das maximale Potential an unterschiedlichsten Eigenschaften eines Menschen zum Ausdruck[4]. Diese Maximalleistung kann von einem Individuum jedoch nur unter besonderen Bedingungen und nur für kurze Zeit erbracht werden. Im Hinblick auf die Einflußfaktoren der Leistungsfähigkeit ist zwischen generellen und spezifischen Determinanten zu unterscheiden[5]. Zu den **generellen** Faktoren sind die angeborenen Anlagen eines Menschen und deren Entfaltung durch Wachstum, Lernen und Übung zu zählen. Der Grad der Entfaltung dieser Anlagen kann im Zeitablauf durch betriebliche Schulungsmaßnahmen (Ausbildung, Weiterbildung, Fortbildung) und/oder durch Lern- und Übungsprozesse im Rahmen der Durchführung der produktiven Tätigkeiten direkt beeinflußt werden. Das betriebliche Schulungswesen und tätigkeitsbezogene Lern- und Übungsprozesse bilden somit wichtige **spezifische** Determinanten der Leistungsfähigkeit des Menschen. In diese Kategorie von Bestimmungsfaktoren sind weiterhin das Geschlecht und das Alter eines Menschen einzuordnen.

2.2.1.2 Leistungsbereitschaft

Die Leistung des arbeitenden Menschen ist nicht nur von seiner Leistungsfähigkeit abhängig, sondern auch von seiner Bereitschaft zur Leistung. Die **Leistungsbereitschaft** umfaßt eine physiologische (= körperliche Disposition) und eine psychologische Komponente (= Leistungswillen)[6]. Die **körperliche Disposition** wird im wesentlichen von der **Tagesrhythmik** und be-

---

3 *Pfeiffer, W., Dörrie, U.* und *Stoll, E.*, Menschliche Arbeit in der industriellen Produktion, Göttingen 1977, S. 20.
4 *Wagner, H.*, Die Bestimmungsfaktoren der menschlichen Arbeitsleistung im Betrieb, Wiesbaden 1966.
5 *Pfeiffer, W., Dörrie, U.* und *Stoll, E.*, a.a.O., S. 21 ff.
6 *Pfeiffer, W., Dörrie, U.* und *Stoll, E.*, a.a.O., S. 38 ff.

stimmten **Ermüdungs- und Erholungsvorgängen** im menschlichen Organismus beeinflußt. Nach der empirisch ermittelten physiologischen Arbeitskurve (= Tagesrhythmikkurve) liegen die Leistungsmaxima (Leistungsminima) des arbeitenden Menschen in den Morgenstunden zwischen 7 und 9 Uhr und in der Zeit der späten Nachmittags- und frühen Abendstunden (in den frühen Nachmittagsstunden gegen 15 Uhr und in der Nacht gegen 3 Uhr).

Tagesrhythmik sowie biologische, arbeitsbedingte und antriebsbedingte Ermüdungserscheinungen des Menschen haben für die betriebliche Arbeitsgestaltung, Pausenregelung und Festlegung der täglichen Arbeitszeit bedeutsame Konsequenzen. Diese Aktionsparameter sind so zu gestalten, daß stärkere negative Auswirkungen auf die Leistungsbereitschaft der Arbeitskräfte ausbleiben.

Inwieweit der **Leistungswille** als zweite Determinante der Leistungsbereitschaft des Menschen aktiviert wird, hängt im wesentlichen vom Ausmaß der Befriedigung seiner arbeitsbezogenen Bedürfnisse ab. Früher wurde in Anlehnung an den Taylorismus unterstellt, daß das einzige Ziel des Individuums die Maximierung des Geldeinkommens sei. Die **Hawthorne-Experimente** zeigten jedoch, daß der Mensch mit seiner Arbeit auch die Befriedigung einer Reihe von psychologischen und sozialpsychologischen Bedürfnissen anstrebt. Mit *Maslow* lassen sich die Bedürfnisse eines Menschen wie folgt klassifizieren[7].

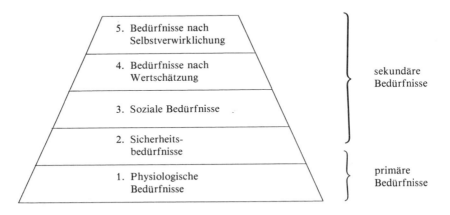

Abb. 2: Bedürfnistheorie von Maslow

---

7 Siehe *Kupsch, P. U.* und *Marr, R.*, Personalwirtschaft, in: Industriebetriebslehre. Entscheidungen im Industriebetrieb, hrsg. v. *E. Heinen*, Wiesbaden 1972, S. 461.

Das Kernstück der Bedürfnistheorie von *Maslow* bildet seine These, wonach „höhere" (sekundäre) Bedürfnisse erst handlungsrelevant werden, wenn die Bedürfnisse „niederer" Ordnung (primäre Bedürfnisse) ausreichend befriedigt sind (= **Bedürfnishierarchiethese). Die Gültigkeit dieser These ist umstritten[8]. Dennoch liefert diese Theorie einen brauchbaren, nämlich heuristisch relevanten Ausgangspunkt für die Analyse von Einflußfaktoren des Leistungswillens als Determinante der Leistungsbereitschaft des Individuums. Es sind dies im wesentlichen die Art und Komplexität der Arbeitsaufgabe (funktionsbedingte Determinanten), die sozialen, sachlichen, räumlichen und zeitlichen Arbeitsbedingungen (strukturbedingte Determinanten) sowie das Arbeitsentgelt, also vorwiegend extrapersonelle Einflußfaktoren[9].

2.2.2 Extrapersonelle Einflüsse

2.2.2.1 Art und Komplexität der Arbeitsaufgabe

Die **Art** und **Komplexität** einer bestimmten Arbeitsaufgabe als Bestimmungsgrößen des individuellen Leistungswillens kommen in deren **Anforderungsprofil** zum Ausdruck[10]. Im Schrifttum werden normalerweise folgende Anforderungsarten genannt: Kenntnisse, geistige Belastung, Geschicklichkeit, muskelmäßige Belastung, Verantwortung und Umweltbedingungen. Die Art der Arbeitsaufgabe wird durch den Inhalt des Anforderungsprofils festgelegt. Deren Komplexität ergibt sich hingegen aus der Anzahl der Anforderungsarten.

Inwieweit Art und Komplexität einer bestimmten Arbeitsaufgabe leistungsmotivierende Wirkungen ausüben, läßt sich nicht losgelöst vom Eignungsprofil des jeweiligen Aufgabenträgers beurteilen. Im allgemeinen gilt, daß von einer bestimmten Tätigkeit dann die größten leistungssteigernden Effekte ausgehen, wenn das Anforderungs- und Eignungsprofil übereinstimmen.

Das Anforderungsprofil einer Aufgabe wird von der **Technologie** der eingesetzten Arbeitsverfahren (Mechanisierung, Teilautomatisierung, Automation) und dem **Grad der Arbeitsteilung** wesentlich geprägt. Unsere Wirtschaft ist durch eine starke artmäßige Arbeitsteilung und durch den vermehrten Einsatz vollautomatischer Arbeitsverfahren gekennzeichnet. Starke artmäßige Arbeitsteilung, die häufig mit einer Verringerung der Komplexität von Arbeitsaufgaben einhergeht, ist nicht selten mit negativen

---
8 Vgl. hierzu *Jehle, E.,* Unternehmung und gesellschaftliche Umwelt, Stuttgart 1980, S. 108 f.
9 *Pfeiffer, W., Dörrie, U.* und *Stoll, E.,* a. a. O., S. 48/49.
10 *Pfeiffer, W., Dörrie, U.* und *Stoll, E.,* a. a. O., S. 56 ff.

Auswirkungen auf die Arbeitszufriedenheit und damit den Leistungswillen der Arbeitskräfte verbunden. Auch der Trend zu immer höheren Stufen der technischen Entwicklung führt in vielen Fällen zu einer Verarmung der menschlichen Arbeit und als Konsequenz dessen zu einem Abbau an Leistungsmotivation. Diesen negativen Effekten der Arbeitsteilung und Automation versucht man heute im Rahmen der Humanisierung von Arbeitsplätzen durch Aufgabenerweiterung (job enlargement und job enrichment) und wechselseitigen Aufgabentausch (job rotation) entgegenzuwirken.

2.2.2.2 Soziale Arbeitsumweltbedingungen

Neben der Art und Komplexität der Arbeitsaufgabe beeinflussen auch die **sozialen Arbeitsumweltbedingungen** die Leistungsbereitschaft der Arbeitskräfte[11]. In diesem Zusammenhang sind insbesondere **Gruppeneinflüsse,** der Führungsstil von Vorgesetzten sowie die **Leitungsorganisation** des Betriebes zu nennen. Durch die Zugehörigkeit des Menschen zu einer formalen oder informellen Gruppe im Betrieb erfährt dieser eine gewisse Befriedigung seiner sozialen Bedürfnisse und seiner Bedürfnisse nach Wertschätzung, die sich leistungsmotivierend auswirken kann. Der Leistungswille eines Individuums kann weiterhin durch Gruppennormen positiv oder negativ beeinflußt werden.

Im betriebswirtschaftlichen Schrifttum wird zwischen einem **autoritären** und **partizipativen** Führungsstil unterschieden. Von der Existenz eines partizipativen Führungsstils wird in der Regel angenommen, daß er sich unter bestimmten situativen und motivationalen Bedingungen positiv auf die individuelle Leistungsbereitschaft auswirkt. Derartige Leistungseffekte werden auch von der Einführung der **Mitbestimmung** im Betrieb erwartet.

2.2.2.3 Sachliche Arbeitsumweltbedingungen

Von der Gestaltung der **sachlichen Arbeitsumweltbedingungen** wird sowohl die Leistungsfähigkeit eines Individuums als auch dessen Leistungsbereitschaft beeinflußt[12]. Zur vollen Ausschöpfung und Erhaltung der subjektiven Leistungsfähigkeit sind vor allem eine optimale Informationsversorgung des Arbeitenden und eine bedienungsgerechte sowie den sicherheitstechnischen Erfordernissen entsprechende Gestaltung des Arbeitsplatzes erforderlich.

Unter dem Aspekt einer optimalen **Informationsversorgung** ist in erster Linie auf eindeutige und vollständige Arbeitsanweisungen sowie auf eine optimale Gestaltung von Ableseinstrumenten Wert zu legen. Die **bedienungs-**

---

11 *Pfeiffer, W., Dörrie, U.* und *Stoll, E.,* a. a. O., S. 83 ff.
12 Ebenda, S. 99 ff.

gerechte Gestaltung des Arbeitsplatzes zielt hingegen auf eine körpergerechte Griffhaltung der zur Erfüllung der Arbeitsaufgabe benötigten Arbeitsmittel. Deren Handgriffe sollten in Abmessung, Form und Material der menschlichen Hand angepaßt sein. Die Berücksichtigung der **sicherheitstechnischen** Erfordernisse ist vor allem unter dem Aspekt der Erhaltung der individuellen Leistungsfähigkeit von Bedeutung. Hierdurch wird in erster Linie eine Minimierung von Betriebsunfällen angestrebt. Diese können durch sicherheitsgefährdende Arbeitsbedingungen (z. B. Fehlen von Schutzvorrichtungen), sicherheitsgefährdende Handlungen von Arbeitskräften (z. B. zu hohe Arbeitsgeschwindigkeit) oder durch eine Reihe unvermeidbarer Ursachen bedingt sein.

Die Gestaltung der sachlichen Arbeitsumweltbedingungen hat auch Einfluß auf die Leistungsbereitschaft von Arbeitskräften. Im Interesse einer bestmöglichen körperlichen Disposition ist eine körpergrößen- und körperfunktionsgerechte Gestaltung des Arbeitsplatzes zu verwirklichen. Mit der **körpergrößengerechten** Gestaltung beschäftigt sich die Anthropometrie. Im Rahmen von anthropometrischen Aktivitäten geht es insbesondere um die körpergerechte Bestimmung der Arbeitshöhe, der Sitz- bzw. Standhöhe, des Greifraumes und des Wirkraumes der Beine des Arbeitenden. Die **körperfunktionsgerechte** Gestaltung der sachlichen Arbeitsbedingungen zielt hingegen auf eine dem menschlichen Organismus angepaßte Arbeitsweise und auf die Herstellung einer menschengerechten physikalischen Arbeitsumgebung durch Schaffung optimaler Klima-, Lärm-, Beleuchtungs-, Schwingungs- und Staubverhältnisse.

2.2.2.4 Zeitliche Arbeitsumweltbedingungen

Die Gestaltung der zeitlichen Arbeitsumweltbedingungen − Regelung der Pausen und der Arbeitszeit −, die vornehmlich im Interesse einer Steigerung der individuellen Leistungsbereitschaft erfolgt, muß sich im Rahmen bestimmter gesetzlicher Vorschriften und tariflicher Vereinbarungen vollziehen: Arbeitszeitordnung, Gewerbeordnung, Jugendarbeitsschutzgesetz, Mutterschutzgesetz, usw.[13].

Pausen sind erforderlich, um den durch Ermüdungserscheinungen beim Arbeitenden hervorgerufenen Leistungsabfall auszugleichen. Die Pausenregelung hat im einzelnen die Anzahl und die Dauer dieser Arbeitsunterbrechungen sowie deren Einbau in den Tagesablauf festzulegen. Hierbei sind Kenntnisse über den Verlauf der Ermüdungs-, Erholungs-, Übungs- und Tagesrhythmikkurve unabdingbar. Einschlägige arbeitsphysiologische Untersuchungen zeigen, daß von vielen, relativ kurzen Pausen die größten leistungsfördernden Wirkungen ausgehen.

---

13 *Pfeiffer, W., Dörrie, U.* und *Stoll, E.*, a. a. O., S. 126 ff.

Bei der Festlegung der Zahl und Dauer der Pausen im Tagesablauf sind jedoch auch betriebsspezifische Bedingungen zu beachten. So werden Betriebe mit einem hohen Anteil an geistigen Arbeiten eine andere Pausenregelung aufweisen als Unternehmen, in denen die körperliche Arbeit überwiegt. Auch die Technologie der eingesetzten Produktionsverfahren kann eine betriebsspezifische Pausenregelung erfordern, z. B. bei Zwangslauffertigung.

Die Leistungsbereitschaft des Arbeitenden wird weiterhin von der **Arbeitszeitregelung** wesentlich beeinflußt. Maßnahmen zur Regelung der Arbeitszeit beziehen sich auf die Festlegung der in einer Periode zu leistenden Arbeitsstunden (z. B. pro Woche), die Bestimmung von Beginn und Ende der täglichen und wöchentlichen Arbeitszeit und die Regelung von Urlaubszeit und -dauer.

Die Höchstdauer der Arbeitszeit in einer bestimmten Periode ist durch gesetzliche Bestimmungen und tarifliche Vereinbarungen weitgehend festgelegt. Zur Disposition des Betriebes steht lediglich eine Arbeitszeitverkürzung bei Zahlung eines Lohnausgleichs.

Bei der Festlegung von Beginn und Ende der täglichen Arbeitszeit ist zwischen einer festen und gleitenden Arbeitszeitregelung zu unterscheiden. Die Fixierung der täglichen Arbeitszeit kann auch den sogenannten Schichtbetrieb umfassen. Spät- und Nachtschichten führen in der Regel zu einem Leistungsabfall bei den Arbeitskräften. Dennoch kann Schichtarbeit aus wirtschaftlichen Gründen zweckmäßig sein, etwa um die Leerkosten bei kapitalintensiven Anlagen zu senken.

Im Rahmen der **gleitenden** Arbeitszeit haben die Arbeitskräfte die Möglichkeit, Beginn und Ende der täglichen Arbeitszeit unter Aufrechterhaltung der betrieblich fixierten Gesamtarbeitszeit selbst festzulegen. Im Hinblick auf den Grad der Selbstbestimmung ist zwischen der **einfach** gleitenden Arbeitszeit und der gleitenden Arbeitszeit mit **Zeitausgleich** zu unterscheiden. Für beide Varianten gilt normalerweise, daß der Arbeiter während der sogenannten Kernzeit anwesend sein muß. Nur bei der gleitenden Arbeitszeit mit Zeitausgleich besteht die Möglichkeit, von der betrieblich festgelegten Tagesarbeitszeit abzuweichen und den Zeitausgleich innerhalb eines längeren Zeitraumes vorzunehmen.

Bei der Bestimmung der Urlaubsdauer und deren Integration in den jährlichen Arbeitsprozeß laufen die Interessen der Belegschaftsmitglieder und des Betriebes häufig zuwider. Als ein für alle Beteiligten tragbarer Kompromiß hat sich in der Praxis eine Urlaubsregelung erwiesen, welche die gesamte Urlaubszeit aufspaltet in Werksferien und einen durch den Arbeiter frei disponierbaren Teil der Urlaubszeit.

2.2.2.5 Arbeitsmethodik

Schließlich ist noch die zum Einsatz kommende **Arbeitsmethodik** als extrapersonelle Einflußgröße der menschlichen Arbeitsleistung zu nennen. Dieser Begriff umfaßt alle Regeln, derer sich die Arbeitskraft im Rahmen eines gegebenen Sachsystems bei der Durchführung einer bestimmten Arbeitsaufgabe bedient[14]. Die spezifische Arbeitsmethodik übt vor allem über die körperliche Disposition und den Leistungswillen einen Einfluß auf die menschliche Arbeitsleistung aus.

Die größten leistungssteigernden Effekte gehen von Arbeitsmethoden aus, bei deren Gestaltung Ergebnisse von systematischen Bewegungsstudien Berücksichtigung gefunden haben. Danach ist Voraussetzung einer optimalen Arbeitsmethode, daß sie nach den Prinzipien der Bewegungsvereinfachung, der Bewegungsverdichtung sowie der Mechanisierung von Bewegungen und Bewegungsabläufen erfolgt[15].

2.2.3 Arbeitsentgelt

Die wohl wichtigste Einflußgröße der menschlichen Arbeitsleistung ist im **Arbeitsentgelt** als Ausdruck aller vom Betrieb geleisteten materiellen Zahlungen an die Arbeitskräfte zu erblicken. Innerhalb des Arbeitsentgeltes kommt dem **Lohn** eine hervorragende Bedeutung zu. Die Schaffung eines aus der Sicht des Arbeitnehmers gerechten Entlohnungssystems stellt deshalb eine wichtige Aufgabe des Betriebes dar. Die Urteilsbildung der Arbeitnehmer im Hinblick auf das Postulat der Lohngerechtigkeit erfolgt vor allem durch eine vom Grundsatz der **Äquivalenz** von **Lohn** und **Leistung** geleiteten Gegenüberstellung des eigenen Lohnes mit dem der Kollegen für Tätigkeiten gleicher Arbeitsschwierigkeit (= horizontale innerbetriebliche Entgeltsrelationen) und durch Vergleich mit Tätigkeiten unterschiedlicher Arbeitsschwierigkeit (= vertikale innerbetriebliche Entgeltsrelationen)[16].

Zur Bestimmung des gerechten Leistungslohnes stehen dem Betrieb verschiedene Methoden zur Verfügung. Die Arbeits- und die Leistungsbewertung dienen der Bestimmung von **Lohnsätzen** im Hinblick auf unterschiedliche Tätigkeiten und Personen. Im Rahmen der **Arbeitsbewertung** erfolgt die Ermittlung des Schwierigkeitsgrades einer bestimmten Arbeitsaufgabe unabhängig von bestimmten Arbeitskräften. Bei der **Leistungsbewertung** werden hingegen individuelle Leistungsunterschiede als Basis der Lohnsatzdifferenzierung erfaßt. Kurzfristige Leistungsunterschiede werden durch den Ansatz unterschiedlicher **Lohnformen** zu erfassen versucht.

---

14 *Pfeiffer, W., Dörrie, U.* und *Stoll, E.*, a. a. O., S. 157.
15 Ebenda, S. 160 ff.
16 *Pfeiffer, W., Dörrie, U.* und *Stoll, E.*, a. a. O., S. 171.

2.2.3.1 Arbeitsbewertung

Die Arbeitsbewertung kann nach summarischen oder analytischen Verfahren erfolgen[17]. Bei **summarischen** Verfahren wird eine bestimmte Arbeitsaufgabe als Ganzes bewertet, wobei das Rangfolgeverfahren oder das Lohngruppenverfahren zum Einsatz kommen können. Im Rahmen des summarischen Rangfolgeverfahrens werden die Tätigkeiten eines Betriebes nach ihrer Schwierigkeit in eine Rangfolge gebracht. Diese dient als Grundlage der Lohnsatzdifferenzierung. Im Rahmen des summarischen Lohngruppenverfahrens werden die Arbeiten in bestimmte festgelegte Lohngruppen eingeordnet, die unterschiedliche Arbeitsschwierigkeiten zum Ausdruck bringen und durch Richtbeispiele näher beschrieben werden. In der Regel werden 6–12 Lohngruppen gebildet, denen unterschiedliche Lohngruppenschlüssel zugeordnet werden. Die Lohngruppe 1 umfaßt normalerweise Tätigkeiten mit nur geringem Schwierigkeitsgrad (z. B. Hofkehren). Ihnen wird z. B. im Lohngruppenkatalog der Metallindustrie von Nordwürttemberg und Nordbaden, der 12 Lohngruppen umfaßt, der Lohngruppenschlüssel 75% zugeordnet. Das bedeutet, daß der Lohnsatz für diese Tätigkeiten 75% des tariflich verankerten Ecklohnes beträgt. Die Arbeiten mit der größten Schwierigkeit rangieren im Rahmen des angesprochenen Lohngruppenkatalogs in Lohngruppe 12 mit dem Lohngruppenschlüssel 135%.

Die summarische Arbeitsbewertung liefert in der Regel keine zufriedenstellenden Ergebnisse. Deshalb wurde die **analytische** Arbeitsbewertung entwickelt, bei der die Schwierigkeit einer Tätigkeit auf der Grundlage einzelner **Anforderungsarten** beurteilt wird. Im Rahmen der Anforderungsanalyse häufig zum Zuge kommende Anforderungsarten sind:

— Kenntnisse
— geistige Belastung
— Geschicklichkeit
— muskelmäßige Belastung
— Verantwortung
— Umweltbedingungen.

Bei der Bewertung der zu berücksichtigenden Anforderungen wird von der Normalleistung ausgegangen, um individuelle Leistungsunterschiede bei der Bestimmung der Arbeitswerte einer bestimmten Tätigkeit auszuschalten. Der Arbeitswert einer Tätigkeit ergibt sich aus der Summe der Zahlenwerte für die einzelnen Anforderungsarten. Die Bestimmung des Arbeitswertes einer Aufgabe kann im Rahmen der analytischen Arbeitsbewertung

---

17 Vgl. *Pfeiffer, W., Dörrie, U.* und *Stoll, E.*, a. a. O., S. 181 ff.; *Wöhe, G.*, Einführung in die Allgemeine Betriebswirtschaftslehre, 14., überarbeitete Aufl., München 1981, S. 198 ff.

nach dem Rangreihenverfahren oder dem Stufenwertzahlverfahren erfolgen[18].

2.2.3.2 Leistungsbewertung

Durch die Leistungsbewertung gehen individuelle Leistungsunterschiede in die Lohnsätze ein. Als Bemessungsgrundlage der individuellen Leistung dient in der Regel das Arbeitsergebnis. Im Interesse einer sachgerechten Leistungsbewertung sollten jedoch auch noch weitere Leistungskriterien in die Messung einbezogen werden, wie z. B. die Fortbildungsbereitschaft, kollegiales Verhalten u. a. Diese Komponenten sind jedoch in der Regel nur ordinal meßbar.

2.2.3.3 Lohnformen

Kurzfristige Leistungsunterschiede können in den Lohnsätzen nicht erfaßt werden. Es wird deshalb versucht, diese Art persönlicher Leistungsunterschiede über die **Lohnformen** zu erfassen. Abb. 3 vermittelt einen Überblick über die in der Praxis am häufigsten vorkommenden Lohnformen[19].

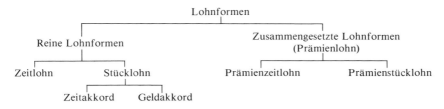

Abb. 3: Lohnformen

2.2.3.3.1 Zeitlohn

Beim **Zeitlohn** dient die Dauer der Arbeitszeit als Bemessungsgrundlage für die Entlohnung ohne Rücksicht auf die während dieser Zeit geleistete Arbeit. Dennoch kann der Zeitlohn als mittelbarer Leistungslohn näher gekennzeichnet werden, denn individuelle Leistungsunterschiede und differierende Arbeitsschwierigkeiten werden in den verschiedenen Lohnsätzen erfaßt. Der Zeitlohn kommt in der Praxis normalerweise unter folgenden Bedingungen zum Einsatz:

---

18 Beispiele zu diesen Verfahren finden sich bei *Pfeiffer, W., Dörrie, U.* und *Stoll, E.*, a. a. O., S. 196ff.
19 Vgl. *Pfeiffer, W., Dörrie, U., Stoll, E.*, a. a. O., S. 244.

1. bei qualitativ anspruchsvollen Aufgaben (z. B. feinmechanischen Arbeiten),
2. bei sicherheitsgefährdenden Tätigkeiten (z. B. Dachdeckerarbeiten),
3. bei nicht meßbaren Arbeiten (z. B. geistig-kreativen Arbeiten),
4. bei unregelmäßig und sich ständig verändernden Arbeitsverrichtungen (z. B. Pförtner-, Lager-, Transport- und Reparaturarbeiten) und
5. bei wenig beeinflußbaren Tätigkeiten (z. B. Arbeiten am Fließband).

Der Zusammenhang zwischen der Leistung (Stck./Std.), dem Stundenlohn (DM/Std.) und den Stücklohnkosten beim Zeitlohn zeigt Abb. 4:

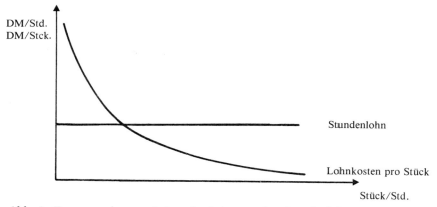

Abb. 4: Zusammenhang zwischen der Leistung, dem Stundenlohn und den Stücklohnkosten beim Zeitlohn

Der Zeitlohn erfaßt keine kurzfristigen interpersonellen bzw. intrapersonellen Leistungsunterschiede. Deshalb gehen von ihm kaum leistungssteigernde Wirkungen auf die Arbeitskräfte aus. Bei seiner Anwendung trägt der Betrieb allein das Risiko geringer Arbeitsleistung und die zu seiner Verminderung anfallenden Kontrollkosten. Diesen Nachteilen des Zeitlohnes stehen die Einfachheit seiner Abrechnung, die Schonung von Mensch und Maschine, geringe Unruhen im Betrieb und mögliche Qualitätsverbesserungen als Vorteil gegenüber[20].

2.2.3.3.2 Akkordlohn (Stücklohn)

Beim **Akkordlohn** wird nicht die Dauer der Arbeitszeit, sondern das mengenmäßige Arbeitsergebnis bezahlt[21]. Grundlage für die Berechnung des

---

20 Vgl. zu den Vor- und Nachteilen des Zeitlohns *Wöhe, G.,* a. a. O., S. 205 ff.; *Pfeiffer, W., Dörrie, U., Stoll, E.,* a. a. O., S. 246/247.
21 Vgl. zum Akkordlohn *Wöhe, G.,* a. a. O., *Pfeiffer, W., Dörrie, U., Stoll, E.,* a. a. O., S. 247 ff.

Akkordlohnes bildet der **Grundlohn** (= **Akkordrichtsatz**). Dieser errechnet sich wie folgt:

Tariflich garantierter Mindestlohn
+ Akkordzuschlag (etwa 15 – 20% des Mindestlohnes)
———————————————————————
= Grundlohn (Akkordrichtsatz)

Durch den **Akkordzuschlag** liegt der Akkordlohn in der Regel von vornherein über dem Zeitlohn für vergleichbare Arbeit. Dieser Zuschlag wird normalerweise gewährt, weil bei der Akkordarbeit eine höhere Leistungsbereitschaft und Leistungsintensität der Arbeitskräfte unterstellt wird. Der Grundlohn bildet den Stundenverdienst des Arbeiters bei Normalleistung.

Nach der Art des Akkordlohnes kann zwischen Zeit- und Geldakkord unterschieden werden. Beim **Zeitakkord** wird der Grundlohn durch 60 dividiert. Man erhält durch diese Division den sogenannten **Minutenfaktor** (DM/Min.). Dieser Betrag stellt also den Verdienst des Akkordlohnarbeiters pro Minute bei Normalleistung dar. Diese wird durch eine bestimmte Vorgabezeit (Min./Stck.) ausgedrückt. Der Stundenverdienst nach dem Zeitakkord errechnet sich nach folgender Formel:

$$\text{Zeitakkord:} \quad \frac{\text{Verdienst}}{\text{Std.}} = \frac{\text{Stck.}}{\text{Std.}} \times \frac{\text{Min.}}{\text{Stck.}} \times \frac{\text{DM}}{\text{Min.}}$$

Beim **Geldakkord** wird der Akkordrichtsatz durch die bei Normalleistung zu erbringende Stückzahl dividiert. Man erhält dadurch einen Geldbetrag pro Stück (DM/Stck.), den **Geldsatz**. Der Stundenverdienst nach dem Geldakkord ergibt sich wie folgt:

$$\text{Geldakkord:} \quad \frac{\text{Verdienst}}{\text{Std.}} = \frac{\text{Stck.}}{\text{Std.}} \times \frac{\text{DM}}{\text{Stck.}}$$

Zeit- und Geldakkord unterscheiden sich vom Ergebnis her nicht, da der Ausdruck Min./Stck. × DM/Min. sich zu DM/Stck. kürzen läßt. Der Zeitakkord hat jedoch den Geldakkord in letzter Zeit in zunehmendem Maße verdrängt, weil der erstere für den Akkordarbeiter und für die Produktionsplanung informativer und bei Änderungen von Akkordrichtsätzen leichter zu handhaben ist.

Auch beim Akkordlohn läßt sich der Zusammenhang zwischen dem Stundenverdienst und den Stücklohnkosten in Abhängigkeit von der Leistung graphisch darstellen:

14 Menschliche Arbeit

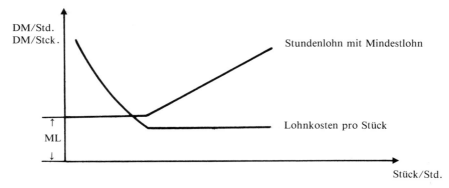

Abb. 5: *Zusammenhang zwischen der Leistung, dem Stundenlohn und den Stücklohnkosten beim Akkordlohn*

Beispiel einer Lohnberechnung:

Gegeben ist ein Mindestlohn (ML) von 5, – DM/Std. Der Akkordzuschlag (AZ) beträgt 20%, der Leistungsgrad (LG) = 150%, die Istleistung (IL) = 15 Stck./Std. Gesucht sind: die Normalleistung (NL), der Akkordrichtsatz (AR), der Minutenfaktor (MF), die Vorgabezeit (VZ), der Geldsatz (GS), die verrechneten Minuten (VM) und der Stundenverdienst (SV).

Lösung:

(1) $\text{NL} = \dfrac{\text{IL} \times 100}{\text{LG}} = \dfrac{15 \text{ Stck./Std.} \times 100}{150} = 10 \text{ Stck./Std.}$

(2) AR: Mindestlohn = 5, – DM/Std.
    \+ Akkordzuschlag = 1, – DM/Std.
    = Akkordrichtsatz = 6, – DM/Std.

(3) $\text{MF} = \dfrac{\text{AR}}{60} = \dfrac{6,- \text{ DM/Std.}}{60 \text{ Min./Std.}} = 0{,}10 \text{ DM/Min.}$

(4) $\text{VZ} = \dfrac{60}{\text{NL}} = \dfrac{60 \text{ Min./Std.}}{10 \text{ Stck./Std.}} = 6 \text{ Min./Stck.}$

(5) $\text{GS} = \dfrac{\text{AR}}{\text{NL}} = \dfrac{6,- \text{ DM/Std.}}{10 \text{ Stck./Std.}} = 0{,}60 \text{ DM/Stck.}$

(6) $\text{VM} = \text{VZ} \times \text{IL} = 6 \text{ Min./Stck.} \times 15 \text{ Stck./Std.} = 90 \text{ Min./Std.}$

(7) $\text{SV}_1 = \text{AR} \times \text{LG} = 6,- \text{ DM/Std.} \times 1{,}5 = 9,- \text{ DM/Std.}$

(8) $\text{SV}_2 = \text{MF} \times \text{VM} = 0{,}10 \text{ DM/Min.} \times 90 \text{ Min./Std.} = 9,- \text{ DM/Std.}$

(9) $\text{SV}_3 = \text{GS} \times \text{IL} = 0{,}60 \text{ DM/Stck.} \times 15 \text{ Stck./Std.} = 9,- \text{ DM/Std.}$

Auch beim Akkordlohn stehen sich bestimmte Vor- und Nachteile gegenüber. Von dieser Lohnform geht einerseits ein starker Anreiz zur Leistungssteigerung aus, zumal sich die gesamte Mehrleistung im Verdienst der Arbeitskräfte niederschlägt. Für den Betrieb bedeutet der Einsatz dieser Entlohnungsform eine bessere Ausnutzung der Betriebsmittelkapazitäten und bis zu einem gewissen Grad eine Abwälzung des Risikos für Minderleistungen auf die Arbeitnehmer. Schließlich bringt der Akkordlohn auch für die Kostenrechnung Vorteile mit sich, weil die Lohnkosten pro Stück konstant sind und damit eine sichere Grundlage für die Vorkalkulation bieten.

Beim Einsatz des Akkordlohnes besteht andererseits die Gefahr der Überbeanspruchung von Mensch und Maschine. Ferner können als Folge seiner Anwendung Qualitätsminderungen nicht ausgeschlossen werden. In der Praxis besteht darüber hinaus häufig ein Mißtrauen gegenüber dem Akkordlohn seitens der Belegschaft, insbesondere gegenüber der Ermittlung von Akkordsätzen. Dieses Mißtrauen kann jedoch durch die Anwendung anerkannter und exakter Verfahren zur Bestimmung der Normalleistung abgebaut werden. Der Einsatz des Akkordlohnes ist auch nicht für alle Arbeitsverrichtungen zweckmäßig. Geistig-kreative, störanfällige, einmalige und von den Arbeitskräften nicht beeinflußbare Arbeitsaufgaben sollten ebensowenig zum Gegenstand von Akkordarbeit gemacht werden, wie Arbeitsverrichtungen, bei denen eine optimale Nutzung von Betriebsmitteln und anderen Inputfaktoren im Vordergrund steht.

2.2.3.3.3 Prämienlohn

Der **Prämienlohn** liegt vor, wenn neben einem vereinbarten Grundlohn planmäßig und regelmäßig ein zusätzliches Entgelt für bestimmte Mehrleistungen des Arbeitnehmers gewährt wird[22]. Diese Lohnform kann mit dem Zeitlohn (Prämienzeitlohn) oder mit dem Stücklohn (Prämienstücklohn) gekoppelt werden. Die Gewährung einer Prämie zum Grundlohn als Zeitlohn wird angestrebt, um die fehlenden Leistungsanreize dieser Lohnform zu überwinden. Eine Verbindung des Grundlohnes als Stücklohn mit einer Prämie erfolgt in der Regel mit dem Ziel, Nachteile des Akkordlohnes, die aus seiner ausschließlichen Mengenorientierung resultieren, zu vermeiden. So können z. B. für Unterschreitungen der zulässigen Ausschußquote, für Ersparnisse von Material und Energie, für eine sorgfältige Behandlung von Maschinen und Werkzeugen, für die Reduzierung von Warte- und Leerlaufzeiten Prämien gewährt werden. In der Regel ist es so, daß die Prämie für die Mehrleistung zwischen den Arbeitskräften und dem Betrieb geteilt wird.

---

22 Zum Prämienlohn siehe *Wöhe, G.*, a. a. O., S. 216 ff., *Pfeiffer, W., Dörrie, U., Stoll, E.*, a. a. O., S. 254 ff.

In der Praxis sind verschiedene Prämienlohnsysteme entwickelt worden, deren Aufbau und Durchführung sich im Vergleich zu den anderen Lohnformen wesentlich komplizierter gestalten. Die wichtigsten Prämienlohnsysteme sind: das System von *Halsey, Rowan, Taylor* und das von *Bedaux*[23].

2.2.4 Soziallohn

Das Arbeitsentgelt umfaßt neben dem Leistungslohn als zweite Komponente auch den **Soziallohn**. Unter dem Begriff des Soziallohnes sollen hier alle materiellen Entgelte subsumiert werden, die den Arbeitnehmern aus sozialen Erwägungen heraus gewährt werden. Hierzu gehören die gesetzlich und tariflich verankerten Sozialleistungen, die freiwilligen Sozialleistungen sowie die dem Arbeitnehmer aus der leistungsunabhängigen Erfolgsbeteiligung zufließenden Beträge.

3. Betriebsmittel

3.1 Begriff und Arten von Betriebsmitteln

Zum Produktionsfaktor **Betriebsmittel** gehören — mit Ausnahme der menschlichen Arbeit — alle **langfristig nutzbaren Güter**[1]. Betriebsmittel werden also nicht durch einen einmaligen Einsatz im Produktionsprozeß verbraucht, sondern geben während ihrer Nutzungsdauer wiederholt Leistungen für die Produktion ab. Sie werden deshalb auch als **Potentialfaktoren** bezeichnet.

Zu den Betriebsmitteln zählen sowohl **materielle Güter**, wie Grundstücke, Gebäude, Maschinen und maschinelle Anlagen oder die Betriebs- und Geschäftsausstattung, als auch **immaterielle Güter**, wie Patente, Marken- und Urheberrechte, Konzessionen oder Lizenzen.

3.2 Ergiebigkeitskomponenten von Betriebsmitteln

Die Bestimmungsgründe für eine optimale Ergiebigkeit von Betriebsmitteln sind in Abb. 6 zusammengefaßt[2].

---

23 Vgl. zu diesen Systemen *Wöhe, G.*, a. a. O., S. 218 ff.

1 Anders als z. B. bei *Gutenberg* oder *Heinen* werden Hilfs- und Betriebsstoffe hier nicht als Betriebsmittel betrachtet, sondern zu den Werkstoffen gerechnet; vgl. *Gutenberg, E.*, a. a. O., S. 4 und *Heinen, E.*, Betriebswirtschaftliche Kostenlehre, 6. verb. und erweiterte Auflage, Wiesbaden 1983, S. 248.

2 Vgl. *Gutenberg, E.*, a. a. O., S. 70 ff. und *Steffen, R.*, Analyse industrieller Elementarfaktoren in produktionstheoretischer Sicht, Berlin 1973, S. 41 – 47.

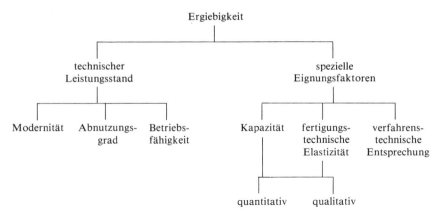

Abb. 6: Ergiebigkeitskomponenten von Betriebsmitteln

Grundvoraussetzung für eine optimale Ergiebigkeit ist ein **hoher technischer Leistungsstand** der Betriebsmittel. Hinzu kommt ihre **technische** und **wirtschaftliche Eignung** für die betriebliche Leistungserstellung.

Ein Betriebsmittel gilt als technisch geeignet, wenn sein Leistungsvermögen den Anforderungen eines Betriebes an Menge und Qualität der Leistung entspricht. Für die Beurteilung der ökonomischen Eignung sind zusätzlich die Höhe der mit dem Einsatz eines Betriebsmittels verbundenen Kosten sowie die Änderungsrate der Kosten bei einer Anpassung an veränderte Anforderungen heranzuziehen[3].

3.2.1 Technischer Leistungsstand

Der technische Leistungsstand eines Betriebsmittels hängt von dessen Modernität, Abnutzungsgrad und Betriebsfähigkeit ab.

Je höher der Grad der **Modernität** eines Betriebsmittels ist, je mehr es also dem aktuellen Stand der technischen Entwicklung entspricht, desto größer ist in der Regel seine Ergiebigkeit. Denn technischer Fortschritt ist meist mit einer Verbesserung der Leistungsfähigkeit und/oder der Wirtschaftlichkeit von Betriebsmitteln verbunden.

Das **technische Veralten** eines Betriebsmittels mindert seinen Wert für den Betrieb, obwohl damit kein Substanzverlust, d. h. keine Einschränkung der technischen Nutzungsmöglichkeiten verbunden ist. Die Entwicklung von Betriebsmitteln mit höherer Leistungsfähigkeit bzw. Wirtschaftlichkeit

---

3 Vgl. *Adam, D.,* Produktionspolitik, Wiesbaden 1980, S. 49.

18 Betriebsmittel

führt jedoch zu einer Verringerung der wirtschaftlichen Nutzungsmöglichkeiten und eventuell[4] zum Ersatz vorhandener Betriebsmittel.

Gleiches gilt für den Fall **wirtschaftlichen Veraltens,** der eintritt, wenn Betriebsmittel, die auf die Fertigung bestimmter Produkte spezialisiert sind, bei einem Nachfragerückgang bzw. -ausfall bei diesen Produkten nicht anderweitig verwendet werden können.

Der technische Leistungsstand und damit die Ergiebigkeit eines Betriebsmittels verringert sich mit wachsendem **Abnutzungsgrad.** Das Ausmaß der Abnutzung kann von verschiedenen Ursachen bestimmt sein, wobei meist mehrere Ursachen gleichzeitig auf ein Betriebsmittel einwirken.

Als wichtigste Abnutzungsarten lassen sich unterscheiden:[5]

— **Gebrauchs-** oder **nutzungsbedingter Verschleiß** durch den Einsatz der Betriebsmittel im Produktionsprozeß;
— **Substanzverringerung** als besondere Form des nutzungsbedingten Verschleißes bei Gewinnungsbetrieben (Bergwerken, Kiesgruben, Ölquellen etc.); die „Abnutzung" des Bodens erfolgt hier durch Abbau bzw. Förderung von Rohstoffen.
— **Zeit-** oder **umweltbedingter Verschleiß:** die Abnutzung oder der Werteverzehr erfolgen unabhängig von der betrieblichen Nutzung durch Zeitablauf, etwa infolge von Korrosion, Zersetzung oder Fäulnis.
— **Katastrophenverschleiß** durch außergewöhnliche und unvorhersehbare Ereignisse, wie Brand- und Wasserschäden, Explosionen, Diebstahl, Unfälle;
— **Fristablauf** oder **Ablauf des Rechtsschutzes,** z. B. bei Patenten.

Durch regelmäßige Überwachung, Pflege und Wartung, rechtzeitige Durchführung von Reparaturen und besondere Schutzmaßnahmen (wetterfeste Überdachungen, Schutzanstriche usw.) kann der Abnutzung der Betriebsmittel entgegengewirkt und ein hohes Maß an **Betriebsfähigkeit** als weiterem für die Ergiebigkeit bedeutsamen Faktor sichergestellt werden.

3.2.2 Spezielle Eignungsfaktoren

Die wichtigsten Merkmale zur Beurteilung der Eignung eines Betriebsmittels für einen bestimmten Betrieb stellen Kapazität, Elastizität und verfahrenstechnische Entsprechung dar.

---

4 Ob es sich für einen Betrieb lohnt, ein vorhandenes Betriebsmittel zu ersetzen, ist durch eine Investitionsrechnung zu klären.
5 Zu den Ursachen der Abnutzung von Betriebsmitteln und der Erfassung der damit verbundenen Wertminderungen als kalkulatorische Abschreibungen und Wagniskosten siehe: *Götzinger, M., Michael, H.,* Kosten- und Leistungsrechnung. 2. Aufl., Heidelberg 1981, S. 63 ff.

3.2.2.1 Kapazität

Jedes Betriebsmittel besitzt nur eine von seinen technischen Eigenschaften abhängige, begrenzte Leistungsfähigkeit. Die **obere technisch mögliche Leistung** wird durch den Begriff **Kapazität** gekennzeichnet[6]. Die Kapazität eines Betriebsmittels läßt sich sowohl hinsichtlich der Leistungsmenge als auch der Art und Güte der Leistungen beschreiben, so daß zwischen quantitativer und qualitativer Kapazität zu unterscheiden ist.

Als **quantitative Kapazität** bezeichnet man das **mengenmäßige Leistungsvermögen** eines Betriebsmittels **in einem Zeitabschnitt**[7]. Maßstab für die Erfassung der quantitativen Kapazität ist in erster Linie das Leistungsergebnis, eine Messung erfolgt also in Ausbringungsmengeneinheiten pro Periode. Ist eine maximale Ausbringungsmenge nicht eindeutig feststellbar – z. B. wenn auf einer Maschine in einer Periode mehrere verschiedenartige Produkte hergestellt werden – ist ein geeigneter Ersatzmaßstab heranzuziehen, wie etwa Maschinenstunden, verbrauchte Werkstoffmengen etc.[8].

Vielfach wird eine Differenzierung des Begriffs der quantitativen Kapazität vorgenommen. So führt z. B. *Gutenberg* neben der Maximalkapazität als technisch bedingter oberer Leistungsgrenze die minimale und die optimale Kapazität als Unterbegriffe quantitativer Kapazität an[9].

Unter **minimaler Kapazität** versteht *Gutenberg* die für die Funktionsfähigkeit oder eine wirtschaftliche Nutzung von Betriebsmitteln notwendige Mindestleistung. So erfordert z. B. die Inbetriebnahme eines Hochofens technisch zwingend die Realisierung einer bestimmten Mindestausbringung.

Rein wirtschaftlich bestimmt ist der Begriff der **optimalen Kapazität**. Sie stellt nach *Gutenberg* die Leistungsmenge pro Periode dar, bei der die Stückkosten am niedrigsten sind. Jedes Betriebsmittel ist auf eine bestimmte Leistung hin konstruiert, bei der es besonders wirtschaftlich arbeitet. Abweichungen von dieser Leistung führen zu einer Erhöhung der Stückkosten. In Abb. 7 ist ein solcher Stückkostenverlauf bei Veränderung der Intensität[10], d. h. der Leistung eines Betriebsmittels in einem Zeitpunkt, dargestellt.

---

6 Vgl. z. B. *Lücke, W.*, Probleme der quantitativen Kapazität in der industriellen Erzeugung, in: ZfB, 1965, S. 356; *Steffen, R.*, a. a. O., S. 43 und *Kern, W.*, Die Messung industrieller Fertigungskapazitäten und ihrer Ausnutzung, Köln/Opladen 1962, S. 112 ff.
7 Vgl. auch zum folgenden *Kern, W.*, a. a. O., S. 27 und S. 154 sowie *Heinen, E.*, a. a. O., S. 318 ff.
8 Eine Übersicht über mögliche Maßgrößen der quantitativen Kapazität und eine kritische Erörterung ihrer Anwendbarkeit findet sich bei *Kern, W.*, a. a. O., S. 153 ff.
9 Vgl. auch zum folgenden *Gutenberg, E.*, a. a. O., S. 73 ff.
10 Vgl. hierzu im einzelnen Abschnitt 3.3.2 des dritten Teils.

20   Betriebsmittel

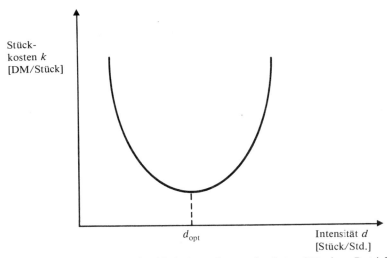

Abb. 7: Stückkostenverlauf bei Veränderung der Intensität eines Betriebsmittels

Bei der Intensität d_{opt} wird mit den geringsten Stückkosten produziert. Die optimale Kapazität ist die Leistungsmenge einer Periode T, die sich ergibt, wenn das Betriebsmittel während der gesamten Periode T mit der Intensität d_{opt} betrieben wird. Das Erreichen des Optimums hängt also nicht nur von der Leistungsmenge einer Periode ab, sondern auch von der zeitlichen Verteilung der Produktion, die während der gesamten Periode nicht zu einer Abweichung von der optimalen Intensität führen darf.

So kann z. B. ein Elektrizitätswerk eine der optimalen Kapazität entsprechende Menge Strom pro Monat erzeugen, ohne daß wegen der stark schwankenden Intensität der Stromerzeugung mit ihren Tagesspitzen und unzureichender Kapazitätsauslastung in der Nacht das Stückkostenoptimum realisiert werden kann.

Im Hinblick auf die quantitative Kapazität hängt die Eignung und damit die Ergiebigkeit eines Betriebsmittels davon ab, inwieweit bei gegebener Leistungsmenge und ihrer zeitlichen Verteilung eine optimale Kapazitätsauslastung möglich ist. Dies kann um so eher erreicht werden, je größer die „Zone optimaler Nutzung"[11] ist, je mehr also die Intensität von der optimalen abweichen kann, ohne daß die Stückkosten spürbar steigen.

Eine hohe Ergiebigkeit setzt aber auch die Abstimmung der quantitativen Kapazitäten des gesamten Betriebsmittelbestandes eines Betriebes voraus. Je stärker sich insbesondere die optimalen Kapazitäten voneinander unterscheiden, um so mehr wird ein Teil der Betriebsmittel überbeansprucht

---

11 Vgl. *Gutenberg, E.,* a. a. O., S. 75.

(Engpaßfaktoren), ein anderer unzureichend ausgelastet, deren Ergiebigkeit somit verringert.

Unter dem Begriff der **qualitativen Kapazität** werden Art und Güte der Leistungen eines Betriebsmittels zusammengefaßt. Als Maßstab qualitativer Kapazität dienen die Anzahl sowie die qualitativen Eigenschaften möglicher Leistungsarten (Produkte, Verrichtungen) einerseits und die Anforderungen an die übrigen im Fertigungsprozeß eingesetzten Produktionsfaktoren (Werkstoffe, Arbeit) andererseits[12].

So läßt sich die qualitative Kapazität einer Drehbank durch die Anzahl der Produkte (Wellen, Schrauben etc.), deren Qualität (Fertigungstoleranzen, maschinenbedingte Ausschußquote), die Art der verwendeten Werkstoffe (Eisen, Messing etc.) und ihre Eigenschaften (Abmessungen, Härtegrad, Bruchfestigkeit etc.) sowie die notwendige Qualifikation des Bedienungspersonals (Fach- oder Hilfsarbeiter) beschreiben.

Die Eignung eines Betriebsmittels hängt – analog zur quantitativen Kapazität – zunächst von dem Ausmaß ab, in dem bei gegebenem Produktionsprogramm eine optimale Auslastung der qualitativen Kapazität erreicht werden kann[13]. Je weniger z. B. eine Maschine in der Lage ist, die maximal zulässigen Fertigungstoleranzen, d. h. Abweichungen von den geforderten Eigenschaften eines Werkstücks, einzuhalten, um so größer wird der Ausschuß; die Ergiebigkeit verringert sich aufgrund dieser Überbeanspruchung der Maschine. Eine geringe Ergiebigkeit ist auch die Folge unzureichender Ausnutzung des qualitativen Leistungsvermögens, wie sie z. B. vorliegt, wenn bei einer Drehbank, die die Bearbeitung von Werkstücken mit bis zu 50 cm Durchmesser erlaubt, der überwiegende Teil der Fertigung einer Periode auf Werkstücke mit weit geringerem Durchmesser entfällt.

Hinzu kommt als Ergiebigkeitsdeterminante die Abstimmung auch der qualitativen Kapazitäten in einem Betrieb. Eine solche Abstimmung soll soweit wie möglich verhindern, daß auf der einen Seite qualitative Kapazitätsengpässe entstehen, andererseits qualitative Kapazitäten ungenutzt bleiben[14].

3.2.2.2 Fertigungstechnische Elastizität

Unter der **fertigungstechnischen Elastizität** eines Betriebsmittels versteht man seine **Anpassungsfähigkeit an wechselnde Produktionsbedingungen**. Die Notwendigkeit zu Anpassungen entsteht z. B., wenn schwankende Beschaffungs- oder Absatzmöglichkeiten, die durch Lagerhaltung nicht

---

12 Vgl. *Heinen, E.,* a. a. O., S. 314 ff.
13 Vgl. *Gutenberg, E.,* a. a. O., S. 77.
14 Vgl. *Heinen, E.,* a. a. O., S. 317 ff.

22 Betriebsmittel

ausgeglichen werden können, eine gleichmäßige Kapazitätsauslastung verhindern, wenn Nachfrageverschiebungen auf dem Absatzmarkt eine Änderung des Produktionsprogramms nach Art und/oder Menge der Erzeugnisse erfordern oder neuartige Werkstoffe mit veränderten fertigungstechnischen Anforderungen eingeführt werden.

Auch der Begriff der fertigungstechnischen Elastizität besitzt eine quantitative und eine qualitative Komponente[15]. **Quantitative Elastizität** stellt die Fähigkeit dar, ein Betriebsmittel durch Variation der Einsatzzeit und/oder der Intensität an wechselnde Produktionsmengen anzupassen, **qualitative Elastizität** die Fähigkeit, wechselnden qualitativen Anforderungen, z. B. durch Umrüstung, gerecht zu werden.

Der **Grad der Elastizität** wird zum einen durch den mengenmäßigen und qualitativen Spielraum **(Anpassungsmöglichkeiten),** zum anderen durch die für eine Anpassung notwendige Zeitspanne **(Anpassungsgeschwindigkeit)** bestimmt. Werden neben technischen auch ökonomische Aspekte berücksichtigt, sind zusätzlich die **durch eine Anpassung verursachten Kosten** in die Beurteilung der Elastizität eines Betriebsmittels einzubeziehen.

Die Eignung eines Betriebsmittels ist um so größer, je stärker die fertigungstechnische Elastizität den Bedürfnissen des Betriebes entspricht. Zu geringe Elastizität verzögert notwendige Anpassungsmaßnahmen und erhöht die Anpassungskosten. Übersteigt hingegen die vorhandene Anpassungsfähigkeit das notwendige Maß, ist die laufende Produktion mit höheren Kosten verbunden, da Betriebsmittel mit hoher Elastizität in der Regel unwirtschaftlicher arbeiten als solche mit begrenzten Einsatzmöglichkeiten.

3.2.2.3 Verfahrenstechnische Entsprechung

Neben einen hohen technischen Leistungsstand, die Abstimmung der quantitativen und qualitativen Kapazitäten des Betriebsmittelbestandes und deren optimale Auslastung sowie einen angemessenen Grad an fertigungstechnischer Elastizität tritt nach *Gutenberg* die **verfahrenstechnische Entsprechung** als weitere Bestimmungsgröße der Ergiebigkeit von Betriebsmitteln[16].

Die Entscheidung für bestimmte Betriebsmittel bedeutet zugleich eine Festlegung auf bestimmte Fertigungsverfahren. So wird z. B. mit der Auswahl der Betriebsmittel über den Mechanisierungs- bzw. Automatisierungsgrad der Fertigung entschieden. Die zur Verfügung stehenden Verfahren werden

---

15 Vgl. auch zum folgenden *Gutenberg, E.,* a. a. O., S. 80 ff. sowie *Riebel, P.,* Die Elastizität des Betriebes, Köln/Opladen 1954, S. 105 ff.
16 Vgl. *Gutenberg, E.,* a. a. O., S. 85 ff.

– dies gilt nicht nur hinsichtlich der Arbeitstechnik, sondern auch anderer Verfahrensmerkmale[17] – in unterschiedlicher Weise den Bedürfnissen eines Betriebes gerecht. Eine hohe Ergiebigkeit des Betriebsmittelbestandes ist nur dann gewährleistet, wenn die Betriebsmittel dem für den Betrieb optimalen Fertigungsverfahren entsprechen.

Die **Verfahrenswahl** wird wesentlich von der Wirtschaftlichkeit der Verfahrensalternativen bestimmt. Das für den Betrieb optimale Verfahren wird unter diesem Aspekt über einen Kostenvergleich ermittelt. In Abb. 8 sind die Kostenkurven dreier Fertigungsverfahren A, B und C dargestellt. Für eine Ausbringung (Beschäftigung) $x: 0 < x \leq x_1$ stellt Verfahren A die kostengünstigste Variante dar, für $x: x_1 \leq x \leq x_3$ das Verfahren B und für alle $x: x \geq x_3$ das Verfahren C. Für einen Betrieb ist das Verfahren optimal, das bei der zu erwartenden Beschäftigung am wirtschaftlichsten arbeitet.

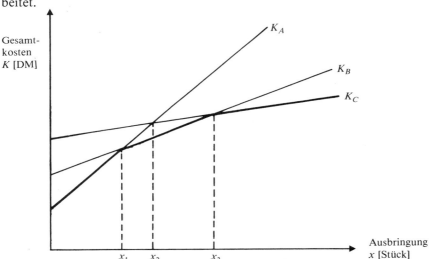

Abb. 8: Vergleich der Wirtschaftlichkeit von Fertigungsverfahren

Die Mengen, x_1, x_3 (und x_2[18]) werden auch als **kritische Produktionsmengen** bezeichnet; das sind die Mengen, bei denen sich ein Verfahrenswechsel lohnt, wenn die Beschäftigung die jeweilige kritische Menge dauerhaft überschreitet bzw. bei einem Beschäftigungsrückgang unterschreitet. Bei einer kritischen Menge sind die Kosten der betrachteten Verfahren (bei x_1:

---

17 Zur Einteilung der Fertigungsverfahren nach verschiedenen Merkmalen vgl. Abschnitt 5.1 des ersten Teils.
18 Für den in Abb. 8 dargestellten Verfahrensvergleich ist die kritische Menge x_2 ohne Bedeutung, da bei x_2 beide Verfahren A und C eine geringere Wirtschaftlichkeit als das Verfahren B aufweisen.

A und *B*) gleich hoch, oberhalb der kritischen Menge ist das eine Verfahren (*B*), unterhalb das andere (*A*) vorteilhafter.

Die Linie, die für jede Ausbringung *x* das kostengünstigste Verfahren ausweist, stellt die **Operationslinie**[19] des Betriebes dar, sie bestimmt **langfristig** das Verhalten des Betriebes bei Änderungen der Beschäftigung.

4. Werkstoffe

4.1 Werkstoffarten

Unter dem Elementarfaktor Werkstoff werden alle Güter zusammengefaßt, die Grund- oder Ausgangsstoffe für die Produktion von Erzeugnissen sind und zur Aufrechterhaltung der Produktion dienen[1]. Fast alle diese Güter sind bereits von anderen Betrieben gewonnen, bearbeitet oder erzeugt worden. Zu den Werkstoffen sind vor allem Roh-, Hilfs- und Betriebsstoffe zu rechnen. Ferner zählt man zu ihnen alle Güter, die als Fertigteile in ein Produkt eingehen. Werkstoffe werden in der Literatur mitunter auch als Repetierfaktoren bezeichnet, weil sie im Produktionsprozeß verbraucht werden und für jeden Produktionsakt neu beschafft bzw. dem Lager entnommen werden müssen.

Rohstoffe bilden den Hauptbestandteil der Erzeugnisse einer Unternehmung. Sie gehen substantiell in die Fertigerzeugnisse ein. Zu den Rohstoffen zählen z. B. Eisen, Holz, Leder, Wolle.

Hilfsstoffe sind Nebenbestandteile der Erzeugnisse. Sie gehen zwar ebenfalls substantiell in die Fertigfabrikate ein, spielen jedoch mengen- und wertmäßig nur eine untergeordnete Rolle, so z. B. Anstrichmittel für Maschinen.

Betriebsstoffe dienen der Ingangsetzung und Aufrechterhaltung des betrieblichen Leistungserstellungsprozesses. Sie gehen jedoch substantiell **nicht** in die Erzeugnisse ein. Zu den Betriebsstoffen zählen Treibstoffe, Strom, Schmiermittel.

4.2 Ergiebigkeitskomponenten von Werkstoffen

Die Produktivität der Fertigung wird durch die Werkstoffe wesentlich beeinflußt. Als Ergiebigkeitskomponenten dieses Produktionsfaktors spielen die in Abb. 9 aufgezeigten Faktoren eine hervorragende Rolle[2]:

---

19 Vgl. *Busse von Colbe, W., Laßmann, G.,* Betriebswirtschaftstheorie, Bd. 1 Grundlagen, Produktions- und Kostentheorie, Berlin/Heidelberg/New York 1975, S. 226. Vgl. auch *Delfmann, W.,* Das Gesetz der Massenproduktion, in: WISU, 2/85, 14. Jg., S. 65 f.

1 Vgl. *Gutenberg, E.,* a. a. O., S. 122.
2 *Adam, D.,* a. a. O., S. 51.

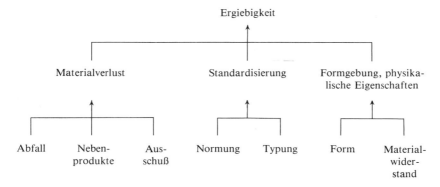

Abb. 9: Ergiebigkeitskomponenten der Werkstoffe

Bei **Materialverlusten** ist zwischen Abfall, Nebenprodukten und Ausschuß zu unterscheiden. **Abfälle** sind Reststoffe, die bei der Werkstoffbearbeitung anfallen. Auch unter günstigsten Bedingungen hinsichtlich der Beschaffenheit der Werkstoffe und des Fertigungsablaufs sind sie nicht völlig vermeidbar. Die Ergiebigkeit von Werkstoffen ist um so höher, je mehr es gelingt, Abfälle wieder zu verwerten, etwa in Form neuer Produkte (= **Nebenprodukte**), oder wieder in den Produktionsprozeß einzugliedern (= Recycling).

Beim **Ausschuß** handelt es sich um Halb- oder Fertigerzeugnisse, die nicht verwertbar sind, weil sie entweder den aufgestellten Qualitätsanforderungen nicht genügen oder aber aufgrund von Materialfehlern unbrauchbar sind. Beim Ausschuß handelt es sich um die unproduktivste Form des Materialverlustes, da neben dem Material auch die eingesetzte Arbeits- und Betriebsmittelzeit verloren geht. Deshalb ist eine kontinuierliche Wareneingangs- und Fertigungskontrolle erforderlich. Auch Ausschuß sollte im Interesse der Ergiebigkeit von Werkstoffen wenn möglich wieder im Produktionsprozeß eingesetzt oder eine Verwertung am Markt angestrebt werden (Produkte 2. Wahl).

Standardisierung wird vielfach als Oberbegriff für Typung und Normung verwendet[3]. Dabei wird unter **Typung**, auch Typisierung genannt, die Vereinheitlichung des ganzen Produktes zum Zwecke der Rationalisierung des Produktionsprozesses verstanden. Unter **Normung** versteht man hingegen die Vereinheitlichung von Einbauteilen, die für die Herstellung der Produkte benötigt werden. Sie bezieht sich vorwiegend auf die technischen

---

3 *Hinterhuber, H.,* Normung, Typung und Standardisierung, in: HWB, Sp. 2777ff.

Merkmale von Erzeugnissen. Der Rationalisierungseffekt der Standardisierung liegt im wesentlichen in Ersparnissen von Material, Arbeitszeit, Organisations- und Kontrolltätigkeiten.

Schließlich hängt die Ergiebigkeit des Produktionsfaktors Werkstoffe auch von seiner **Form** sowie von seinen **physikalischen und chemischen Eigenschaften** ab (Härte, Schmelzpunkt, Elastizität). Unzweckmäßige Formgebung, wie zu groß bemessene Materialzugaben oder unzweckmäßige Abmessungen erhöhen in der Regel die Materialverluste sowie die Bearbeitungszeiten der Werkstücke. Ähnliche Ergiebigkeitsverluste entstehen beim Einsatz von Werkstoffen mit unzweckmäßigen physikalischen und chemischen Eigenschaften.

4.3 Werkstoffbeschaffung

Aufgabe der Materialwirtschaft ist es, die benötigten Werkstoffe in der erforderlichen Menge und Qualität zur rechten Zeit und am rechten Ort kostengünstig bereitzustellen[4].

4.3.1 Materialbereitstellungsprinzipien

Nach *Grochla*[5] lassen sich folgende **Materialbereitstellungsprinzipien** unterscheiden:

– **Einzelbeschaffung im Bedarfsfalle**

Kennzeichen dieses Materialbereitstellungsprinzips ist, daß die Beschaffung eines Werkstoffes erst dann erfolgt, wenn aufgrund eines bestimmten Produktionsauftrages ein entsprechender Bedarf vorliegt (= fallweise Beschaffung). Der Vorteil dieses Bereitstellungsprinzips liegt in den geringen Lager- und Kapitalbindungskosten. Andererseits besteht die Gefahr von Produktionsstockungen, die für den Betrieb mit hohen Kosten verbunden sind (Stillstandskosten, Löhne, evtl. Konventionalstrafen, entgangene Gewinne, Imageverlust). Der Betrieb kann jedoch auf dieses Beschaffungsprinzip nicht verzichten, wenn sein spezifisches Fertigungsprogramm dessen Anwendung verlangt, z. B. bei auftragsorientierter Einzelfertigung oder beim Einsatz leicht verderblicher Güter.

– **Vorratshaltung**

Die Vorratshaltung, bei der die Werkstoffe im Lager auf Abruf gehalten werden, ist das in der Praxis am häufigsten verbreitete Bereitstellungsprinzip. Seine Anwendung gewährleistet einen kontinuierlichen Produktions-

---

4 Vgl. *Grochla, E.*, Grundlagen der Materialwirtschaft. 3. gründlich durchgesehene Aufl., Wiesbaden 1978, S. 18.
5 Vgl. ebenda, S. 23 ff.

prozeß und eine gewisse Abschirmung gegenüber Beschaffungsrisiken. Auch ist mit seiner Anwendung die Möglichkeit verbunden, Preisvorteile am Beschaffungsmarkt auszunutzen (z. B. Mengenrabatte, Preisschwankungen). Nachteilig wirken sich bei der Vorratshaltung die hohen Lagerhaltungskosten aus.

– **einsatzsynchrone Anlieferung**

Mit der einsatzsynchronen Anlieferung wird versucht, die Vorteile der beiden anderen Materialbereitstellungsprinzipien zu verbinden und deren Nachteile auszuschließen. Mit Hilfe von Verträgen wird mit den Lieferanten vereinbart, an festen, durch den Produktionsablauf der beschaffenden Unternehmung bedingten Terminen die jeweils erforderlichen Materialmengen zu liefern. Dadurch wird die Gefahr von Produktionsstockungen verringert. Gleichzeitig werden die Lagerhaltungskosten minimiert. Der zuletzt genannte Vorteil kann jedoch in der Regel nur durch Abnehmer mit Massen- oder Großserienfertigung sowie einer starken Marktmacht gegenüber ihren Lieferanten realisiert werden (Nachfragemonopol). Die Lieferanten werden nämlich bei Vorliegen anderer Marktbedingungen versuchen, ihre höheren Lagerhaltungskosten auf die Preise der Beschaffungsgüter abzuwälzen.

4.3.2 Planung der Materialvorratsmenge[6]

Da es in den meisten Fällen nicht möglich bzw. nicht zweckmäßig ist, die Materialbeschaffung und den Verbrauch genau aufeinander abzustimmen, ist eine Vorratshaltung in der Regel unumgänglich. Soll ein kontinuierlicher Fertigungsablauf sichergestellt werden, so sind die sich aus dem Bedarfsplan ergebenden Materialmengen für die Produktion rechtzeitig bereitzustellen und die hierdurch entstehenden Beständelücken durch eine rechtzeitige Bestellung zu schließen, um Fehlmengen zu vermeiden.

Es ist dann zu bestellen, wenn ein bestimmter Lagerbestand – die Meldemenge – erreicht ist. Diese **Meldemenge** muß mindestens der zu erwartenden Materialentnahme während der Beschaffungszeit entsprechen. Als **Beschaffungszeit** wird dabei der Zeitraum bezeichnet, der zwischen der Bedarfsmeldung des Lageristen und dem Zeitpunkt liegt, zu dem die Materialien im Betriebsprozeß für den beabsichtigten Zweck zur Verfügung stehen. Für den Fall eines stetigen und gleichmäßigen Lagerabganges der Werkstoffe läßt sich die Meldemenge wie in Abb. 10 dargestellt ableiten.

Die Gerade $\overline{AB}$ stellt den Verlauf einer kontinuierlichen Materialentnahme im Zeitraum t_L dar. Im Zeitraum t_L sinkt der Lagerbestand von x_B Mengen-

---

[6] Vgl. *Grochla, E.*, Materialwirtschaft, in: HWB, Sp. 2635 ff.

28 Werkstoffe

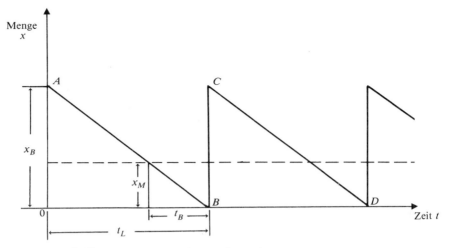

x_B = Beschaffungsmenge t_L = Lagerdauer
x_M = Meldemenge t_B = Beschaffungszeit

Abb. 10: Ableitung der Meldemenge bei stetigem und gleichmäßigem Lagerabgang

einheiten auf 0 Mengeneinheiten. Die Steigung der Geraden $\overline{AB}$ entspricht dem Quotienten

$$v_t = \frac{x_B}{t_L} \ ;$$

v_t zeigt daher die Materialentnahme pro Zeiteinheit (ME/ZE). Die Beschaffungszeit dieses Materials betrage t_B Zeiteinheiten. Aufgrund des Strahlensatzes[7] gilt folgende Beziehung:

$$\frac{x_B}{t_L} = \frac{x_M}{t_B} = v_t \ .$$

Aus diesem Zusammenhang ermittelt sich die Meldemenge durch die Gleichung:

$$x_M = \frac{x_B}{t_L} \cdot t_B$$

oder

$$x_M = v_t \cdot t_B \ .$$

---

7 Werden zwei von einem Punkt ausgehende Strahlen von Parallelen geschnitten, so verhalten sich die Abschnitte auf den Parallelen wie die entsprechenden Scheitelabschnitte.

Die Meldemenge x_M ergibt sich also durch die Multiplikation der Materialentnahme pro Zeiteinheit (v_t) mit der Beschaffungszeit (t_B).

Verändert sich im Zeitablauf die Materialentnahme pro Zeiteinheit, so ist der Meldebestand entsprechend anzupassen (Abb. 11).

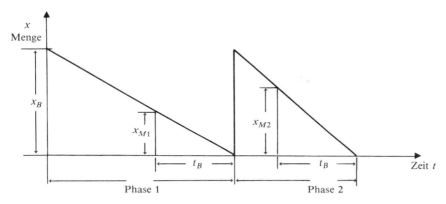

Abb. 11: *Auswirkung eines unterschiedlich schnellen Lagerabgangs auf die Meldemenge*

Da in der Phase 1 die Materialentnahme pro Zeiteinheit wesentlich geringer ist als in Phase 2, muß in dieser zweiten Phase die Meldemenge ceteris paribus größer sein.

Auf die dargestellte Weise ist eine rechtzeitige Materialbereitstellung nur dann gewährleistet, wenn die Materialentnahme nicht höher und die Beschaffungszeit nicht länger als geplant ist. Aufgrund der bei der Planung der Materialvorratsmengen auftretenden Unsicherheiten ist es notwendig, zusätzlich einen Sicherheitsbestand einzubeziehen. Als **Sicherheitsbestand** bezeichnet man die zum Ausgleich von überhöhten Entnahmen und verlängerten Beschaffungszeiten erforderliche Vorratsmenge. Im einfachsten Fall läßt sich unter Berücksichtigung des Sicherheitsbestandes B_s die Meldemenge durch folgende Gleichung ermitteln:

$$x_M = v_t \cdot t_B + B_s.$$

4.3.3 Planung der Materialbeschaffung

4.3.3.1 Begriff der optimalen Bestellmenge

Im Rahmen der Vorratshaltung stellt die Bestimmung der **optimalen Bestellmenge** einen weiteren Problemkreis dar. Dieses Optimierungsproblem ergibt sich im wesentlichen aus der Tatsache, daß bei einem Bestellvorgang zwei gegenläufige Kostenentwicklungen auftreten (vgl. Abb. 12).

30 Werkstoffe

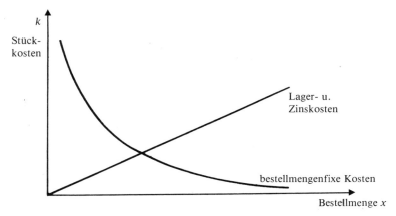

Abb. 12: Stückkostenentwicklung in Abhängigkeit von der Bestellmenge

Unter **bestellmengenfixen** Kosten sind diejenigen Kosten zu verstehen, die im Hinblick auf die einzelne Bestellung unabhängig sind. Dazu gehören insbesondere: Kosten der Angebotseinholung und -prüfung, Kosten der Bestellabwicklung, der Lieferterminüberwachung, Mahnkosten usw. Würde ein Bestellvorgang nur bestellmengenfixe Kosten verursachen, so würde dies für den Betrieb bedeuten, die Bestellmenge so groß wie möglich zu wählen, um die Stückkosten zu minimieren. Bei größeren Bestellmengen ist jedoch mit einem Ansteigen der Lagerhaltungskosten, insbesondere der Lagerkosten (Raumkosten, Personalkosten, Wagniskosten usw.) zu rechnen. Unter Berücksichtigung dieses Sachverhaltes wäre es für den Betrieb sinnvoll, die Größe der Bestellmenge so klein wie möglich zu halten.

Zur Bewältigung dieses Dilemmas ist die Bestellmenge so zu wählen, daß die Summe aus bestellmengenfixen Kosten und Lager- und Zinskosten ein Minimum wird (opt. Bestellmenge).

4.3.3.2 Grundmodell zur Ermittlung der optimalen Bestellmenge

4.3.3.2.1 Annahmen dieses Modells

Unter einem **Modell** versteht man in der Betriebswirtschaftslehre ein **vereinfachtes Abbild der Realität**. Auch dem Modell der optimalen Bestellmenge[8] liegen bestimmte vereinfachende Annahmen zugrunde:

1. Der Gesamtbedarf der Periode T (i. d. Regel 1 Jahr) ist gegeben. Er stimmt mit der Beschaffungsmenge überein. Die Beschaffungsmenge ist in gleichbleibende Bestellmengen x aufzuteilen.

---

8 Vgl. u. a. *Grochla, E.*, Grundlagen der Materialwirtschaft, S. 81 ff.; *Kottke, E.*, Die optimale Beschaffungsmenge, Berlin 1960, S. 82 ff.

Optimale Bestellmenge 31

2. Der Lagerabgang erfolgt kontinuierlich und in gleichen Raten.
3. Es gibt weder Beschaffungsengpässe noch Lagerungs- und Finanzierungsrestriktionen.
4. Es wird kein Sicherheitsbestand gehalten, da zwischen der Lagerentnahme der letzten Einheit und der Wiederauffüllung des Lagers kein „time lag" besteht.
5. Die Einstandspreise werden als konstant angenommen.

4.3.3.2.2 Mathematische Ableitung der optimalen Bestellmenge

Zur Ableitung der optimalen Bestellmenge werden folgende Symbole verwendet:

M = Gesamtbedarf der Periode (1 Jahr)
w_0 = Einstandspreis pro Stück
F = bestellmengenfixe Kosten
p = Zinskostensatz in Prozent pro Jahr
l = Lagerkostensatz in Prozent pro Jahr
n = Zahl der Bestellungen pro Jahr (Bestellhäufigkeit)
x = die Bestellmenge
k = Stückkosten der bestellten Güter
t_L = Lagerdauer einer Bestellmenge

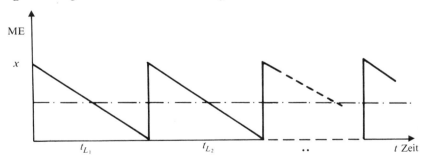

Abb. 13: Lagerbewegung im Modell der optimalen Bestellmenge

Zweckmäßigerweise beginnt man die Ableitung der optimalen Bestellmenge mit der Bestimmung der **Lagerkostenfunktion**:

1. Bei einmaliger Beschaffung ist der Lagerbestand zum Zeitpunkt der Anlieferung gleich dem Gesamtbedarf der Periode   = M (ME)

32 Werkstoffe

2. Bei n-maliger Beschaffung pro Periode ist der Lagerbestand zum Zeitpunkt der Anlieferung $= \dfrac{M}{n} = x\,(\text{ME})$

3. Am Ende der Anlieferungsperiode (vor Eingang der nächsten Lieferung) ist der Lagerbestand $= 0\,(\text{ME})$

4. Der durchschnittliche **mengenmäßige Lagerbestand** ist somit bei stetigem und gleichmäßigem Lagerabgang

$\dfrac{x + 0}{2} = \dfrac{x}{2}\,(\text{ME})$

5. Der durchschnittliche **Lagerbestandswert** ermittelt sich durch die Multiplikation des durchschnittlichen mengenmäßigen Lagerbestandes mit dem Einstandspreis pro Stück $= \dfrac{x}{2} \cdot w_0\,(\text{GE})$

6. Zur Ermittlung der Lagerkosten ist dieser durchschnittliche Lagerbestandswert mit dem Lagerkostensatz pro Jahr ($l/100$) zu multiplizieren.
Die **Lagerkosten pro Jahr** werden also wie folgt ermittelt:

$$L_J = \dfrac{x \cdot w_0 \cdot l}{2 \cdot 100}$$

7. Da in einer Periode n Bestellungen erfolgen, lassen sich die **Lagerkosten pro Bestellung** L_B ermitteln, indem die Lagerkosten pro Jahr durch die Zahl der Bestellungen pro Jahr dividiert werden. Es gilt:

$$L_B = \dfrac{L_J}{n} = \dfrac{x \cdot w_0 \cdot l}{200 \cdot n}$$

8. Aufgrund der Beziehung $n = M/x$ lassen sich die Lagerkosten pro Bestellung durch folgende Gleichung ausdrücken:

$$L_B = \dfrac{x^2 \cdot w_0 \cdot l}{200 \cdot M}$$

9. Da mit einer Bestellung x Mengeneinheiten geliefert werden, betragen die **Lagerkosten pro Stück**

$$k_l = \dfrac{L_B}{x} = \dfrac{x \cdot w_0 \cdot l}{200 \cdot M}$$

10. Die Ermittlung der Zinskostenfunktion erfolgt analog. Bei einem Zinskostensatz pro Jahr ($p/100$) ergibt sich somit folgende Stückkostenfunktion:

$$k_p = \frac{x \cdot w_0 \cdot p}{200 \cdot M}$$

11. Die bestellmengenfixen Kosten in Höhe von F (GE) verteilen sich auf die Bestellmenge. Somit ergeben sich bei einer Bestellmenge von x Mengeneinheiten **bestellmengenfixe Kosten pro Stück**

$$k_f = \frac{F}{x}$$

12. Die **gesamten Stückkosten** der bestellten Güter einschließlich des Einstandspreises sind:

$$k_g = w_0 + k_f + k_l + k_p$$

Da der Einstandspreis w_0 als konstant angenommen wird und damit keinen unmittelbaren Einfluß auf die Bestellmenge ausübt, kann in der obigen Stückkostenfunktion der Einstandspreis w_0 weggelassen werden.

13. Damit ergeben sich folgende Stückkosten in Abhängigkeit von der Bestellmenge x

$$k_g = f(x) = \frac{F}{x} + \frac{x \cdot w_0 \cdot l}{200 \cdot M} + \frac{x \cdot w_0 \cdot p}{200 \cdot M}$$

oder

$$k_g = \frac{F}{x} + \frac{x \cdot w_0 \cdot (l + p)}{200 \cdot M}$$

14. Die optimale Bestellmenge liegt dort, wo die Stückkostenfunktion ihr Minimum hat. Mathematisch liegt ein Minimum dann vor, wenn die notwendige und hinreichende Bedingung erfüllt sind. Dies bedeutet, daß zunächst die erste Ableitung der Stückkostenfunktion gleich Null gesetzt wird und im zweiten Schritt die zweite Ableitung dieser Funktion größer Null sein muß.

Notwendige Bedingung:

$$k_g' = \frac{dk_g}{dx} = -\frac{F}{x^2} + \frac{w_0 \cdot (l + p)}{200 \cdot M} \stackrel{!}{=} 0$$

Nach x^2 aufgelöst ergibt sich

$$x^2 = \frac{200 \cdot M \cdot F}{w_0 \cdot (l + p)}$$

Für die optimale Bestellmenge gilt daher:

$$x_{opt} = \sqrt{\frac{200 \cdot M \cdot F}{w_0 \cdot (l + p)}}$$

34   Werkstoffe

Hinreichende Bedingung:

$$k_g'' = \frac{dk_g'}{dx} = +\frac{2F}{x^3} > 0$$

wenn gilt $x > 0$ und $F > 0$

15. Mit Hilfe der Beziehung $n = M/x$ läßt sich bei gegebenem Periodenbedarf die optimale Bestellhäufigkeit pro Periode durch:

$$n_{opt} = \frac{M}{x_{opt}}$$

ausdrücken.

16. Die optimale Lagerzeit ermittelt sich durch die Beziehung

$$t_{opt} = \frac{x_{opt}}{M}$$

17. Die optimale Bestellmenge läßt sich auch mit Hilfe der Jahreskosten ableiten.

$$K_J = w_0 \cdot M + \frac{F}{x} \cdot M + \frac{x \cdot w_0 \cdot l}{200} + \frac{x \cdot w_0 \cdot p}{200}$$

$$K_J' = \frac{dK_J}{dx} = -\frac{F \cdot M}{x^2} + \frac{w_0 \cdot (l + p)}{200}$$

Notwendige Bedingung für das Minimum:

$$K_J' \stackrel{!}{=} 0 \quad \text{daraus folgt} \quad 0 \stackrel{!}{=} -\frac{F \cdot M}{x^2} + \frac{w_0 \cdot (l + p)}{200}$$

$$x_{opt} = \sqrt{\frac{200 \cdot M \cdot F}{w_0 \cdot (l + p)}}$$

4.3.3.2.3 Graphische Darstellung der Bestellmengenoptimierung

Abb. 14 stellt die graphische Ableitung der optimalen Bestellmenge dar.

Die geometrische Addition der Stückkostenkurven $k_f(x)$, sowie $k_l(x) + k_p(x)$ führt zu der Gesamtstückkostenkurve $k_g(x)$. Die optimale Bestellmenge ist durch deren Tiefpunkt gegeben. Die Gesamtstückkostenkurve nähert sich für x gegen 0 asymptotisch der Kurve k_f. Für x gegen unendlich nähert sie sich der Kurve $k_l + k_p$.

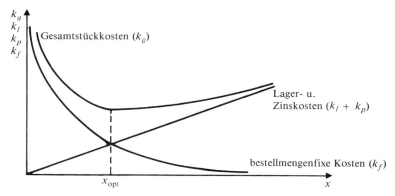

Abb. 14: Graphische Ableitung der optimalen Bestellmenge

4.3.3.2.4 Mängel der optimalen Bestellmenge

Die Mängel des Modells der optimalen Bestellmenge resultieren hauptsächlich aus den zuvor getroffenen Annahmen. Hierbei wurde beispielsweise unterstellt, daß der Bedarf in der Planungsperiode bekannt ist und die Lagerabbaugeschwindigkeit konstant bleibt. Zudem wird bei der Modellformulierung nicht berücksichtigt, daß innerhalb einer Planungsperiode nur ganzzahlige Lösungen für die optimale Bestellhäufigkeit realisierbar sind. Vernachlässigt werden ebenfalls Schwund und Verderb des Lagergutes, Mengenrabatte und Teillieferungen sowie die Bildung von Sicherheitsbeständen. Auch Restriktionen, wie beispielsweise knappe Lagerkapazitäten und knappe finanzielle Ressourcen, werden in das Modell nicht aufgenommen. Eine Möglichkeit, das Modell der optimalen Bestellmenge realitätsnäher zu gestalten, wird im folgenden Kapitel näher beschrieben.

4.3.3.2.5 Weiterentwicklungen des Grundmodells der optimalen Bestellmenge

Das dargestellte Grundmodell zur Ermittlung der optimalen Bestellmenge ist unter vereinfachenden Annahmen abgeleitet worden. Es ist jedoch möglich, diese Annahmen schrittweise der Realität anzupassen und das Modell auf diese Weise weiterzuentwickeln. So sind auf dem Gebiet des „operations research" (mathematische Unternehmensforschung) Modelle entwickelt worden, die eine Abhängigkeit zwischen dem Einstandspreis und der Bestellmenge unterstellen. Darüber hinaus existieren Modelle, die von realistischeren Annahmen über die Lagerbewegungen (Lagerzugänge/Lagerabgänge) ausgehen. Verschiedentlich wird in diesen Modellen mit Wahrscheinlichkeitsverteilungen im Hinblick auf relevante Größen (Materialbedarf) gearbeitet[9]. Im folgenden wird die Annahme konstanter Einstandspreise aufgegeben und von intervallweise fallenden Einstandspreisen ausgegangen[10]. Der Einfachheit halber soll dabei nur **ein** Preissprung bei der Menge x_R angenommen werden. Ist die Bestellmenge kleiner x_R, so beträgt der Einstandspreis w_1; ist die Bestellmenge größer gleich x_R, so ist der Einstandspreis für die gesamte Bestellmenge w_2. Dabei gilt w_1 größer w_2.

Die Vorgehensweise zur Ermittlung der optimalen Bestellmenge läßt sich in diesem Fall anhand der Abb. 15 erläutern. Betrachtet man die Gleichung der Jahreskosten (vgl. Schritt 17 auf S. 34), so wird deutlich, daß das Kostenminimum von K_{J2} für den Fall w_1 größer w_2 stets kleiner ist, als das Minimum von K_{J1}. Liegt das Minimum der Kurve K_{J2} bei einer Menge (x_{opt2}), die größer ist als x_R, so ist das anstehende Problem gelöst: die optimale Bestellmenge ist x_{opt2}.

Liegt das Minimum der Gleichung K_{J2} jedoch bei einer Menge, die kleiner ist als x_R (vgl. Abb. 15), so scheidet die Menge x_{opt2} auf jeden Fall als Optimum aus, denn der zur Ermittlung dieser Menge berücksichtigte Preisnachlaß wird nicht gewährt. x_{opt2} liegt außerhalb des Geltungsbereiches von w_2.

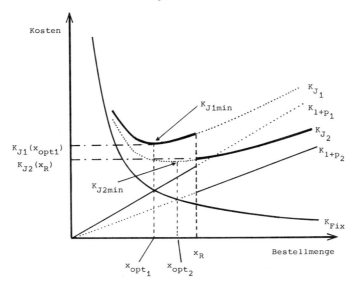

Abb. 15: Graphische Ableitung der optimalen Bestellmenge bei mengenabhängigen Preisen

---

9 Vgl. zu diesen Weiterentwicklungen *Berg, C.*, Materialwirtschaft, Stuttgart/New York 1979; *Kahle, E.*: Produktion, München/Wien 1980; *Bloech, J. und Lücke, W.*, Produktionswirtschaft, Stuttgart/New York 1982.

10 Vgl. hierzu auch *Heinen, E.*, Industriebetriebslehre, 7., vollständig überarbeitete und erweiterte Auflage, Wiesbaden 1983, S. 333f.

Zur Bestimmung der optimalen Bestellmenge ist in diesem Fall ein **Kostenvergleich** erforderlich. Zu vergleichen sind dabei folgende Kostenniveaus:

Die Jahreskosten bei Realisierung der Bestellmenge x_{opt1} ($K_{J1}(x_{opt1})$) mit den Jahreskosten bei Realisation der Bestellmenge x_R ($K_{J2}(x_R)$). Das jeweils niedrigere Kostenniveau bestimmt die optimale Bestellmenge. In Abb. 15 wäre dies die Menge x_R.

Mit Hilfe der in Abb. 16 dargestellten Entscheidungstabelle läßt sich die beschriebene Vorgehensweise noch einmal übersichtlich veranschaulichen[11].

Existieren mehrere Preissprünge, so bleibt die Struktur des Entscheidungsprozesses unverändert.

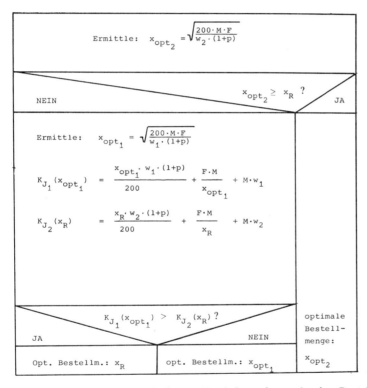

Abb. 16: *Entscheidungstabelle zur Ermittlung der optimalen Bestellmenge bei einem Preissprung*

---

11 Zur Entscheidungstabellen-Technik vgl. *Meyhak, H.*: Entscheidungstabellen-Technik, Heidelberg 1975, passim.

4.4 Lagerhaltung

Primäre Aufgabe der Lagerhaltung ist der zeitliche und mengenmäßige Ausgleich zwischen der Bereitstellung und dem Bedarf von Gütern und Werkzeugen. Diese **Ausgleichsfunktion** kann in einer Unternehmung an verschiedenen Stellen auftreten. Abb. 17 stellt in einfacher Form diese Bereiche näher dar. Zunächst werden die bestellten Güter im Wareneingangslager angenommen und von dort im Bedarfsfall in den Fertigungsprozeß eingebracht. Zwischen den einzelnen Fertigungsstufen bilden sich häufig Zwischenlager, die u. a. aus unterschiedlichen Kapazitätsquerschnitten der aufeinanderfolgenden Fertigungsstufen resultieren. Die fertigen Produkte gelangen über das Fertigwarenlager zunächst in das Kommissionierlager, wo die Produkte für einen bestimmten Kundenauftrag zu einem Sortiment zusammengestellt und dann dem Auftraggeber durch den außerbetrieblichen Transport (LKW, Schiff, Bahn, Flugzeug) zugestellt werden.

Lagerbestände im Unternehmen werden häufig auch aus Gründen der Versorgungssicherheit im Hinblick auf die einzusetzenden Materialien geführt

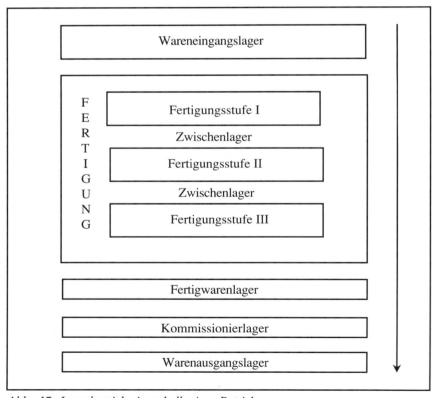

Abb. 17: Lagerbereiche innerhalb eines Betriebes

Lagerhaltung 39

(**Sicherheitsfunktion**). Das Lager kann somit verhindern, daß es in der Produktion zu Fehlmengen und dadurch bedingt zu kostspieligen Produktionsunterbrechungen kommt.

Auch aus spekulativen Gründen, etwa bei erwarteten Preiserhöhungen von Rohstoffen, kann ein Unternehmen Lagerhaltung betreiben (**Spekulationsfunktion**).

In der Praxis unterscheidet man zwischen statischen und dynamischen Lagersystemen (Abb. 18). Bei den **statischen** Systemen bleibt das Lagergut von der Einlagerung bis zur Auslagerung im ruhenden Zustand. Die zu lagernden Güter können dabei auf dem Boden oder in einem Lagergestell in Block- oder Zeilenform angeordnet werden. Bei der einfachen Bodenlagerung entstehen keine Regalkosten, und der Raumnutzungsgrad ist als sehr hoch anzusehen. Es handelt sich hierbei um ein sehr flexibles System; jedoch muß hierbei beachtet werden, daß die zu lagernden Güter auch stapelfähig sein müssen. Diese Voraussetzung ist bei der Lagerung mit Lagergestell nicht notwendig, da hierbei eine druckfreie Lagerung möglich ist.

Bei den **dynamischen** Lagersystemen wird im Gegensatz zu statischen Systemen das Lagergut nach der Einlagerung bewegt. Dabei kann es einmal im Lagergestell (z.B. Hochregallager, Schwerkraftrollenlager), mit den Lagergestellen (z.B. Verschieberegalsysteme) oder auf Fördermitteln (z.B. Schleppzugförderer, Kreisfördersystemen) bewegt werden.

Zwischen den einzelnen Lagerbereichen müssen Fördereinrichtungen eingesetzt werden. Diese Systeme werden im Kapitel 5.1.5 näher beschrieben.

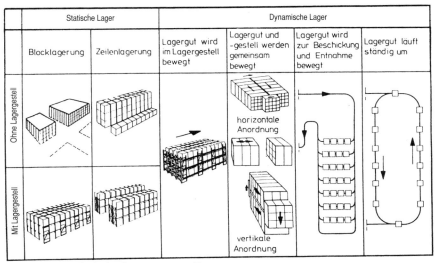

Abb. 18: Technische Lagersysteme [12]

---

[12] *Jünemann, R.*, Materialflußtechnik 1, 2. Auflage, Dortmund 1987, Anhang Teil B, Bild 3.

5. Fertigung

5.1 Fertigungsverfahren

Zur Kombination von Produktionsfaktoren, die sich im Rahmen der Fertigung vollzieht, stehen dem Betrieb unterschiedliche **Fertigungsverfahren** zur Verfügung. Im folgenden sollen diese anhand von drei ausgewählten Kriterien systematisiert werden[1].

5.1.1 Systematisierung der Fertigungsverfahren nach der Art des Produktionsprogramms

Die Art der erzeugten Produkte bildet ein erstes Merkmal zur Klassifizierung von betrieblichen Fertigungsverfahren. Danach lassen sich folgende Varianten unterscheiden[2]:

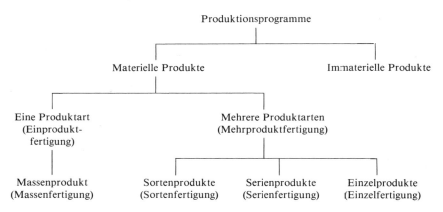

Abb. 19: Fertigungsverfahren

Die Fertigung kann sich auf die Herstellung materieller und/oder immaterieller Güter, wie Dienstleistungen und Informationen beziehen. Obwohl der von uns gewählte Begriff der Produktion beide Güterarten umfaßt, sollen in diesem Zusammenhang nur die materiellen Produkte betrachtet werden.

---

[1] Eine weiterführende Systematisierung von Fertigungsverfahren findet sich bei *G. v. Kortzfleisch*, Systematik der Produktionsmethoden, in: Industriebetriebslehre in programmierter Form, hrsg. von *H. Jacob*, 1. Band, Grundlagen, S. 119–205.

[2] *Schweitzer, M.* und *Küpper, H. U.*, Produktions- und Kostentheorie der Unternehmung, Hamburg 1974, S. 31 ff.

Nach der Anzahl der erzeugten Produkte unterscheidet man zwischen **Einprodukt-** und **Mehrproduktfertigung**. Die Einproduktfertigung ist häufig als **Massenfertigung** ausgestaltet, d. h. es werden von einem einzelnen Produkt sehr große Mengen hergestellt. Bei der Mehrproduktfertigung ist nach dem Kriterium der Übereinstimmung von Produkten zwischen Sortenfertigung, Serienfertigung und Einzelfertigung zu differenzieren. **Sortenfertigung** liegt vor, wenn die Produkte in wesentlichen Eigenschaften übereinstimmen, hinsichtlich sekundärer Merkmale jedoch differieren (z. B. Ziegel mit unterschiedlichem Gewicht). Von **Serienfertigung** wird gesprochen, wenn das Produktionsprogramm verschiedene Produkte enthält, die in wesentlichen Elementen voneinander abweichen und deshalb einen unterschiedlichen Fertigungsgang erforderlich machen. Eine Serie ist somit eine Menge homogener Produkte. Wenn von unterschiedlichen Produktarten jeweils nur eine Einheit hergestellt wird, ist **Einzelfertigung** gegeben (z. B. Brückenbau).

Bei der Sorten- und Serienfertigung stellt sich das Problem der **optimalen Losgröße**. Hierunter ist diejenige Fertigungsmenge zu verstehen, bei der die Summe der losfixen Kosten (z. B. Umrüstkosten) und losproportionalen Kosten (z. B. Lager- und Zinskosten) ein Minimum bildet. Bei der optimalen Losgröße und optimalen Bestellmenge handelt es sich um formal identische Entscheidungsmodelle[3].

5.1.2 Systematisierung der Fertigungsverfahren nach der Art der technischen Prozesse

Die Fertigungsverfahren lassen sich zweitens nach der Art der bei der Fertigung eingesetzten technischen Prozesse unterteilen[4].

Wird die Anzahl der Produktionsstufen als Systematisierungskriterium herangezogen, so läßt sich zwischen einstufigen und mehrstufigen Fertigungsverfahren unterscheiden. Ein Fertigungsverfahren wird als **einstufig (mehrstufig)** bezeichnet, wenn alle zur Herstellung eines Gutes erforderlichen Verrichtungen an einem Arbeitsplatz (an mehreren Arbeitsplätzen) durchgeführt werden.

Nach dem Kriterium der Vergenz lassen sich divergierende, durchgängige und konvergierende Fertigungsverfahren unterscheiden. Ein **divergierendes** Fertigungsverfahren liegt vor, wenn aus einem Einsatzgut mehrere artmäßig verschiedene Erzeugnisse hergestellt werden. Fallen diese Produkte zwangsläufig an, dann spricht man von Kuppelproduktion. Bei der Raffination von Öl fallen unter anderem schweres Heizöl, leichtes Heizöl und

---

[3] Vgl. Teil I, Abschnitt 4.3.3.1.
[4] Vgl. *Schweitzer, M.* und *Küpper, H. U.*, a. a. O., S. 34 ff.

Benzin an. Wird aus einem Einsatzgut nur eine Produktart erzeugt, dann handelt es sich um ein **durchgängiges** (glattes) Fertigungsverfahren. Bei einem **konvergierenden** Fertigungsverfahren wird hingegen aus mehreren Einsatzstoffen eine Produktart erzeugt.

Eine Unterteilung der Fertigungsverfahren in **chemische, biologische** und **physikalische** ergibt sich, wenn als Systematisierungskriterium die jeweils zum Zuge kommende Technologie zugrunde gelegt wird. Biologische Fertigungsverfahren kommen vorwiegend in der Landwirtschaft zum Einsatz.

Die Kennzeichnung der Fertigungsverfahren kann auch nach dem Kriterium der Kontinuität des Produktionsablaufs erfolgen. Hiernach kann man von kontinuierlichen und diskontinuierlichen Fertigungsverfahren sprechen. Für **kontinuierliche** Fertigungsverfahren ist kennzeichnend, daß der Produktionsprozeß auf längere Zeit nicht unterbrochen wird, z. B. bei der Herstellung von Drähten, Rohren, Papierbahnen und dergleichen. Demgegenüber tritt bei **diskontinuierlichen** Fertigungsverfahren aufgrund bestimmter technologischer Bedingungen regelmäßig eine Unterbrechung des Herstellungsprozesses auf, wie z. B. bei Schmelzvorgängen in einem Schmelzofen.

Schließlich lassen sich die Fertigungsverfahren nach dem Ausmaß des in ihnen realisierten technischen Fortschritts unterteilen. Im Rahmen von **manuellen** Fertigungsverfahren (= reine Handarbeit) werden keine technischen Hilfsmittel eingesetzt. Bei **mechanisierten** Fertigungsverfahren übernehmen technische Sachmittel die körperlich belastenden und repetitiven Arbeitsverrichtungen, während die Steuerung und Kontrolle dieser Verrichtungen in den Händen von Menschen verbleibt. Im Rahmen von **automatisierten** Fertigungsverfahren werden auch diese Funktionen von technischen Sachmitteln übernommen.

5.1.3 Systematisierung der Fertigungsverfahren nach der organisatorischen Gestaltung des Fertigungsablaufes

In der organisatorischen Gestaltung des Fertigungsablaufes ist ein weiteres Kriterium zur Systematisierung von Fertigungsverfahren zu erblicken[5]. Erfolgt die räumliche Anordnung von Betriebsmitteln und Arbeitsplätzen nach Maßgabe des Fertigungsablaufes, so liegt **Fließfertigung** vor. Werden bestimmte Arbeitsverrichtungen (z. B. Gießen, Härten, Schmieden, Montieren usw.) zu fertigungstechnischen Einheiten zusammengefaßt, so spricht man von **Werkstattfertigung**.

Die Fließfertigung, insbesondere die Fließbandfertigung, führt zu einer signifikanten Verkürzung der Durchlaufzeiten von Werkstücken. Da die ein-

---

5 *Wöhe, G.*, a. a. O., 407 ff.

zelnen Arbeitsgänge aufeinander abgestimmt sind, werden keine Zwischenlager an Halbfabrikaten benötigt und mithin Zins- und Lagerkosten eingespart. Die Anwendung des Fließprinzips bei der Fertigung macht eine relativ genaue Planung der Ausbringungsmenge und des Verbrauchs an Material möglich, was sich ebenfalls günstig auf die Zins- und Lagerkosten auswirkt. Das Auftreten von Übungsdegressionen bei den Arbeitskräften aufgrund gleicher oder gleichartiger Tätigkeiten ist als ein weiterer Vorteil der Fließfertigung zu nennen. Der Fertigungsprozeß bei Fließfertigung ist relativ übersichtlich und deshalb leicht zu kontrollieren.

Diesen Vorteilen der Fließfertigung steht eine Reihe von Nachteilen gegenüber. Nach dem Fließprinzip organisierte Fertigungsverfahren sind sehr kapitalintensiv. Als Konsequenz dessen wird der Betrieb sehr empfindlich gegenüber Beschäftigungsschwankungen, denn die hohen Fixkosten sind kurzfristig nur schwer abzubauen. Auch die Anpassungsfähigkeit des Betriebes an veränderte Marktverhältnisse, z. B. Nachfrageverschiebungen, kann als Folge der Fließfertigung empfindlich leiden. Störungen des Fertigungsprozesses lassen sich bei diesem Fertigungsverfahren nur schwer lokalisieren und strahlen häufig auf den gesamten Fertigungsprozeß aus. Fließfertigung führt oft zu einer starken, ja übertriebenen artmäßigen Arbeitsteilung, die nicht selten unzumutbare physiologische und/oder psychologische Belastungen für die Arbeitskräfte mit sich bringt.

Bei der Werkstattfertigung sind in der Regel längere Durchlaufzeiten der Werkstücke als bei Fließfertigung in Kauf zu nehmen, so daß sich bei Einsatz dieses Fertigungsverfahrens häufig durch Zwischenlagerungen bedingte Bestände an Halbfabrikaten bilden, die hohe Zins- und Lagerkosten verursachen. Aufgrund langer Transportwege von Werkstatt zu Werkstatt ist auch mit erheblichen Förderkosten zu rechnen. Schließlich ist der Fertigungsprozeß bei Werkstattfertigung aufgrund seiner Unübersichtlichkeit relativ schwer zu kontrollieren.

Die Werkstattfertigung zeichnet sich gegenüber der Fließfertigung durch eine große Anpassungsfähigkeit an Nachfrage- und Beschäftigungsschwankungen aus. Störungen des Fertigungsprozesses lassen sich bei Anwendung dieses Fertigungsverfahrens leichter als bei Fließfertigung lokalisieren. Aufgrund der Vielseitigkeit der Arbeitsverrichtungen führt die Werkstattfertigung weniger häufig zu den für die Fließfertigung typischen physiologischen und psychologischen Belastungen der Arbeitnehmer.

In der Praxis versucht man durch eine Kombination der genannten Fertigungsverfahren deren Vorteile auszunutzen bzw. deren Nachteile zu vermeiden, indem Betriebsmittel, die für bestimmte Fertigungsgänge erforderlich sind, zu Gruppen zusammengefaßt und diese nach dem Fließprinzip angeordnet werden **(Gruppenfertigung)**. Diese Vorgehensweise ist vor allem bei heterogenen Produktionsprogrammen zweckmäßig, die sich dadurch auszeichnen, daß bestimmte Einzelteile für alle oder für viele Erzeugnisse benötigt werden. Für die Herstellung dieser Grundbestandteile wird das Fließprinzip angewandt, während die Produktion der anderen Teile in Werkstätten erfolgt.

5.1.4 Neue Tendenzen der Fertigungstechnologie

In der Technik und auf den Märkten hat sich in den letzten Jahren ein tiefgreifender Wandel vollzogen, der auf die Produktion und die Logistik in den Unternehmen nicht ohne Einfluß geblieben ist. Ein verschärfter internationaler Wettbewerb, kurze Produktlebenszyklen, eine hohe Produkt- und Teilevielfalt, eine geringere Fertigungstiefe, kurze Lieferzeiten und heterogene Mengenanforderungen bei gleichzeitigem Preis- und Kostendruck kennzeichnen heute die Situation eines Unternehmens. In der Produktion versucht man diesem Strukturwandel durch eine zunehmende Automatisierung und Flexibilisierung der Produktion unter Rückgriff auf EDV-Systeme zu begegnen.

Der erste Schritt in Richtung computergestützter Fertigung erfolgte durch die Entwicklung von **NC-Maschinen** (Numerical Control). Diese werden mit Hilfe eines Steuerprogramms über einen Lochstreifen mit Informationen über das Werkstück und den Fertigungsprozeß versorgt. Hierdurch wird eine automatische Positionierung des Werkzeugs zum Werkstück während der Bearbeitung möglich; der Maschinenbediener kann dadurch von einem Teil seiner ehemaligen Aufgaben entlastet werden.

Die Weiterentwicklung der Mikroprozessoren ermöglichte den Einsatz von **CNC-Maschinen** (Computerized Numerical Control) und die Vermeidung der Nachteile von NC-Maschinen, die vor allem in der schwerfälligen Programmänderung über Lochstreifen zu sehen sind. CNC-Maschinen werden durch einen maschineninternen Rechner gesteuert. Dieser ermöglicht die Programmeingabe und -änderung an der Maschine, so daß notwendige Anpassungsmaßnahmen einfacher und schneller durchgeführt werden können.

Bei neuesten Entwicklungen werden mehrere CNC-Maschinen über einen Zentralrechner zeitgerecht und direkt mit Steuerinformationen versorgt (DNC-System). Des weiteren ermöglicht ein solches **DNC-System** (Direct Numerical Control) die Verwaltung und Änderung der Programmbibliotheken und trägt so zu einer weiteren Flexibilisierung bei.

Die bisher aufgeführten mehr technisch orientierten Formen der computergestützten Fertigung haben dazu beigetragen, daß neue flexible Organisationsformen der Fertigung entstanden sind. Ihr Einsatz macht es möglich, tayloristische Arbeitsformen in der Produktion zu überwinden und durch eine Integration von Funktionen qualifiziertere Arbeitsplätze zu schaffen.

Bearbeitungszentren sind numerisch gesteuerte Maschinen, die über einen automatischen Werkzeugwechsel verfügen. Hierdurch wird die Bearbeitung eines Werkstückes über mehrere Arbeitsgänge, z. B. Bohren und Fräsen möglich. Durch die Zusammenfassung mehrerer Arbeitsgänge kann im Vergleich zu stärker arbeitsteiligen Organisationsformen die Durchlaufzeit erheblich reduziert werden.

Mehrere automatisierte Maschinen, ein Werkzeugpuffersystem sowie Spann- und Beladungsstationen bilden das Gerüst von **flexiblen Fertigungszellen**. In dieser Einheit können fertigungstechnisch ähnliche Werkstücke automatisch und weitgehend komplett bearbeitet werden.

Flexible Fertigungssysteme stellen derzeit die höchstentwickelte Stufe der flexiblen Automatisierung dar. Sie bestehen aus miteinander verbundenen und computergesteuerten Bearbeitungs-, Materialfluß- und Informationsflußsystemen. Die einzelnen Fertigungsaufträge können ohne kostenintensive Umrüstzeiten und in weitgehend wahlfreier Maschinenreihenfolge gefertigt werden.

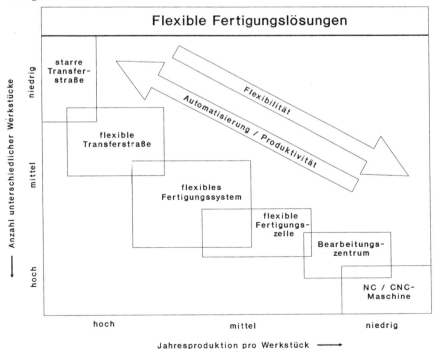

Abb. 20: Eignung flexibler Fertigungslösungen[6]

---

[6] In Anlehnung an *Bobenhausen, F.*, Produktionslogistik in der flexibel automatisierten Drehteilefertigung, in: Arbeitsvorbereitung, 26. Jg. (1989), Nr. 2, S. 48

Während die bisher beschriebenen Entwicklungen in der Fertigungstechnik vorwiegend im Rahmen der Einzel- und Kleinserienfertigung zur Anwendung kommen, sind die **flexiblen Transferstraßen** in der Großserienfertigung zu finden. Ihre Flexibilität ergibt sich aus der im Vergleich zur **starren Transferstraße** relativ schnellen Umrüstbarkeit, so daß Anpassungen an wechselnde Auftragsanforderungen erleichtert werden. Die prinzipiellen Eigenschaften der Fließfertigung, wie gerichteter Materialfluß und taktgebundener Werkstücktransport, bleiben erhalten.

Abb. 20 zeigt die Eignung verschiedener flexibler Fertigungslösungen hinsichtlich Flexibilität und Produktivität in Abhängigkeit von der Anzahl der zu bearbeitenden Werkstücke und der zu produzierenden Jahresmenge pro Werkstück.

5.1.5 Einsatz von Fördermitteln in der Fertigung

Durch eine zunehmend komplexer werdende Produktion und Logistik wird eine Verbindung zwischen den einzelnen Bearbeitungsstufen notwendig. Hierbei werden Fördermittel und Transportmittel eingesetzt, die der Ortsveränderung von Personen und/oder Gütern dienen[7]. Sie lassen sich in konventionellen, teilautomatisierten oder vollautomatisierten Systemen unterscheiden.

Zu den konventionellen Transportmitteln zählen alle Flurförderzeuge, bei denen der mitgehende oder mitfahrende Bediener noch Bedienungsaufgaben erfüllen muß. Diese konventionellen Flurförderzeuge, die häufig in den Produktionsbereichen für Verkettungs-, Versorgungs- und Entsorgungsaufgaben eingesetzt werden, sind zum Beispiel Schubgabelstapler, Schubmaststapler etc.

Eine schienengeführte und bodenfreie Transportvariante stellt der Brückenkran dar. Dieser liefert eine flächendeckende Verkettung aller im Kranbereich befindlichen Arbeitsstationen und benötigt dabei keine Bodenflächen, die dadurch anderen Betriebszwecken zugeführt werden können. Ein Kran läßt sich sowohl teilweise als auch vollautomatisiert betreiben (Kranroboter).

In den Unternehmen werden in letzter Zeit im wachsenden Umfang automatisierte und bedienerlose Fördersysteme eingesetzt, wie z.B. fahrerlose Transportsysteme (FTS). Unter diesen Systemen versteht man fahrerlose und bedienerlose Transporttechniken, die batteriebetrieben vorwiegend im innerbetrieblichen Verkehr Lasten aller Art automatisch programmiert oder ferngesteuert (oder in irgendeiner Kombination dieser Funktionen) befördern, ziehen, heben oder stapeln.

---

7 Vgl. *Jünemann, R.*, Materialfluß und Logistik, Dortmund 1989, S. 190.

5.2 Arbeitsvorbereitung

5.2.1 Allgemeine Arbeitsvorbereitung unter besonderer Berücksichtigung der Fertigungsprogrammplanung

Die Arbeitsvorbereitung läßt sich in Anlehnung an *von Kortzfleisch* in eine Allgemeine und Spezielle Arbeitsvorbereitung unterteilen[8]. Die **Allgemeine Arbeitsvorbereitung** umfaßt die Festlegung des Fertigungsprogramms, die Einrichtung und Erhaltung der Produktionskapazitäten sowie die Gestaltung der Produktionsorganisation. Aufgrund der herausragenden Bedeutung der Fertigungsprogrammplanung im Rahmen der Allgemeinen Arbeitsvorbereitung sei diese im folgenden einer näheren Betrachtung unterzogen.

5.2.1.1 Arten und Aufgaben der Fertigungsprogrammplanung

Im Rahmen der Allgemeinen Arbeitsvorbereitung wird zwischen der strategischen und taktischen Fertigungsprogrammplanung unterschieden. Die **strategische** Fertigungsprogrammplanung hat die Aufgabe, die Produktfelder festzulegen, auf denen die Unternehmung tätig sein möchte. Unter einem Produktfeld versteht man die Gesamtheit aller Erzeugnisse, die sich auf ein Grunderzeugnis zurückführen lassen, z. B. Automobile, Fernsehgeräte, Büromöbel, EDV-Anlagen usw.[9]. Aufgabe der **taktischen** Fertigungsprogrammplanung ist es, innerhalb eines Produktfeldes die erforderlichen und erwünschten Produkteigenschaften zu fixieren und zu bestimmen, inwieweit das Baukastenprinzip zur Anwendung kommen soll, in welchem Umfang Normteile einzusetzen sind und welche Vor- und Zwischenerzeugnisse im Betrieb selbst hergestellt oder von Zulieferern bezogen werden sollen.

5.2.1.2 Entscheidungshilfen im Rahmen der strategischen und taktischen Fertigungsprogrammplanung

Als Entscheidungshilfen bei der strategischen und taktischen Fertigungsprogrammplanung stehen dem Unternehmen eine Reihe von analytischen und heuristischen Verfahren zur Verfügung. Beim Tätigkeitsfeld strategische Fertigungsprogrammplanung handelt es sich im wesentlichen um schlecht strukturierte Problemstellungen. Zu ihrer Bewältigung kommen deshalb vorwiegend **heuristische** Verfahren, wie z. B. die Systemanalyse und/oder die Portfolio-Technik, in Frage. Gerade letztere hat im Rahmen der strategischen Fertigungsprogrammplanung in letzter Zeit zunehmend an Bedeutung gewonnen. Unter einem **Portfolio** versteht man die Summe aller Produkte und Dienstleistungen, mit denen die Unternehmung zu einem bestimmten Zeitpunkt am Markt vertreten ist. Die in der Praxis am

---

8 *v. Kortzfleisch, G.*, Betriebswirtschaftliche Arbeitsvorbereitung, Berlin 1962.
9 *Adam, D.*, a. a. O., S. 244.

48 Fertigung

häufigsten angewandte Variante der Portfolio-Methode ist das Marktwachstums-/Marktanteils-Portfolio der **Boston Consulting Group** (Abb. 21). Dieses Portfolio ermöglicht es der Unternehmensleitung, die angebotenen Erzeugnisse in einzelnen, abgegrenzten Märkten darzustellen, zu analysieren und auf dieser Grundlage geeignete Normstrategien zu entwickeln. Diese müssen so beschaffen sein, daß finanzielle Mittel, die aus dem Verkauf der „Goldesel" und durch die Aufgabe der „Sorgenkinder" freiwerden, zur Verstärkung der Position der „Sterne" und der als verbesserungswert erachteten Nachwuchsprodukte eingesetzt werden[10].

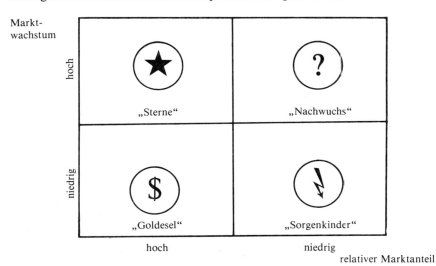

Abb. 21: *Marktwachstums-/Marktanteils-Portfolio der Boston Consulting Group*

5.2.2 Spezielle Arbeitsvorbereitung

5.2.2.1 Aufgaben der Speziellen Arbeitsvorbereitung

Die Spezielle Arbeitsvorbereitung hat folgende Aufgaben zu erfüllen[11]:

1. Erstellen von Unterlagen
   - über alle im Betrieb zu fertigenden Produkte und Aufträge (Erstellung von Stücklisten, Arbeits- und Ablaufplänen, Zeichnungen und

---

10 Siehe zu weiteren Versionen der Portfolio-Analyse *Mauthe, K. D.,* und *Roventa, P.,* Versionen der Portfolio-Analyse auf dem Prüfstand, ZfO, Heft 4/1982, S. 191 – 204.
11 *Wagner, H.,* Dispositive Produktionsvorbereitung, in: Handwörterbuch der Produktion, hrsg. von *W. Kern,* Stuttgart 1979, Sp. 2155 – 2173; vgl. auch *Kaluza, B.,* Flexibilität der Produktionsvorbereitung industrieller Unternehmen, in: Internationale und nationale Problemfelder der Betriebswirtschaftslehre, Festgabe für Heinz Bergner zum 60. Geburtstag, hrsg. v. Gert v. Kortzfleisch und Bernd Kaluza, Berlin-München 1984, S. 287 – 333.

Qualitätsstandards, Ermittlung des Faktorverbrauchs pro Erzeugniseinheit, Bereitstellung von Informationsunterlagen für Wertanalysen usw.),
- über die verfügbaren quantitativen und qualitativen Produktionsfaktorkapazitäten (Ermittlung und Fortschreibung der Kapazitäten von vorhandenen Betriebsmitteln, Erfassung des Arbeitskräftepotentials usw.),
- über einzusetzende Verfahren.

2. Gestalten der Auftragsprogramme durch Umsetzen der Kundenbestellungen in Betriebsaufträge mittels mengenmäßiger Aufteilung oder Zusammenfassung von Aufträgen, Produkten und Arbeitsgängen unter Berücksichtigung wirtschaftlicher Losgrößen (Fertigungs-, Transport- und Einlagerungslose).

3. Steuerung des Einsatzes von Potential- und Repetierfaktoren durch Terminvorgaben, Durchlaufterminierung unter Berücksichtigung optimaler Kapazitätsauslastung, Materialzuweisungen, Arbeitsanweisungen und dergleichen.

4. Überwachen der Produktionsaktivitäten mit dem Zweck, Betriebsstörungen zu lokalisieren, abzumildern oder ganz zu beseitigen. Ursachen derartiger Störungen können sein: Kundenbedingte Änderungswünsche, Funktionsstörungen und/oder Ausfall von Fertigungsanlagen, Personalausfall, Vorgabezeitüberschreitungen, Lieferstockungen, Transportausfälle, Fehlplanungen. Beim Auftreten derartiger Störungen im Produktionsablauf muß die Spezielle Arbeitsvorbereitung entsprechende Planrevisionen vornehmen.

5.2.2.2 Modell der optimalen Losgröße

Das Losgrößenproblem entsteht, wenn auf derselben Maschine bzw. maschinellen Anlage verschiedene Produktsorten hergestellt werden. In diesem Falle ist für jede Produktsorte eine Entscheidung über die **Größe eines Loses** (= Zahl der von einer Sorte nacheinander ohne Unterbrechung des Fertigungsprozesses hergestellten Mengeneinheiten) zu fällen. Das Ziel der Entscheidung ist die Ermittlung der Losgröße, die bei gegebener Gesamtproduktionsmenge einer Sorte zu minimalen Stückkosten führt.

Die bei der Entscheidung zu berücksichtigenden Kosten setzen sich zusammen aus:

- den **Kosten des Sortenwechsels,** wie Umrüstkosten, Kosten des Produktionsausfalls, Anlaufkosten;
- **Lager-** und **Zinskosten der Fertigerzeugnisse.**

Umrüstungskosten fallen bei jedem Sortenwechsel an, ihre Höhe ist unabhängig von der Größe eines Loses. Sie werden daher auch als **losfixe Kosten** bezeichnet. Mit wachsender Losgröße sinken die Umrüstungskosten pro Stück, während die Lager- und Zinskosten zunehmen.

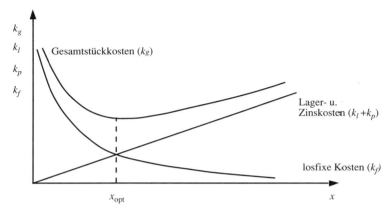

Die Entscheidung über die optimale Losgröße wird also — analog zur Bestellmengenplanung — von gegenläufigen Kostenentwicklungen bei wachsender Losgröße bestimmt; **die Losgröße ist so zu wählen, daß die Summe aus losfixen Kosten und Lager- und Zinskosten minimiert wird.**

Legt man entsprechende vereinfachende Annahmen zugrunde, kann die optimale Losgröße mit Hilfe des gleichen Modells bestimmt werden, das bei der Bestellmengenplanung angewendet wurde. Auf das Losgrößenproblem übertragen, lauten die Annahmen wie folgt:

1. Der Gesamtabsatz der Produktsorte in der Periode T (in der Regel 1 Jahr) ist gegeben. Er stimmt mit der Produktionsmenge überein. Diese ist in gleichgroße Lose aufzuteilen.

2. Der Absatz und damit der Abgang vom Fertigwarenlager erfolgt kontinuierlich und in gleichen Raten.

3. Es ist eine ausreichende Produktionskapazität vorhanden; Lagerungs- und Finanzierungsrestriktionen bestehen nicht.

4. Die Wiederauffüllung des Lagers nach Entnahme der letzten Einheit erfolgt ohne „time lag" (total-momentane-Produktion; zeitpunktgeballte Produktion).

5. Alle übrigen Stückherstellkosten (= gesamte Stückherstellkosten abzüglich losfixer Stückkosten) sind konstant.

Als losgrößenproblemspezifische Annahme kommt hinzu, daß die Umrüstungskosten unabhängig von der Reihenfolge sind, in der die einzelnen

Sorten aufgelegt werden[12]. D. h., daß die Umrüstung auf eine Sorte gleich hohe Kosten verursacht unabhängig davon, welche Sorte vorher produziert wurde.

Die verwendeten Symbole haben nunmehr folgende Bedeutung:

Symbol		Optimale Losgröße	(Optimale Bestellmenge)
M	=	Gesamtabsatz der Periode T	(Gesamtbedarf der Periode T)
w_0	=	übrige Stückherstellkosten	(Einstandspreis)
f	=	losfixe Kosten	(bestellmengenfixe Kosten)
l	=	Lagerkostensatz in Prozent pro Jahr	
p	=	Zinskostensatz in Prozent pro Jahr	
n	=	Auflagenhäufigkeit: Zahl der Lose pro Jahr	(Bestellhäufigkeit)
x	=	Losgröße	(Bestellmenge)
k	=	Stückkosten einer Sorte	(Stückkosten der bestellten Güter)
t_L	=	Lagerdauer eines Loses	(Lagerdauer einer Bestellmenge)

Die optimale Losgröße wird dann — dem Bestellmengenmodell entsprechend — wie folgt hergeleitet:

Da der Lagerabgang kontinuierlich und in gleichen Raten erfolgt, beträgt der durchschnittliche Lagerbestand einer Sorte:

$$\frac{x + 0}{2} = \frac{x}{2} \text{ ME} .$$

Die Bewertung zu den (übrigen) Stückherstellkosten ergibt einen durchschnittlichen Lagerbestandswert von:

$$\frac{x}{2} \cdot w_0 \text{ GE} .$$

Durch Multiplikation mit dem Lager- und Zinskostensatz erhält man die Lager- und Zinskosten pro Jahr:

$$L_J = \frac{x}{2} \cdot w_0 \cdot \frac{p + l}{100} = \frac{x \cdot w_0 \cdot (p + l)}{200} .$$

---

[12] Vgl. *Adam, D.,* a. a. O., S. 209.

Da in einer Periode n Lose aufgelegt werden, entstehen pro Los Lager- und Zinskosten von:

$$L_A = \frac{x \cdot w_0 \cdot (p + l)}{200 \cdot n}$$

bzw. wegen $n = \dfrac{M}{x}$

$$L_A = \frac{x^2 \cdot w_0 \cdot (p + l)}{200 \cdot M}.$$

Da mit jedem Los x Mengeneinheiten gefertigt werden, ergibt sich daraus als Funktion der Stücklager- und -zinskosten:

$$k_L = \frac{L_A}{x} = \frac{x \cdot w_0 \cdot (p + l)}{200 \cdot M}.$$

Zusammen mit den losfixen Kosten pro Stück:

$$k_F = \frac{F}{x}$$

und den übrigen Stückherstellkosten erhält man folgende Gesamtstückkostenfunktion:

$$k = w_0 + \frac{F}{x} + \frac{x \cdot w_0 \cdot (p + l)}{200 \cdot M}.$$

Daraus folgt durch Ableiten nach x und Nullsetzen der Ableitung

$$x_{opt} = \sqrt{\frac{200 \cdot M \cdot F}{w_0 \cdot (p + l)}}$$

als optimale Losgröße.

Die Anwendbarkeit des Modells der optimalen Losgröße ist zunächst dadurch begrenzt, daß von einem zeitpunktgeballten Produktionsausstoß ausgegangen wird, d. h. es werden Zwischenlagerungen im Produktionsbereich vernachlässigt. Weiterhin wird nicht berücksichtigt, daß innerhalb einer Planungsperiode nur ganzzahlige Lösungen für die optimale Auflagehäufigkeit realisierbar sind. Zudem bleiben diverse Restriktionen, wie beispielsweise knappe Lager-, Rüst-, Sortenwechsel- sowie Maschinenkapazitäten und die Begrenzung von finanziellen Mitteln unberücksichtigt. Schließlich werden auch die Verderblichkeit von Produkten und die vielfältigen Interdependenzen zwischen den einzelnen Produktsorten sowie die Problematik bei der Festlegung des internen Zinsfußes außer acht gelassen.

Einige der hier gemachten Annahmen lassen sich allerdings im Rahmen einer Weiterentwicklung des Modells der optimalen Losgröße realitätsnäher gestalten. So ist es beispielsweise möglich, die Produktionszeit explizit im Modell zu berücksichtigen und auf diese Weise die Annahme des zeitpunktgeballten Produktionsausstoßes aufzuheben (Modell der offenen bzw. geschlossenen Produktion).

Beim Einsatz moderner flexibler Fertigungssysteme sinken die Umrüstkosten häufig in beträchtlichem Umfang, weil die betreffenden Produktionsanlagen ohne größeren Zeit- und Kostenaufwand auf eine andere Produktsorte umgestellt werden können. Für derartige Betriebe ist im Extremfall also die Realisierung der Lösgröße 1 möglich geworden.

5.2.2.3 Operative Fertigungsprogrammplanung als Aufgabe der Speziellen Arbeitsvorbereitung im Rahmen der Gestaltung der Auftragsprogramme

5.2.2.3.1 Sach- und Formalziel der operativen Fertigungsprogrammplanung

Durch die operative Programmplanung wird festgelegt, welche Mengen von den im Rahmen der taktischen Programmplanung vorgegebenen Erzeugnisarten innerhalb einer bestimmten Periode produziert werden sollen. Von den möglichen Zielsetzungen der operativen Programmplanung besitzt die **Maximierung der Deckungsbeiträge** eine besondere Bedeutung. Unter dem Deckungsbeitrag eines Erzeugnisses versteht man die Differenz zwischen den Erlösen und den variablen Kosten[13]. Die Summe der Deckungsbeiträge aller Erzeugnisarten dient zur Deckung der fixen Kosten; der Überschuß über die fixen Kosten stellt Gewinn dar. Da die fixen Kosten von Entscheidungen der operativen Programmplanung nicht beeinflußt werden, sie also kurzfristig als unveränderlich betrachtet werden müssen, führt die Maximierung der Deckungsbeiträge in einer Planungsperiode zugleich zu einer (kurzfristigen) Maximierung des Unternehmungsgewinns.

Für die Ermittlung eines optimalen Produktionsprogramms sind die **Fixkosten nicht entscheidungsrelevant**. Sie dürfen deshalb auch nicht in die Optimierungsrechnung einbezogen werden, andernfalls besteht die Gefahr von Fehlentscheidungen[14].

---

13 Im System der Deckungsbeitragsrechnung auf der Basis relativer Einzelkosten treten an die Stelle der variablen Kosten die den Erzeugnissen direkt zurechenbaren E i n z e l kosten.
14 Vgl. *Götzinger, M., Michael, H.*, a. a. O., S. 200 ff.

5.2.2.3.2 Durchführung der operativen Programmplanung

5.2.2.3.2.1 Operative Programmplanung bei freien Kapazitäten

Im Fall der Unterbeschäftigung werden alle Erzeugnisse in das Produktionsprogramm aufgenommen, die einen positiven Deckungsbeitrag besitzen, d. h. über die Erwirtschaftung der von ihnen verursachten variablen Kosten hinaus einen Teil zur Deckung der fixen Kosten – und eventuell zum Gewinn – einer Unternehmung beitragen.

Beispiel:

Für die Programmplanung des Monats Oktober 1982 stehen einer Unternehmung folgende Daten zur Verfügung:

Produkt (1)	max. Absatzmenge [Stck.] (2)	variable Stückkosten [DM/Stck.] (3)	gesamte Stückkosten [DM/Stck.] (4)	Absatzpreis [DM/Stck.] (5)	Deckungsbeitrag [DM/Stck.] (5) − (3)	Stückgewinn [DM/Stck.] (5) − (4)
A	1.000	20,−	26,−	44,−	24,−	18,−
B	1.500	22,−	25,−	30,−	8,−	5,−
C	1.100	35,−	40,−	32,−	−3,−	−8,−
D	1.200	30,−	55,−	50,−	20,−	−5,−
E	800	25,−	30,−	31,−	6,−	1,−

Die Fixkosten betragen 50.000,− DM pro Monat.

Das optimale Produktionsprogramm umfaßt die Produkte A, B, D und E, von denen die maximal absetzbaren Mengen produziert werden. Der Gewinn als Differenz der gesamten Deckungsbeiträge und der fixen Kosten beträgt 14.800,− DM ($= 1.000 \cdot 24 + 1.500 \cdot 8 + 1.200 \cdot 20 + 800 \cdot 6 - 50.000$). Nur das Produkt C wird aus dem Programm gestrichen, da es einen negativen Deckungsbeitrag besitzt. So entgehen der Unternehmung zwar Erlöse in Höhe von $1.100 \cdot 32 = 35.200,-$ DM, gleichzeitig entfallen aber auch die durch eine Produktion von C zusätzlich entstehenden variablen Kosten in Höhe von $1.100 \cdot 35 = 38.500,-$ DM.

Das Beispiel veranschaulicht auch, daß eine Berücksichtigung der fixen Kosten in der operativen Programmplanung eine Fehlentscheidung zur Folge hätte. Neben dem Produkt C würde dann auch das Produkt D mit einem ebenfalls negativen Stückgewinn aus dem Programm gestrichen, obwohl es maßgeblich zur Deckung der fixen Kosten beiträgt. Eine Streichung von D würde die Erlöse um $1.200 \cdot 50 = 60.000,-$ DM verringern, die Kosten aber nur um $1.200 \cdot 30 = 36.000,-$ DM, so daß die Unternehmung statt eines Gewinns von 14.800,− DM einen Verlust von 9.200,− DM erzielen würde.

5.2.2.3.2.2 Operative Programmplanung bei einem Kapazitätsengpaß

Bei Vorliegen **eines** Kapazitätsengpasses ist es nicht mehr möglich, von allen Produkten mit einem positiven Deckungsbeitrag die maximal absetzbaren Mengen herzustellen. Die Kenntnis der absoluten Deckungsbeiträge (= Deckungsbeiträge je Produkteinheit) reicht in diesem Falle zur Ermittlung des optimalen Produktionsprogramms nicht aus.

Eine Maximierung des Gesamtdeckungsbeitrags setzt die bestmögliche Nutzung des knappen Produktionsfaktors voraus. Die Produkte sind daher in der Rangfolge ihrer **engpaßbezogenen (relativen) Deckungsbeiträge** in das Produktionsprogramm aufzunehmen, bis die Kapazität des Engpaßfaktors erschöpft ist. Der relative Deckungsbeitrag eines Produktes wird ermittelt, indem man den absoluten Deckungsbeitrag dieses Produktes durch den Produktionskoeffizienten, d. h. die Anzahl der Engpaßeinheiten, die zur Erzeugung einer Produkteinheit erforderlich sind, dividiert.

Zur Veranschaulichung dieses Sachverhaltes soll das Beispiel wie folgt abgewandelt werden: Für alle Produkte wird der Rohstoff α verwendet. Aufgrund einer unvorhergesehenen politischen Krise im Hauptlieferland tritt eine Verknappung des Rohstoffes ein, so daß die Unternehmung nur 500 kg je Planungsperiode beschaffen kann; Lagerbestand steht nicht zur Verfügung. Bei Produktionskoeffizienten von 150 g/Stck. für Produkt A, 200 g/Stck. für B, 250 g/Stck. für D und 100 g/Stck. für E sind für die Verwirklichung des unter der Annahme freier Kapazitäten ermittelten Produktionsprogramms jedoch 830 kg des Rohstoffs erforderlich. Durch die Rohstoffverknappung ist also ein Kapazitätsengpaß entstanden, so daß die Auswahl der Produkte nach dem Kriterium der relativen Deckungsbeiträge erfolgen muß.

Produkt	max. Absatzmenge [Stck.]	Produktionskoeffizient [g/Stck.]	absoluter Deckungsbeitrag [DM/Stck.]	relativer Deckungsbeitrag [DM/g]	Rangfolge	Kapazitätsbeanspruchung [kg]
(1)	(2)	(3)	(4)	(4):(3)	(5)	(2)·(3):1.000
A	1.000	150	24,–	0,16	1	150
B	1.500	200	8,–	0,04	4	300
D	1.200	250	20,–	0,08	2	300
E	800	100	6,–	0,06	3	80
						Σ 830

Zunächst wird das Produkt A mit dem höchsten relativen Deckungsbeitrag in das Produktionsprogramm aufgenommen, für seine Erzeugung sind 150 kg des Rohstoffs α erforderlich. Es folgt Produkt D mit dem zweithöchsten relativen Deckungsbeitrag und einem Rohstoffbedarf von 300 kg.

56 Fertigung

Die verbleibenden 50 kg des Rohstoffs werden für die Erzeugung von E bereitgestellt; statt der maximal absetzbaren Menge von 800 Stck. können jedoch nur noch 500 Stck. produziert werden. Produkt B ist aufgrund der Rohstoffverknappung nicht mehr im Produktionsprogramm enthalten. Es ergibt sich ein maximaler Deckungsbeitrag von $1.000 \cdot 24 + 1.200 \cdot 20 + 500 \cdot 6 = 51.000,-$ DM und ein maximaler Gewinn von $51.000 - 50.000 = 1.000,-$ DM.

5.2.2.3.2.3 Operative Programmplanung bei mehreren Kapazitätsengpässen

Sind in der operativen Programmplanung **mehrere** Kapazitätsengpässe zu berücksichtigen, kann das optimale Produktionsprogramm nur **simultan** mit Hilfe eines **linearen Optimierungsmodells** ermittelt werden[15]. Eine solche Optimierung soll anhand des folgenden Beispiels dargestellt werden.

Beispiel:

Ein Unternehmen stellt zwei Erzeugnisse 1 und 2 her mit Deckungsbeiträgen von 80,- DM pro Mengeneinheit des Erzeugnisses 1 und 60,- DM pro Mengeneinheit des Erzeugnisses 2. Die beiden Erzeugnisse durchlaufen zwei Fertigungsstufen A und B mit Kapazitäten von 180 Std./Monat (Abtlg. A) und 200 Std./Monat (Abtlg. B). Die Produktionskoeffizienten sind der folgenden Tabelle zu entnehmen:

Abtlg. \ Erzeugnis	1	2	Kapazität [Std./Monat]
A	2	3	180
B	4	2	200

Von Erzeugnis 2 können, wie die Marktforschung ermittelt hat, maximal 50 ME/Monat abgesetzt werden.

Gesucht ist das Produktionsprogramm, das zu einer Maximierung des Deckungsbeitrags führt. Bezeichnet man die Produktionsmengen der Erzeugnisse 1 und 2 mit x_1 und x_2, so kann diese Zielsetzung mathematisch durch folgende Zielfunktion formuliert werden:

---

15 Vgl. u. a. *Riedel, G.*, Deckungsbeitragsrechnung, wie aufbauen, wie nutzen? Gernsbach 1976, S. 176 ff.

Zielfunktion: DB = 80 x_1 + 60 x_2 → Max.!

Die Kapazitätsbeschränkungen sowie die Absatzbeschränkung (Restriktionen) lassen sich mathematisch durch folgende Ungleichungen ausdrücken:

Restriktionen: (1) 2 x_1 + 3 x_2 ≦ 180

(2) 4 x_1 + 2 x_2 ≦ 200

(3) x_2 ≦ 50

Um negative Lösungen des Optimierungsproblems auszuschließen, sind diese Restriktionen durch **Nichtnegativitätsbedingungen** zu ergänzen:

(4) x_1 ≧ 0

(5) x_2 ≧ 0 .

Die Lösung solcher Optimierungsprobleme erfolgt mit Hilfe der Simplexmethode oder anderen Rechenverfahren[16]. Umfaßt das Produktionsprogramm – wie im Beispiel – nur zwei Erzeugnisse, ist auch eine graphische Lösung möglich, wie sie in Abb. 22 dargestellt ist.

Jeder Punkt des dort abgebildeten Koordinatenkreuzes entspricht einer Kombination von x_1 und x_2, d. h. einer möglichen Zusammensetzung des Produktionsprogramms. Von diesen Möglichkeiten sind zunächst diejenigen auszuschließen, die aufgrund der technischen und wirtschaftlichen Beschränkungen nicht realisiert werden können.

Die Kapazität der Abteilung A ist auf 180 Std./Monat begrenzt. Bei alleiniger Produktion des Erzeugnisses 1 können innerhalb dieser Zeit maximal 90 ME bearbeitet werden, bei alleiniger Produktion des Erzeugnisses 2 maximal 60 ME. Diesen Produktionsmengen entsprechen die Punkte (90|0) und (0|60) des Koordinatenkreuzes. Verbindet man diese Punkte, erhält man eine Gerade, auf der **alle** Kombinationen von x_1 und x_2 liegen, die von der Abteilung A in einem Monat **maximal** bearbeitet werden können.

In gleicher Weise erfolgt die graphische Darstellung der übrigen Restriktionen durch die Geraden (2) und (3) sowie die Achsen des Koordinatenkreuzes (Nichtnegativitätsbedingungen). Damit ist der Lösungsraum, d. h. die Menge aller zulässigen Lösungen des Optimierungsproblems, festgelegt; er umfaßt alle Kombinationen von x_1 und x_2, die in dem durch die Geraden

---

[16] Vgl. *Berg, C. C., Korb, U.-G.*, Mathematik für Wirtschaftswissenschaftler, Teil II: Lineare Algebra und Lineare Programmierung, Wiesbaden 1975; *Münstermann, H.*, Unternehmungsrechnung, Wiesbaden 1969, S. 194 ff.

58 Fertigung

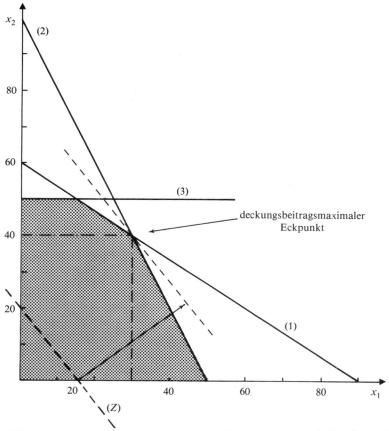

Abb. 22: Ermittlung des optimalen Produktionsprogramms bei mehreren Kapazitätsengpässen

(1) bis (3), die Abszisse (x-Achse) und die Ordinate (y-Achse) begrenzten Feld sowie auf den Begrenzungslinien selbst liegen.

Die Zielfunktion stellt graphisch eine Schar von parallelen Geraden dar, deren Steigung durch das Verhältnis der Deckungsbeiträge ($= -80/60 = -4/3$) bestimmt wird. Jede dieser Geraden repräsentiert ein anderes Deckungsbeitragsniveau, das um so höher ist, je weiter eine Gerade vom Ursprung des Koordinatenkreuzes entfernt verläuft. Sie bildet zugleich den geometrischen Ort aller Kombinationen von x_1 und x_2, die zum jeweils gleichen Deckungsbeitrag führen, und wird daher auch **Isodeckungsbeitragslinie** genannt[17]. Um das optimale Produktionsprogramm zu ermitteln,

---

17 Vgl. *Däumler, K.-D., Grabe, J.*, Kostenrechnung 2 – Deckungsbeitragsrechnung, Herne/Berlin 1982, S. 75.

zeichnet man zunächst eine beliebige Isodeckungsbeitragslinie in das Koordinatenkreuz ein (in Abb. 22: (Z) mit einem Deckungsbeitrag von 1200,— DM) und verschiebt sie solange parallel, bis sie den Lösungsraum in einem möglichst weit vom Ursprung des Koordinatenkreuzes entfernten Eckpunkt tangiert[18]. Die zu diesem Eckpunkt gehörenden Produktionsmengen bilden das Produktionsprogramm mit dem maximalen Deckungsbeitrag. Das im Beispiel gesuchte optimale Produktionsprogramm setzt sich, wie Abb. 22 zeigt, aus 30 ME des Erzeugnisses 1 und 40 ME des Erzeugnisses 2 zusammen; der maximal erreichbare Deckungsbeitrag beträgt 4800,— DM.

Zur Lösung dieses Fallbeispiels kann neben der dargestellten graphischen Lösungsmethode auch der sogenannte **Simplex-Algorithmus** angewandt werden. Hierbei handelt es sich um ein relativ einfaches Verfahren der linearen Programmierung, das auch zur Lösung anderer Optimierungsprobleme, beispielsweise im Rahmen der Verfahrenswahl, herangezogen werden kann. In einem ersten Schritt wird der Standardansatz der linearen Programmierung formuliert. Er enthält neben den verschiedenen, bei der Planung des optimalen Fertigungsprogramms zu berücksichtigenden Restriktionen (z. B. begrenzte Material-, Fertigungs- oder Absatzkapazitäten) auch die Zielfunktion. Als Planungsziel wird in der Regel die Maximierung des Periodendeckungsbeitrags unterstellt; hierbei finden die Deckungsbeiträge der einzelnen Produkte Eingang in die Zielfunktion. Ist hingegen die Maximierung des Umsatzes das Unternehmensziel, werden in die Zielfunktion die Produkterlöse aufgenommen. Nach der Formulierung des Ansatzes und der Übertragung der Koeffizienten von Zielfunktion und Restriktionen in ein Starttableau (Ausgangsmatrix), wird diese Matrix in den weiteren Schritten so lange mit Hilfe von Zeilenoperationen umgeformt, bis die optimale Lösung erreicht ist. In einem letzten Schritt werden die Ergebnisse aus dem Schlußtableau abgelesen.

Diese Vorgehensweise soll im folgenden an einem Beispiel erläutert werden. Zugrunde gelegt werden die Ausgangsdaten des Beispiels zur graphischen Lösung:

Zielfunktion: $DB = 80\,x_1 + 60\,x_2 \rightarrow$ Max.!

Restriktionen:
(1) $2\,x_1 + 3\,x_2 \leq 180$
(2) $4\,x_1 + 2\,x_2 \leq 200$
(3) $x_2 \leq 50$

Nichtnegativitätsbedingungen:
(4) $x_1 \geq 0$
(5) $x_2 \geq 0$

---

[18] Hat die Isodeckungsbeitragslinie die gleiche Steigung wie eine der Restriktionsgeraden, wird der Lösungsraum nicht in einem Eckpunkt, sondern auf einem Abschnitt seiner Begrenzungslinie tangiert; es existieren dann mehrere optimale Lösungen.

Dieses Ungleichungssystem wird nunmehr in ein Gleichungssystem transformiert. Für jede Restriktion muß eine zusätzliche Variable, die als Schlupfvariable bezeichnet wird, eingeführt werden. Fertigungswirtschaftlich läßt sich diese als Leerkapazität erklären, d. h. als Kapazität, die bei der Produktion einer bestimmten Menge von x_1 und x_2 nicht genutzt wird.

Als Schlupfvariablen werden eingeführt:

- K_A: noch zur Verfügung stehende Kapazität in der Fertigungsstufe A
- K_B: noch zur Verfügung stehende Kapazität in der Fertigungsstufe B
- V_2: nicht ausgeschöpftes Absatzpotential von Produkt 2

Das Gleichsystem (Standardform) sieht dann wie folgt aus:

(1) $2 x_1 + 3 x_2 + K_A \qquad\qquad = 180$
(2) $4 x_1 + 2 x_2 \qquad + K_B \qquad = 200$
(3) $\qquad\quad x_2 \qquad\qquad + V_2 = 50$

Auch die Zielfunktion wird unter Berücksichtigung der Schlupfvariablen in eine Gleichung überführt. Da allerdings Leerkapazitäten nichts einbringen und im allgemeinen auch keine zusätzlichen Kosten verursachen, ist der Deckungsbeitrag dieser Schlupfvariablen gleich Null. Zu Beginn der Planung des Produktionsprogramms werden keine Mengen von x_1 und x_2 produziert. Entsprechend ist der Gesamtdeckungsbeitrag gleich Null.

$$80 x_1 + 60 x_2 + 0 K_A + 0 K_B + 0 V_2 = 0$$

Dieses Gleichungssystem wird in eine Matrixform übertragen, wobei die Koeffizienten der Zielzeile mit negativen Vorzeichen eingetragen werden, da diese entgehende Deckungsbeiträge repräsentieren.

Zeile	Variable					Beschränkungsspalte (BS)	Nachspalte (NS)	
	x_1	x_2	K_A	K_B	V_2			
(1)	2	3	1	0	0	180	180/2 = 90	
(2)	[4]	2	0	1	0	200	200/4 = 50	←Pivot-Zeile
(3)	0	1	0	0	1	50	—	
Zielzeile (Z)	−80	−60	0	0	0	0		
Pivot-Spalte ↑	→ Pivot-Element							

Der Schnittpunkt von der Zielzeile (Z) und der Beschränkungsspalte (BS) gibt den Gesamtdeckungsbeitrag des aktuellen Produktionsprogramms an. Aus den negativen Koeffizienten der Z-Zeile ist zu schließen, daß die optimale Lösung noch nicht erreicht worden ist. Das optimale Produktionsprogramm wird erreicht, wenn in der Z-Zeile keine negativen Koeffizienten mehr auftreten.

Für die weitere Berechnung ist es zunächst notwendig, das Pivot-Element zu bestimmen. Dazu wird die Spalte ausgewählt, in der der höchste entgehende Deckungsbeitrag auftritt (Pivot-Spalte). Zur Bestimmung der Pivot-Zeile wird die Beschränkungsspalte (BS) durch die Pivot-Spalte dividiert. Die Pivot-Zeile ist die Zeile mit dem kleinsten positiven Wert in der Nachspalte (NS). Die Werte in der Nachspalte zeigen an, wieviel maximal von einem bestimmten Produkt unter Berücksichtigung der Restriktion produziert werden kann. Da alle Restriktionen gleichzeitig beachtet werden müssen, ist die maximal mögliche Produktionsmenge durch den kleinsten positiven Wert determiniert. Das Pivot-Element liegt im Schnittpunkt von Pivot-Spalte und Pivot-Zeile.

Abschließend wird die Pivot-Spalte durch einfache mathematische Umformungen in einen Einheitsvektor überführt.

Die entsprechenden Umformungen sind wie folgt vorzunehmen:

a) Die Pivot-Zeile wird durch das Pivot-Element dividiert und an die entsprechende Stelle im neuen Tableau übertragen.
b) Die neue Zeile (1) ergibt sich durch die Multiplikation der neuen Zeile 2 mit dem Faktor -2 und anschließender Addition mit der 1. Zeile aus dem Ausgangstableau.
c) Die Zeile (3) kann direkt aus dem Ausgangstableau übernommen werden, da hier die Null des Einheitsvektors bereits vorliegt.
d) Die neue Zielzeile ergibt sich durch die Multiplikation der neuen Zeile 2 mit dem Faktor 80 und anschließender Addition mit der Zielzeile aus dem Ausgangstableau.

Zeile	\multicolumn{5}{c	}{Variable}	Beschränkungsspalte (BS)	Nachspalte (NS)	
	x_1	x_2	K_A	K_B	V_2			
(1)	0	[2]	1	$-1/2$	0	80	$80/2 = 40$	←Pivot-Zeile
(2)	1	0.5	0	$1/4$	0	50	$50/0.5 = 100$	
(3)	0	1	0	0	1	50	$50/1 = 50$	
Zielzeile (Z)	0	-20	0	20	0	4000		

Pivot-Spalte └──→ Pivot-Element

Der Gesamtdeckungsbeitrag für dieses Produktionsprogramm beträgt 4000 Geldeinheiten/Periode.

Die Z-Zeile der Matrix des 1. Lösungsschrittes enthält noch einen negativen Wert. Dies signalisiert, daß das optimale Produktionsprogramm noch nicht gefunden wurde. Deshalb müssen die entsprechenden Rechenschritte analog noch einmal angewandt werden. Das Ergebnis ist im folgenden Tableau wiedergegeben:

Zeile	Variable					Beschränkungsspalte (BS)
	x_1	x_2	K_A	K_B	V_2	
(1)	0	1	1/2	−1/4	0	40
(2)	1	0	−1/4	3/8	0	30
(3)	0	0	−1/2	1/4	1	10
Zielzeile (Z)	0	0	10	15	0	4800

Als Ergebnis in der Beschränkungsspalte können die Werte 40, 30 und 10 abgelesen werden. Die Zuordnung dieser Werte zu den entsprechenden Variablen erfolgt über die Einheitsvektoren. Durch die Spalte, in der der Einheitsvektor steht, wird die Variable determiniert. Der zugehörige Wert wird in der Beschränkungsspalte aus der Zeile abgelesen, in der im Einheitsvektor die 1 steht. Damit ergibt sich:

x_1 = 30 (Produktionsmenge von Produkt 1)
x_2 = 40 (Produktionsmenge von Produkt 2)
V_2 = 10 (nicht ausgeschöpftes Absatzpotentiale von Produkt 2)

Der maximale Deckungsbeitrag beträgt 4 800,- Geldeinheiten pro Periode.

Das Simplex-Schlußtableau enthält jedoch noch weitere Informationen:

Die Werte 10 und 15 (GE/Std.) in der Zielzeile geben die Zunahme des Gesamtdeckungsbeitrages bei einer Anhebung der Fertigungskapazität um eine Zeiteinheit (Schattenpreise) unter der Voraussetzung an, daß diese Einheit zu den gleichen Kosten wie bisher bereitgestellt werden kann.

5.2.2.4 Reihenfolgeplanung

Die Spezielle Arbeitsvorbereitung ist auch für die **Reihenfolgeplanung** zuständig. In der industriellen Fertigung müssen die Aufträge meistens auf mehreren Aggregaten bearbeitet werden. Deren Bearbeitungszeit auf den einzelnen Maschinen ist von unterschiedlicher Dauer. Bei knapper Potentialfaktorenkapazität ist es die Aufgabe der Speziellen Arbeitsvorbereitung, die zeitliche Reihenfolge der Bearbeitung der Aufträge zu bestimmen.

Bei der Lösung dieses als **Maschinenbelegungsproblem** bezeichneten Reihenfolgeproblems sind mehrere, zum Teil konfliktäre Zielsetzungen zu beachten:

- maximale Kapazitätsauslastung
- minimale Durchlaufzeit der Aufträge
- minimale Zwischenlagerkosten
- minimale Terminabweichungen

Es existiert bislang noch kein Verfahren, das die Maschinenbelegung bei mehrstufiger Fertigung umfassend und zieladäquat zu lösen imstande ist. Hierfür sind vor allem die konfliktären Zielsetzungen und der große Rechenaufwand für die kombinatorische Ablaufplanung verantwortlich zu machen[19].

5.2.2.4.1 Das Dilemma der Ablaufplanung

Der Konflikt zwischen den Zielen „Maximale Kapazitätsauslastung" (= minimale Leerzeiten) und „Minimale Durchlaufzeit der Aufträge" (= minimale Wartezeiten) wird in der Literatur als **„Dilemma der Ablaufplanung"** näher gekennzeichnet. **Leerzeiten** bzw. Brachzeiten entstehen, wenn Aggregate auf Aufträge warten müssen. Hingegen wird unter **Wartezeiten** die Summe der Zeiten verstanden, in denen Aufträge auf das Freiwerden von Aggregaten warten müssen. Die folgende graphische Darstellung macht die Auswirkung der Reihenfolge auf die Höhe der Leerzeiten und Wartezeiten deutlich[20].

Beispiel: Dilemma der Ablaufplanung

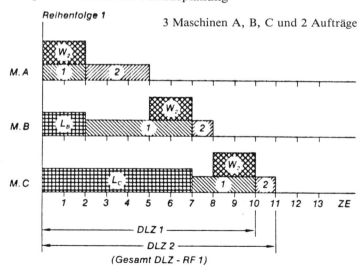

---

19 Vgl. *Hansmann, K.-W.*, Industriebetriebslehre, München/Wien 1984, S. 191.
20 *Ellinger, Th.*, Reihenfolgeplanung, in: Handwörterbuch der Betriebswirtschaft, 4. Aufl., Stuttgart 1976, Sp. 3411 ff.

64 Fertigung

(Fortsetzung des Beispiels: Dilemma der Ablaufplanung)

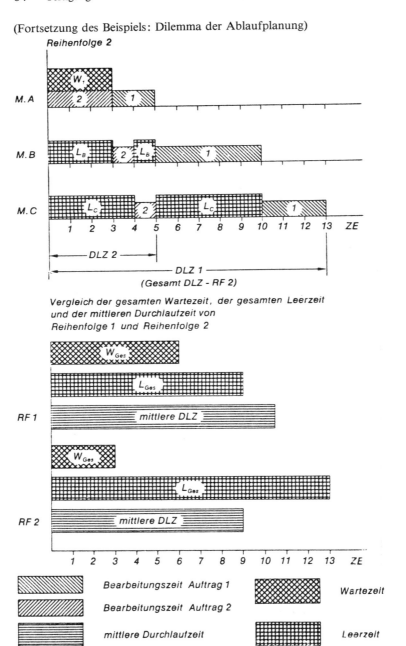

Abb. 23: *Auswirkungen der Reihenfolge auf die gesamte Wartezeit, die gesamte Leerzeit und die Durchlaufzeiten*

In der Praxis wird das Problem der Reihenfolgeplanung mit Hilfe von inexakten Methoden, meistens mit einfachen **Prioritätsregeln,** zu lösen versucht. Im einschlägigen Schrifttum werden jedoch auch einige exakte Lösungsverfahren vorgeschlagen, die jedoch nicht ohne mehr oder weniger radikale Vereinfachungen der Realität auskommen. Zu den bekanntesten Verfahren dieser Art gehören der Johnson-Algorithmus und das Branch-and-Bound-Verfahren. Der **Johnson-Algorithmus** wird im folgenden anhand eines Beispieles näher erläutert. Beim **Branch-and-Bound-Verfahren** handelt es sich um ein systematisches Suchverfahren auf der Grundlage der vollständigen Enumeration, wobei jedoch nicht alle möglichen Lösungen berechnet werden. Es werden gewisse Mengen zulässiger Lösungen bestimmt, welche die optimale Lösung **nicht** enthalten und die daher von der weiteren Betrachtung ausgeschlossen werden[21].

5.2.2.4.2 Der Johnson-Algorithmus

Ausgehend von der Überlegung, daß die Bearbeitungszeit einer bestimmten Produktart im Verhältnis zu den anderen Produkten in den Fertigungsstufen unterschiedlich hoch ist, entwickelte *Johnson* 1954 einen Algorithmus zur Bestimmung der durchlaufzeitminimalen Bearbeitungsreihenfolge, der sich in seiner Anwendung auf zweistufige Mehrproduktbetriebe beschränkt. So stellte *Johnson* die Produktarten, welche in Stufe I eine geringe Bearbeitungszeit aufweisen, an den Beginn der Rangfolge, um ein Auftragspolster für die Stelle II zu schaffen. Dieses Auftragspolster wird abgearbeitet, wenn in Stufe I die Aufträge mit längerer Bearbeitungszeit bearbeitet werden.

Der Johnson-Algorithmus geht von folgenden Prämissen aus[22]:

1. Zweistufiger Fertigungsprozeß
2. Mehrprodukt-Betrieb
3. Fertigungsstufe I wird vor Stufe II durchlaufen
4. Es fallen keine Sortenwechselzeiten an
5. Die Umrüstkosten sind von der Sortenfolge unabhängig
6. Transportzeiten zwischen den Fertigungsstufen werden vernachlässigt
7. Terminüberschreitungen bleiben unberücksichtigt

Der Johnson-Algorithmus läßt sich anhand folgender Flußdiagramme darstellen (s. Abb. 24f., S. 66f.):

---

21 Ein ausführliches Beispiel findet sich bei *Hoitsch, H.-J.*, Produktionswirtschaft. Grundlagen einer industriellen Betriebswirtschaftslehre, München 1985, S. 245 ff.

22 *Johnson, S. M.*, Optimal Two- and Three-Stage Production Schedules with Setup-Times Included, in: Naval Research Logistics Quarterly, (1) 1954, S. 61 ff.

66 Fertigung

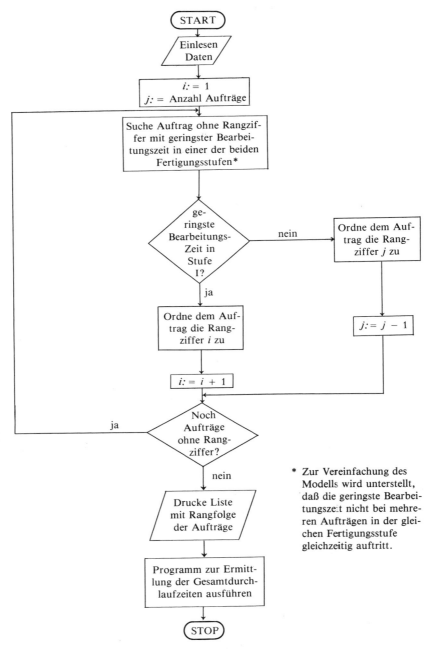

Abb. 24: *Flußdiagramm: Berechnung der optimalen Reihenfolge mit Hilfe des Johnson-Algorithmus*

Reihenfolgeplanung 67

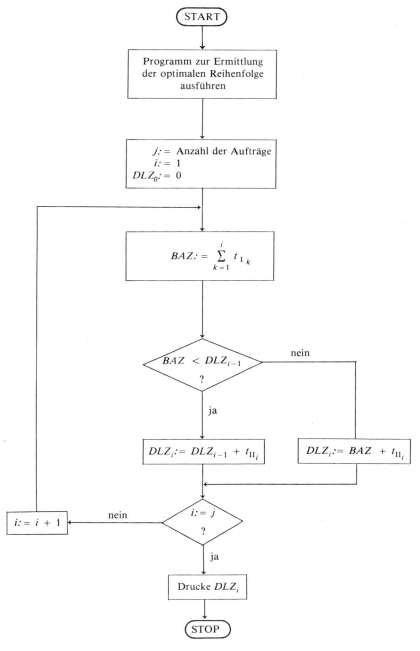

Abb. 25: Flußdiagramm: Berechnung der Gesamtdurchlaufzeit

Legende:

i	=	Laufindex der Rangfolge der Aufträge
k	=	Laufindex der Bearbeitungszeiten in der Stufe I
$t_{I(II)}$	=	Bearbeitungszeit in Stufe I (II)
BAZ	=	Summe der Bearbeitungszeiten in Stufe I bis zum Auftrag mit dem Rangindex i
DLZ_i	=	Gesamtdurchlaufzeit bis zum Auftrag mit dem Rangindex i

Fallbeispiel zum Johnson-Algorithmus

Ausgangsdaten:

Sorte	Fertigungsstufen	
	I	II
A	10	7
B	1	8
C	4	2
D	5	7

Rangfolge	Sorte	Fertigungsstufen	
		I	II
1	B	1	8
2			
3			
4			

Rangfolge	Sorte	Fertigungsstufen	
		I	II
1	B	1	8
2			
3			
4	C	4	2

Rangfolge	Sorte	Fertigungsstufen	
		I	II
1	B	1	8
2	D	5	7
3			
4	C	4	2

Rangfolge	Sorte	Fertigungsstufen	
		I	II
1	B	1	8
2	D	5	7
3	A	10	7
4	C	4	2

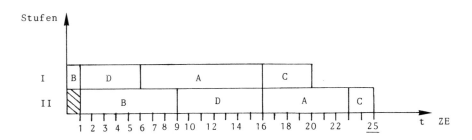

Abb. 26: Stufenbezogene Darstellung der optimalen Reihenfolge mit Hilfe von Balkendiagrammen

70 Fertigung

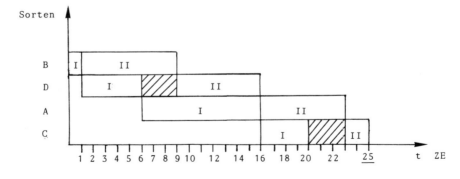

Abb. 27: Sortenbezogene Darstellung der optimalen Reihenfolge mit Hilfe von Balkendiagrammen

5.2.2.4.3 Reihenfolgeplanung mit Hilfe von Prioritätsregeln

Die exakten Verfahren der Reihenfolgeplanung liefern nur unter sehr restriktiven Bedingungen optimale Lösungen. In der Praxis werden deshalb häufig einfache Prioritätsregeln angewendet, um die zeitliche Reihenfolge der Aufträge vor den einzelnen Produktionsstufen zu bestimmen. Diese Regeln sind von den Zielen der Ablaufplanung abgeleitet und erzeugen unterschiedliche Näherungslösungen.

Die wichtigsten Prioritätsregeln sind in folgender Tabelle aufgeführt[23]:

Benennung	Inhaltliche Beschreibung
1. KOZ-Regel (**K**ürzeste **O**perations**z**eitregel)	Der Auftrag mit der kürzesten Operationszeit (Bearbeitungszeit) auf der jeweiligen Produktionsstufe wird als erster bearbeitet.
2. LOZ-Regel (**L**ängste **O**perations**z**eitregel)	Die höchste Priorität erhält der Auftrag in der Warteschlange, der die längste Operationszeit hat.

---

23 *Zäpfel, G.,* Produktionswirtschaft Operatives Produktions-Management, Berlin/New York 1982, S. 273/274.

(Fortsetzung der Prioritätsregeln)

Benennung	Inhaltliche Beschreibung
3. GRB-Regel (**G**rößte **R**est**b**earbeitungszeitregel) Längste Fertigungsrestzeitregel 4. KRB-Regel (**K**ürzeste **R**est**b**earbeitungszeitregel) Kürzeste Fertigungsrestzeitregel	Derjenige Auftrag wird zuerst bearbeitet, dessen im Moment der Belegung noch verbleibende Bearbeitungszeit auf allen noch benötigten Maschinen die größte (kürzeste) ist.
5. WT-Regel (**W**ert-**R**egel)	Der Auftrag mit dem größten Produktendwert wird zuerst bearbeitet oder alternativ: Der Auftrag mit dem höchsten Produktwert vor Ausführung des jeweiligen Arbeitsvorgangs erhält die höchste Priorität (dynamische Wertregel)
6. SZ-Regel (**S**chlupf-**Z**eit-Regel)	Der Auftrag mit der kleinsten Differenz zwischen dem Liefertermin und der bleibenden Bearbeitungszeit, sein Schlupf, wird als erster bearbeitet.
7. FLT-Regel (**F**rüheste **L**iefertermin-**R**egel)	Der Auftrag mit dem frühesten Liefertermin erhält die höchste Priorität
8. MAA-Regel (Regel der **m**eisten noch **a**uszuführenden **A**rbeitsvorgänge) 9. WAA-Regel (Regel der **w**enigsten noch **a**uszuführenden **A**rbeitsvorgänge)	Derjenige Auftrag wird zuerst bearbeitet, der die meisten (wenigsten) noch auszuführenden Arbeitsvorgänge hat.
10. FCFS-Regel (**F**irst-**c**ome-**f**irst-**s**erved-Regel)	Der Arbeitsvorgang, der zuerst auf der jeweiligen Maschine ankommt, wird als erster bearbeitet.
11. GGB-Regel (**G**rößte **G**esamt**b**earbeitungszeit-Regel) 12. KGB-Regel (**K**leinste-**G**esamt**b**earbeitungszeit-Regel)	Der Auftrag mit der größten (kleinsten) Gesamtbearbeitungszeit auf allen Maschinen erhält die höchste Priorität.

Die verschiedenen Prioritätsregeln erfüllen die einzelnen ablaufplanerischen Ziele unterschiedlich. Anhand von Simulationen ist es möglich, die einzelnen Regeln daraufhin zu testen, wie sie die Ziele der Reihenfolgeplanung erfüllen. In Abbildung 28 sind Ergebnisse von Simulationsläufen im Hinblick auf die eingangs genannten Ziele der Reihenfolgeplanung zusammengestellt [24].

---

[24] *Hoss, K.*, Fertigungsablaufplanung mittels operationsanalytischer Methoden, Würzburg/Wien 1965, S. 168.

Optimierungsziele \ Prioritätsregel	Kürzeste Operationszeitregel	Fertigungsrestzeitregel	Dynamische Wertregel	Schlupfzeitregel
Maximale Kapazitätsauslastung	sehr gut	gut	mäßig	gut
Minimale Durchlaufzeit	sehr gut	gut	mäßig	mäßig
Minimale Zwischenlagerkosten	gut	mäßig	sehr gut	mäßig
Minimale Terminabweichungen	schlecht	mäßig	mäßig	sehr gut

Abb. 28: Wirksamkeit von Prioritätsregeln (n. Hoss 1965)

Diesen Untersuchungsergebnissen zufolge, liefert die KOZ-Regel die besten Ergebnisse. Durch die Verzögerung von Aufträgen mit längeren Bearbeitungszeiten schneidet diese Regel in bezug auf die Minimierung der Terminabweichungen schlecht ab. Es wird deshalb in der Literatur empfohlen, die KOZ-Regel mit der Schlupfzeitregel zu verknüpfen[25]. Grundsätzlich werden mit kombinierten Prioritätsregeln bessere Ergebnisse als mit einfachen Prioritätsregeln erzielt.

5.3 CIM-Konzeption

CIM (Computer Integrated Manufacturing) bezeichnet die integrierte Informationsverarbeitung für betriebswirtschaftliche und technische Aufgaben eines Industriebetriebes. Das wesentliche Merkmal dieser Konzeption ist in der Reintegration der weit vorangeschrittenen funktionalen Arbeitsteilung zu sehen. Im Rahmen der **Datenintegration** wird durch die Nutzung einer zentralen Datenbank eine anwendungsunabhängige Datenorganisation angestrebt, so daß Mehrfacheingaben und eine inkonsistente Datenhaltung vermieden werden. Durch den Prozeß der **Funktionsintegration** werden konsequent Vorgangsketten sowie kleine Regelkreise geschaffen und die bislang stark ausgeprägte funktionsorientierte Ablauforganisation zugunsten einer objektorientierten Ablauforganisation aufgegeben. Die Daten- und Funktionsintegration bilden dabei das eigentliche Rationalisierungspotential von CIM[26]. Abb. 29 zeigt die wesentlichen Ziele der CIM-Konzeption[27].

---

25 *Hoss, K.,* a. a. O., S. 168.
26 *Scheer, A. W.,* CIM: Der computergesteuerte Industriebetrieb, 3. Auflage, Saarbrücken 1987, S. 4.
27 *Eversheim, W.,* u. a., Maßnahmen zur Realisierung von CIM in kleinen und mittleren Betrieben, in: VDI-Zeitschrift, Bd. 129, Nr. 5, 1987, S. 38.

Die integrierte Informationsbereitstellung und -verarbeitung durch die Möglichkeit, auf eine einheitliche Datenbasis zugreifen zu können, führt zu einer erheblichen Reduzierung der Auftragsdurchlaufzeiten und zu einer Erhöhung der Termintreue. Ständige Soll/Ist-Vergleiche erlauben ein frühzeitiges Eingreifen bei Qualitätsmängeln und führen so zu einer Verbesserung der Produktqualität und einer Verringerung der Ausschußquote. Zusätzlich sorgt die schnellere Informationsübertragung für eine Steigerung der Flexibilität gegenüber Marktschwankungen. Schließlich sind durch CIM signifikante Kostensenkungen durch Steigerung der Anlagenauslastung, bessere Nutzung der Produktionstechniken und Verminderung der Kapitalbindung zu erreichen.

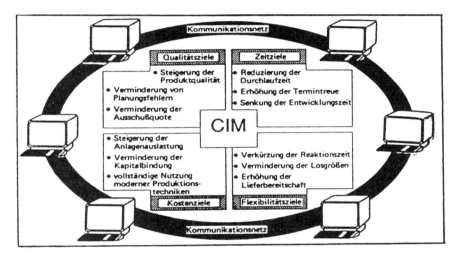

Abb. 29: Ziele von CIM

CIM besteht aus vielen einzelnen Komponenten und umfaßt den gesamten Produktionsprozeß von der Präzisierung der Aufgabenstellung über die Entwicklung, Konstruktion, Planung und Fertigung bis hin zur Prüfung und Auslieferung des Produktes. Die einzelnen Bereiche sind CAD, CAP, CAM, CAQ und PPS.

Die technischen Aufgaben zur Produkterstellung werden von den CAD/CAM-Systemen übernommen. Hierbei finden eine EDV-technische Verkettung von CAD, CAP, CAM und CAQ-Komponenten statt.

CAD (Computer Aided Design bzw. rechnerunterstütztes Konstruieren) erstreckt sich über den gesamten Konstruktions- und Entwicklungsprozeß. Zu dessen Aufgabenbereichen gehören die Entwicklungstätigkeiten, tech-

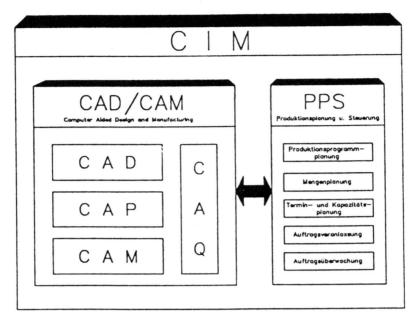

Abb. 30: CIM nach AWF[28]

nische Berechnungen, Konstruktionstätigkeiten und die Zeichnungserstellung.

Das CAP-System (Computer Aided Planning; rechnerunterstützte Planung) übernimmt EDV-unterstützt Aufgaben im Rahmen der Arbeitsplanung. Hierzu gehört die Erstellung von Arbeitsplänen, die Betriebsmittelauswahl, die Erstellung von Teilefertigungs- und Montageanweisungen und die NC-Programmierung.

Unter CAM (Computer Aided Manufacturing; rechnerunterstützte Produktion) versteht man die EDV-Unterstützung zur technischen Steuerung und Überwachung der Betriebsmittel in der Fertigung, Handhabung, Lagerung und des Transports.

Schließlich wird in der oben angeführten Abbildung die rechnerunterstützte Qualitätskontrolle und -sicherung CAQ (Computer Aided Quality) angesprochen. Hierunter wird die Erstellung von Prüfplänen, Prüfprogrammen und Meßwerten sowie die Durchführung rechnerunterstützender Meß- und Prüfverfahren verstanden.

---

28 Siehe Ausschuß für Wirtschaftliche Fertigung e. V., AWF-Empfehlung, Integrierter EDV-Einsatz in der Produktion, CIM: Computer Integrated Manufacturing, Begriffe – Definitionen – Funktionszuordnungen, Eschborn 1985.

Während die zuvor beschriebenen Systeme eher dem technischen Bereich angehören, beschäftigt sich das PPS-System (Production Planning System; Produktionsplanungssystem) mit den organisatorischen Produktionsabläufen, ausgehend von der Angebotsbearbeitung bis hin zum Versand. Zu den PPS-Hauptfunktionen zählen dabei die Produktionsprogramm-, die Mengen-, Termin- und Kapazitätsplanung sowie die Auftragsveranlassung und Auftragsüberwachung.

Zweiter Teil
Produktionstheoretische Grundlagen

1. Produktionsfunktion

Der betriebliche Leistungserstellungsprozeß läßt sich als Kombinationsprozeß auffassen, bei dem die beschriebenen Produktionsfaktoren menschliche Arbeit, Betriebsmittel und Werkstoffe durch den dispositiven Faktor zu einer produktiven Einheit kombiniert werden. Dabei lassen sich die vielgestaltigen Formen und Arten der Leistungserstellung auf die Beziehung zwischen dem Verzehr von Produktionsfaktoren und dem Produktionsvolumen zurückführen. Die mengenmäßige Beziehung zwischen dem Faktoreinsatz und dem Faktorertrag (Ausbringung, Output, Produktionsvolumen, produzierte Menge) wird durch die **Produktionsfunktion** zum Ausdruck gebracht[1]. Mit Hilfe der mathematischen Symbolsprache läßt sich die Produktionsfunktion wie folgt formulieren: Bezeichnen wir den mengenmäßigen Ertrag mit x und die eingesetzten Produktionsfaktormengen mit $r_1; r_2; \ldots; r_n$, wobei n die Anzahl der verschiedenartigen eingesetzten Produktionsfaktoren darstellt, so erhalten wir für die Produktionsfunktion folgende allgemeine Grundgleichung[2]:

$$x = f(r_1; r_2; \ldots; r_n).$$

Bei dieser Produktionsfunktion stellt der Faktorverbrauch die unabhängige Größe und die Ertragsmenge die abhängige Variable dar.

2. Arten von Faktorbeziehungen

Hinsichtlich der Faktorbeziehungen lassen sich substitutionale und limitationale Produktionsfunktionen unterscheiden. Bei **substitutionalen** Produktionsfunktionen stehen die Einsatzfaktoren r_i in keiner festen Relation zu dem mengenmäßigen Ertrag x. Substitutionale Produktionsfaktoren können daher gegeneinander ausgetauscht werden, ohne daß dadurch der

---

[1] *Gutenberg, E.*, a. a. O., S. 302.
[2] Um die Zuordnung zwischen x und $(r_1; r_2; \ldots; r_n)$ auszudrücken, schreibt man $x \to f(r_1; r_2; \ldots; r_n)$. f bedeutet die V o r s c h r i f t, nach der man zu $(r_1; r_2; \ldots; r_n)$ den Funktionswert $f(r_1; r_2; \ldots; r_n) = x$ erhält.

mengenmäßige Ertrag verändert wird[3]. Die Verringerung der Einsatzmenge eines Faktors bei Konstanz der Ausbringungsmenge kann durch verstärkten Einsatz eines anderen Faktors ausgeglichen werden. Gleichermaßen ist es möglich, den Ertrag bei Variation nur eines Faktors (Faktorgruppe) und Konstanz des anderen Faktors (Faktorgruppe) zu erhöhen.

Im allgemeinen werden in der Produktionstheorie zwei Arten von Substitutionalität unterschieden[4]. Ist es beispielsweise möglich, jede Faktorart oder jede Gruppe von Faktoren bei gleichem mengenmäßigen Ertrag durch eine andere Faktorart bzw. Gruppe **vollständig** zu ersetzen, so spricht man von **alternativer** oder **totaler** Substitution.

Beispiel:

Eine Produktionsfunktion laute $x = r_1 + 2 r_2$. Es läßt sich daraus für bestimmte Produktionsmengen $\bar{x}_0$ die in Abb. 31 dargestellte Beziehung zwischen r_1 und r_2 ableiten.

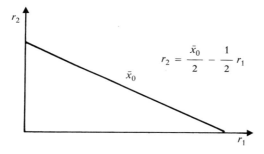

Abb. 31: *Beziehung zwischen den Einsatzfaktoren r_1 und r_2 bei totaler bzw. alternativer Faktorsubstitution*

Ist dagegen ein Faktor bzw. eine Faktorgruppe durch eine(n) andere(n) nur innerhalb bestimmter Grenzen ersetzbar, so handelt es sich um eine **periphere** oder **Randsubstitution**. Für derartige Produktionsvorgänge sind alle am Produktionsprozeß beteiligten Faktoren erforderlich.

Beispiel:

Die periphere Substitution im $r_1 - r_2$-Diagramm kann folgendermaßen dargestellt werden (vgl. Abb. 32). Unterstellt sei eine Produktionsfunktion $x = r_1 \cdot r_2$. Beim Ertrag $\bar{x}_0$ gilt dann $r_2 = \bar{x}_0 / r_1$.

---

3 Zur Substitutionalität: vgl. *Gutenberg, E.*, a.a.O., S. 303f.; *Heinen, E.*, a.a.O., S. 198f.; *Kilger, W.*, Produktions- und Kostentheorie, Wiesbaden 1958, S. 12 f.
4 Vgl. *Gutenberg, E.*, a.a.O., S. 301 f. und 312.

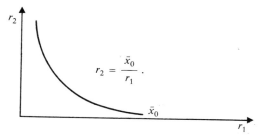

Abb. 32: Beziehung zwischen den Einsatzfaktoren r_1 und r_2 bei peripherer Faktorsubstitution

Im Gegensatz hierzu stehen die Faktoren bei **limitationalen** Produktionsfunktionen in einer technisch determinierten Relation zur geplanten Produktmenge[5]. Zur Erzeugung eines bestimmten Ertrages $\bar{x}_0$ ist eine technisch genau festgelegte Einsatzmenge jedes limitationalen Produktionsfaktors erforderlich. Eine größere als die technisch festgelegte Einsatzmenge würde vom Produktionsprozeß nicht aufgenommen, sie wäre in diesem Fall überflüssig. Wird jedoch von einem bestimmten limitationalen Produktionsfaktor weniger als technisch erforderlich eingesetzt, so können die Einsatzmengen der restlichen limitationalen Faktoren nicht voll produktiv eingesetzt werden. Die Folge hiervon wäre eine Verringerung des Ertrages. Die Faktoren sind untereinander nicht austauschbar. Limitationale Produktionsfaktoren sind häufig in der chemischen Industrie anzutreffen; die entsprechenden Produktionsprozesse vollziehen sich nach Gesetzmäßigkeiten,

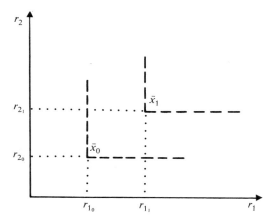

Abb. 33: Beziehung zwischen den Einsatzfaktoren r_1 und r_2 bei limitationaler Faktorbeziehung

---

5 Vgl. *Adam, D.*, a. a. O., S. 82.

80 Produktionstheoretische Grundlagen

durch welche der mengenmäßige Faktoreinsatz genau festgelegt ist[6]. Ein Produktionsprozeß mit limitationalen Produktionsfaktoren r_1 und r_2 ist in Abb. 33 dargestellt.

Hierbei bilden r_{1_0}; r_{2_0} und r_{1_1}; r_{2_1} die allein effizienten Faktorkombinationen für $\bar{x}_0$ bzw. $\bar{x}_1$. Bleiben bei Veränderung der Produktmenge alle Produktionskoeffizienten $\bar{r}_i = r_i/x$ konstant, so spricht man von **linear-limitationalen** Produktionsfunktionen[7]. Der **Produktionskoeffizient** gibt an, wieviel Mengeneinheiten eines Produktionsfaktors r_i für die Herstellung einer Einheit von x erforderlich sind. Als Beispiel für eine linear-limitationale Produktionsfunktion sei hier die Herstellung eines Automobils erwähnt, bei der unabhängig von der Produktionsmenge jeweils 5 Reifen (r_1), 1 Motor (r_2) und 1 Fahrgestell (r_3) erforderlich sind. Bei linear-limitationalen Produktionsfunktionen führt zum Beispiel die Verdopplung aller Faktoreinsatzmengen zu einer Verdopplung des mengenmäßigen Ertrages.

Ändert sich dagegen bei Variation der Produktmenge wenigstens ein Produktionskoeffizient, so liegt eine **nichtlinear-limitationale** Produktionsfunktion vor. In diesem Fall ist der Produktionskoeffizient eine Funktion der Ausbringung. Das ist beispielsweise bei der Produktionsfunktion vom Typ B im Rahmen einer intensitätsmäßigen Anpassung der Fall[8].

3. Begriffliches Instrumentarium zur Analyse von Produktionsfunktionen

Um die Produktionsfunktion näher analysieren zu können, wird im folgenden das hierfür notwendige begriffliche Instrumentarium erarbeitet.

Verändert sich in einem Produktionsprozeß mit einer Produktionsfunktion $x = f(r_1; r_2; \ldots; r_n)$ die Einsatzmenge eines beliebigen Faktors i von r_i auf $r_i + \Delta r_i$, während der Einsatz aller übrigen Faktoren unverändert bleibt, und wird durch diese Einsatzänderung die mengenmäßige Ausbringung von x auf $x + \Delta x$ erhöht, so erhalten wir für $\Delta r_i \to 0$ die **Grenzproduktivität** (GP_i) des Produktionsfaktors i als Quotient der hierdurch hervorgerufenen Ertragsänderungen und der infinitesimalen Faktorvariation[9]. In mathematischer Schreibweise läßt sich die Grenzproduktivität wie folgt darstellen:

---

6 Vgl. *Kilger, W.*, a. a. O., S. 12.
7 Vgl. *Busse v. Colbe, W.; Laßmann, G.*, a. a. O., S. 78.
8 Vgl. III. Teil, Abschn. 3.3.2.
9 Vgl. *Schneider, E.*, Einführung in die Wirtschaftstheorie, II. Teil, 10. verbesserte Aufl., Tübingen 1965, S. 167.

$$\lim_{\Delta r_i \to 0} \frac{\Delta x}{\Delta r_i} = \frac{\partial x}{\partial r_i} = \frac{\partial f(r_1; r_2; \ldots; r_n)}{\partial r_i}.$$

Dieser Ausdruck ist nichts anderes als die **partielle Ableitung** von f nach r_i.
Für den Fall einer Produktionsfunktion mit nur einem Einsatzfaktor r_1 wird die partielle Ableitung zur Ableitung der Produktionsfunktion nach r_1:

$$\frac{\partial x}{\partial r_1} = \frac{dx}{dr_1}$$

Beispiel:

Für die Produktionsfunktion in der Form $x = c(r_1^2 + r_2)$ ergeben sich folgende partielle Grenzproduktivitäten:

$$GP_1 = \frac{\partial x}{\partial r_1} = 2cr_1 \;;\; GP_2 = \frac{\partial x}{\partial r_2} = c$$

Die Grenzproduktivität eines Faktors stellt die **relative** Änderung des Ertrages bei marginaler Variation der Einsatzmengen dieses Faktors dar. Mathematisch handelt es sich hierbei um den partiellen Differentialquotienten der Produktionsfunktion. Multipliziert man die partielle Grenzproduktivität mit einer infinitesimalen Einsatzmengenänderung dr_i, so erhält man das **partielle Grenzprodukt** bzw. den **partiellen Grenzertrag** als **absolute** Ertragsänderung dx.

$$dx = \frac{\partial x}{\partial r_i} \cdot dr_i$$

Mathematisch gesehen ist der Grenzertrag das partielle Differential der Produktionsfunktion.

Von Interesse ist auch die Frage, wie sich die Gesamtausbringung verändert, wenn alle Produktionsfaktoren eine infinitesimale Einsatzmengenänderung erfahren. Hierüber informiert der **totale Grenzertrag** (Grenzprodukt), den man durch Addition der partiellen Grenzprodukte erhält.

$$dx = \frac{\partial x}{\partial r_1} \cdot dr_1 + \frac{\partial x}{\partial r_2} \cdot dr_2 + \cdots + \frac{\partial x}{\partial r_n} \cdot dr_n$$

Für die Beispielfunktion gilt:

$$dx = 2cr_1 \cdot dr_1 + c \cdot dr_2$$

Ein weiterer Grundbegriff der Produktionstheorie ist der **Durchschnittsertrag** eines Produktionsfaktors. Der Durchschnittsertrag eines Faktors r_i ist der Quotient aus dem Ertrag x aller Einsatzfaktoren und der Einsatzmenge dieses Faktors[10]. Der Durchschnittsertrag für den ersten Faktor der Beispielfunktion $x = c(r_1^2 + r_2)$ ist daher:

$$e = \frac{x}{r_1} = cr_1 + \frac{cr_2}{r_1}$$

Der Durchschnittsertrag stellt also den reziproken Wert des Produktionskoeffizienten dar und gibt an, wieviel Produkteinheiten durchschnittlich auf eine Faktoreinheit entfallen.

4. Produktionsfunktion vom Typ A[11]

Das Ertragsgesetz als eine spezielle Form der Produktionsfunktion vom Typ A bildet historisch betrachtet den Ausgangspunkt für die später entwickelte Produktions- und Kostentheorie. Produktionsfunktionen, die zum Typ A gehören, zeichnen sich durch substitutionale Faktorbeziehungen aus. *Jacques Turgot* (1727–1781) kommt das Verdienst zu, das Ertragsgesetz erstmals mit Hilfe eines Beispiels aus der Landwirtschaft verbal formuliert zu haben. *Turgot* stellte fest, daß auf einer bestimmten Ackerbaufläche und unter konstantem Einsatz von Saatgut, Düngemitteln und sonstigen landwirtschaftlichen Produktionsfaktoren die sukzessive Vermehrung der eingesetzten menschlichen Arbeitsleistung schließlich zu im-

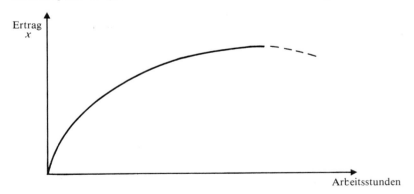

Abb. 34: Graphische Darstellung der Produktionsfunktion vom Typ A

---

10 Vgl. *Gutenberg, E.*, a. a. O., S. 307.
11 Zur Produktionsfunktion vom Typ A vgl. u. a. *Gutenberg, E.*, a. a. O.; *Kilger, W.*, a. a. O.; *Krelle, W.*, Produktionstheorie, Tübingen 1969.

mer geringeren Ertragszuwächsen führt. Die gesamte Ertragsmenge steigt zwar mit jeder zusätzlich aufgewandten Bearbeitungsstunde, die Ertragszuwächse sind jedoch sinkend. Schließlich können die Ertragszuwächse ab einem bestimmten Punkt sogar negativ werden, wenn das Arbeitsaufgebot so weit gesteigert wird, bis die Arbeitskräfte sich gegenseitig bei der Arbeit behindern[12].

Gutenberg hat versucht, das Ertragsgesetz auf Probleme der industriellen Fertigung zu übertragen. Er formulierte es wie folgt: „Wenn man die Einsatzmenge eines Faktors (einer Faktorgruppe) bei Konstanz der Einsatzmenge eines anderen Faktors (einer anderen Faktorgruppe) sukzessive vermehrt, dann ergeben sich zunächst steigende, dann abnehmende Ertragszuwächse. Nach Erreichen einer bestimmten Faktoreinsatzmenge werden die Ertragszuwächse negativ"[13].

4.1 Kennzeichen der Produktionsfunktion vom Typ A

Die Produktionsfunktion vom Typ A ist durch folgende Kennzeichen charakterisiert:

1. Die Produktionsfunktionen von diesem Typ enthalten nur substitutionale Faktorbeziehungen.

2. Sie sind insofern kaum technisch orientiert, als Aggregate und ihre den Faktorverzehr verursachenden Eigenschaften nicht in die Betrachtung mit einbezogen werden. Die Produktionsfunktion vom Typ A beschreibt somit nur den unmittelbaren Zusammenhang zwischen dem Ertrag und dem Faktoreinsatz. Man bezeichnet sie deshalb auch als einstufig. Die ihr inhärente Betrachtungsweise entspricht der sogenannten „black box"-Analyse der Kybernetik.

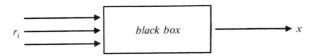

Abb. 35: „Black box"-Betrachtung im Rahmen der Produktionsfunktion vom Typ A

3. Die Qualität der Einsatzgüter ist konstant.
4. Nur ein Produkt wird hergestellt.
5. Die Produktionstechnik ist unverändert.

---

12 Vgl. *Kilger, W.*, a. a. O., S. 21.
13 *Gutenberg, E.*, a. a. O., S. 308.

4.2 Partielle Faktorvariation

Von **partieller Faktorvariation** wird gesprochen, wenn ein Faktor bei Konstanz aller anderen Faktoren variiert wird. Unter dieser Bedingung nimmt die Produktionsfunktion folgende Gestalt an:

$$x = f(\underbrace{\bar{r}_1; \bar{r}_2; \ldots; \bar{r}_{n-1}}_{\text{konstant}}; r_n)$$

Führt man für die konstanten Produktionsfaktoren das Symbol C ein, so läßt sich die Produktionsfunktion in die Form

$$x = f(C; r_n)$$

überführen.

Beim Ertragsgesetz handelt es sich unter der zusätzlichen Bedingung peripherer Substitution um eine derartige Produktionsfunktion. Die Gesamtertragskurve hat den in Abb. 36 beschriebenen Verlauf[14].

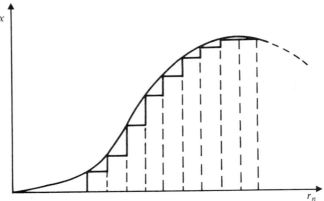

Abb. 36: Produktionsfunktion vom Typ A

Die Kurve gibt für jede Einsatzmenge r_n an, welchen mengenmäßigen Ertrag dieser Faktor unter der Voraussetzung erzeugt, daß die übrigen Produktionsfaktoren auf einem bestimmten Niveau größer Null konstant gehalten werden.

---

14 In Teilen der Literatur wird dieser Verlauf des Ertragsgesetzes als das Ertragsgesetz in seiner abgeschwächten Form (klassisches Ertragsgesetz) bezeichnet. Das Ertragsgesetz in seiner strengen Form entspricht dem Postulat, daß über dem gesamten Faktoreinsatzbereich fallende Ertragszuwächse zu verzeichnen sind. Vgl. *Kistner, K.-P.*, Produktions- und Kostentheorie, Würzburg/Wien 1981, S. 27.

Zunächst wird bei vermehrtem Einsatz des variablen Faktors r_n das **Wirkungsverhältnis** zwischen dem konstanten Faktor und dem variablen Faktor immer günstiger (progressiver Verlauf der Gesamtertragskurve, zunehmende Grenzerträge). Nach dem Wendepunkt der Gesamtertragsfunktion überwiegt in zunehmendem Maße die Einsatzmenge des variablen Faktors, so daß der Gesamtertrag nur noch degressiv steigt (abnehmende Grenzerträge). Die Gesamtertragskurve erreicht schließlich ihr Maximum und weist bei weiterer Vermehrung des variablen Faktors negative Grenzerträge auf[15].

Einen Maßstab für die Veränderung des Gesamtertrages bei sukzessiver Vermehrung des Faktoreinsatzes bildet die Grenzproduktivität des variablen Faktors.

Mathematisch läßt sich die Grenzproduktivität als erste Ableitung der Gesamtertragskurve nach dem variablen Faktor definieren. Sie ist graphisch wie folgt zu ermitteln: Der Tangens des spitzen Winkels α, den jede Kurventangente mit der Abszisse (r_n-Achse) bildet, ist gleich dem Ordinatenwert der Grenzproduktivitätskurve. Für die Grenzproduktivitätskurve $x' = \partial x / \partial r_n$ wird im folgenden der Begriff **Grenzertragskurve** verwendet, da der Grenzertrag

$$dx = \frac{\partial x}{\partial r_n} \cdot dr_n$$

für $dr_n = 1$ in die Grenzproduktivität übergeht.

Danach erhält man die in Abb. 37 dargestellte Grenzertragskurve.

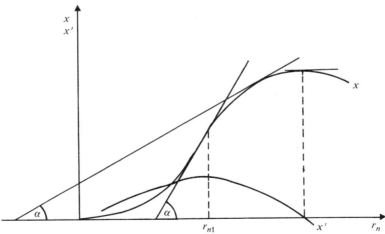

Abb. 37: Ableitung der Grenzertragskurve aus der Gesamtertragskurve

---
15 Vgl. *Gutenberg, E.*, a.a.O., S. 308.

Die **Durchschnittsertragskurve** des variablen Faktors läßt sich ermitteln, indem man den Quotienten aus dem Gesamtertrag und der eingesetzten Menge des variablen Faktors bildet:

$$e = \frac{x}{r_n}.$$

Dies bedeutet nichts anderes als die Division des Ordinatenwertes eines beliebigen Kurvenpunktes der Gesamtertragsfunktion durch den dazugehörigen Abszissenwert. Graphisch ergibt sich der Ordinatenwert der Durchschnittsertragskurve durch den Tangens des spitzen Winkels β, den der vom Ursprung ausgehende Fahrstrahl zu jedem Kurvenpunkt mit der Abszisse bildet.

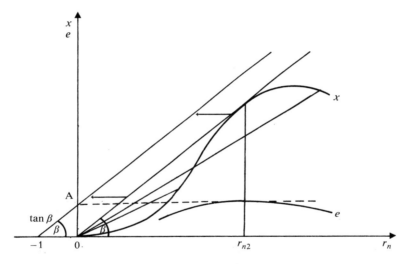

Abb. 38: Ableitung der Durchschnittsertragskurve aus der Gesamtertragskurve[16]

An dem Kurvenpunkt, an dem der Fahrstrahl zur Tangente wird, liegt das Maximum der Durchschnittsertragskurve, weil der Fahrstrahl die größte Steigung hat. In Abb. 38 ist dieser Punkt durch die Einsatzmenge r_{n2} gegeben. Werden die Faktoreinsatzmengen weiter erhöht, so nimmt der Durchschnittsertrag wieder ab.

---

16 Bei der geometrischen Ableitung der Durchschnittsertragskurve ist die Tangente vom Ursprung an die Gesamtertragskurve so weit nach links zu verschieben, bis sie durch den Punkt -1 auf der Abszisse verläuft. Der so erhaltene Ordinatenabschnitt $\overline{OA}$ gibt genau den Wert des gesuchten Durchschnittsertrages an (hier für r_{n2}).

Um die Zusammenhänge zwischen der Gesamtertrags-, der Grenzertrags- und der Durchschnittsertragskurve besser erkennen zu können, empfiehlt es sich, diese Kurven in einem Schaubild zusammenfassend darzustellen und anhand des „Vierphasenschemas" zu beschreiben[17].

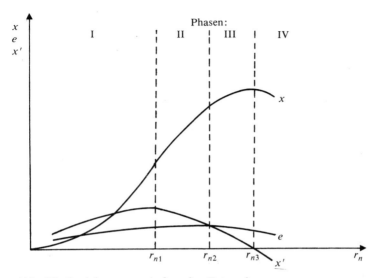

Abb. 39: Beziehungen zwischen den Ertragskurven

Phase I:

Gesamtertrags-, Grenzertrags- und Durchschnittsertragskurve nehmen zu. Das Ende dieser Phase ist mit dem Maximum der Grenzertragskurve erreicht, das durch die Faktoreinsatzmenge r_{n1} bestimmt wird.

Phase II:

Die Gesamtertragskurve sowie die Durchschnittsertragskurve steigen weiter an, der Grenzertrag sinkt, ist jedoch absolut noch größer als der Durchschnittsertrag. Das Ende dieser Phase ist durch das Maximum der Durchschnittsertragskurve gegeben, welches das mengenmäßig absolut günstigste Wirkungsverhältnis zwischen variablem und konstantem Faktor darstellt. In diesem Punkt schneiden sich die Grenzertragskurve und die Durchschnittsertragskurve, was sich dadurch erklärt, daß bei diesem Faktoreinsatz (hier: r_{n2}) der Fahrstrahl an die Gesamtertragskurve den größten Tangens aufweist und gleichzeitig zur Tangente an die Gesamtertragskurve wird.

---

17 Vgl. *Gutenberg, E.*, a. a. O., S. 308 und 309.

Phase III:

Die Gesamtertragskurve steigt weiter an, Grenzertrag und Durchschnittsertrag sinken, wobei nun der Grenzertrag absolut kleiner als der Durchschnittsertrag ist und bis zum Ende der Phase auf den Wert Null absinkt. Die Gesamtertragskurve erreicht hier ihr Maximum.

Phase IV:

Sämtliche Ertragskurven sinken, der Grenzertrag ist negativ, d. h. durch jeden zusätzlichen Einsatz des variablen Faktors tritt eine Verminderung des Gesamtertrages ein.

Folgende Tabelle gibt nochmal einen Überblick über den Verlauf und die Zusammenhänge der verschiedenen Ertragskurven:

Phase \ Ertrag	Gesamtertrag x	Durchschnittsertrag e	Grenzertrag x'	Endpunkte
Phase I	positiv steigend	positiv steigend	positiv steigend	Wendepunkt x' = max
Phase II	positiv steigend	positiv steigend bis Maximum	positiv fallend, aber $x' > e$	Durchschnittsertragsmaximum; $e = x'$
Phase III	positiv steigend	positiv fallend	positiv fallend bis Null; $x' < e$	Gesamtertragsmaximum; $x' = 0$
Phase IV	positiv fallend	positiv fallend	negativ fallend	

4.3 Totale Faktorvariation

4.3.1 Ertragsgebirge

Bisher wurde die Veränderung des mengenmäßigen Ertrages unter der Voraussetzung untersucht, daß von insgesamt n Produktionsfaktoren $n - 1$ konstant gehalten werden und nur der n-te Faktor variiert wird. Es soll nun der allgemeine Fall betrachtet werden, der dadurch gekennzeichnet ist, daß der Einsatz sämtlicher Produktionsfaktoren frei variierbar ist. Der Einfachheit halber soll dabei von einer Produktionsfunktion ausgegangen werden, deren mengenmäßiger Ertrag x von den Einsatzmengen der beiden Produktionsfaktoren r_1 und r_2 abhängig ist:

$$x = f(r_1; r_2)$$

Graphisch läßt sich eine derartige Funktion als eine über der $r_1 - r_2$-Ebene gewölbte Fläche darstellen, wie sie in Abb. 40 wiedergegeben ist.

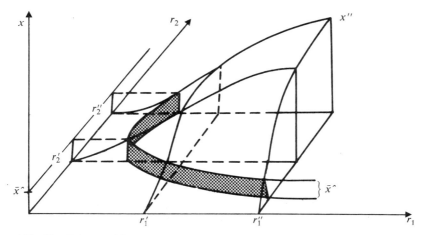

Abb. 40: Ertragsgebirge

Dabei werden auf den beiden horizontalen Koordinatenachsen die Einsatzmengen der Faktoren r_1 und r_2 abgetragen. Die senkrechte Achse gibt für jede Mengenkombination r_1, r_2 den dazugehörigen mengenmäßigen Ertrag an. Legt man durch dieses Ertragsgebirge senkrechte Schnitte, die parallel zu der r_1- oder r_2-Achse verlaufen, so ergeben sich Schnittkurven, die den bekannten ertragsgesetzlichen Verlauf aufweisen. Im dargestellten Ertragsgebirge wurden beispielsweise derartige Schnitte parallel zur r_2-Achse für die Werte r_1' und r_1'' gelegt und die dazugehörigen Schnittkurven eingezeichnet. Diese Schnitte stellen im Grunde nichts anderes dar als eine Variation der Einsatzmenge des Faktors r_2 von 0 ME bis r_2'' ME bei konstantem r_1-Einsatz in Höhe von $\bar{r}_1'$ ME bzw. $\bar{r}_1''$ ME. Durch diese Schnitte wird also die totale Faktorvariation wieder auf eine partielle Faktorvariation reduziert.

4.3.2 Isoquanten und Isoquantensysteme

Eine vertiefte Analyse der totalen Faktorvariation ist möglich, wenn man zur Grundfläche parallele Schnitte durch das Ertragsgebirge legt. Die hierdurch entstehenden Schnittkurven verbinden alle Punkte des Ertragsgebirges, die den mengenmäßig gleichen Ertrag aufweisen. Sie sind daher mit Höhenlinien des Ertragsgebirges gleichzusetzen und werden als **Ertragsisoquanten** bezeichnet. Diese bilden also den geometrischen Ort aller Faktorkombinationen, die zum gleichen Ertrag führen. In Abb. 40 wurde ein zur Grundebene paralleler Schnitt in Höhe von $\bar{x}^\frown$ gelegt und die dazugehörige Schnittkurve (Isoquante) eingezeichnet. Entsprechende Kurven lassen sich für alle übrigen Ertragsmengen ermitteln. Auf die $r_1 - r_2$-Ebene projiziert, ergibt sich ein Isoquantensystem, wie es in Abb. 41 beispielhaft dargestellt ist.

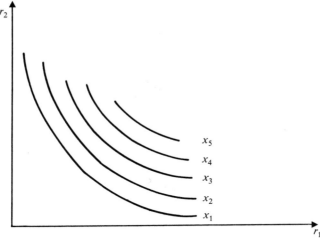

Abb. 41: Ertragsisoquantensystem

4.3.3 Homogenitätsgrad

Bei einer proportionalen Veränderung aller Faktoren (= Niveauvariation) läßt sich ein unterschiedliches Verhalten von Produktionsfunktionen feststellen[18].

Die Produktionsfunktion, deren Isoquanten für den Ertrag $x = 1$, $x = 2$, $x = 3$ in Abb. 42 dargestellt sind, hat beispielsweise die Eigenschaft, daß eine proportionale Vermehrung beider Faktoren zu einer proportional gleichen Erhöhung des mengenmäßigen Ertrages führt. Produktionsfunktionen mit dieser Eigenschaft bezeichnet man auch als **homogen vom Grade 1** oder **linearhomogen**[19]. Betrachtet man in Abb. 42 die Niveauvariation, die durch die Gerade $\overline{OABC}$ festgelegt ist, so wird deutlich, daß die Verdopplung des r_1-Einsatzes von 20 ME auf 40 ME bei gleichzeitiger Verdopplung des r_2-Einsatzes von 5 ME auf 10 ME zu einem doppelten mengenmäßigen Ertrag führt. Eine Verdreifachung beider Einsatzmengen führt zu einer Verdreifachung des mengenmäßigen Ertrages (Punkt C).

Verändern sich bei einer Niveauvariation die Produktmengen überproportional zum Niveau des Faktoreinsatzes, so ist die entsprechende Produktionsfunktion homogen vom Grade größer 1.

Verändern sich bei einer Niveauvariation die Produktmengen unterproportional zum Niveau des Faktoreinsatzes, so ist die entsprechende Produktionsfunktion homogen vom Grade kleiner 1.

---

18 Vgl. *Schneider, E.*, a. a. O., S. 174 ff.
19 Vgl. *Schneider, E.,* a. a. O., S. 176.

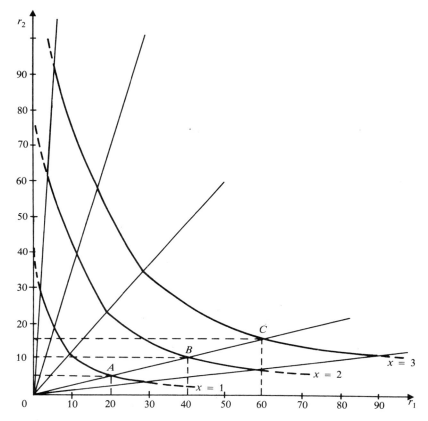

Abb. 42: Isoquantensystem einer linearhomogenen Produktionsfunktion

Läßt sich keine dieser Beziehungen bei einer Produktionsfunktion feststellen, so spricht man von einer **inhomogenen** Produktionsfunktion.

Allgemein läßt sich der Homogenitätsgrad einer Funktion folgendermaßen ermitteln:

Geht man aus von einer Produktionsfunktion der Form

$$x = f(r_1; r_2)$$

und multipliziert r_1 und r_2 mit einem Faktor $\lambda > 1$, dann wird x steigen. Besteht dabei folgender Zusammenhang

$$\hat{x} = \lambda^h \cdot x = x(\lambda r_1; \lambda r_2)$$

und läßt sich ein konstantes, von λ unabhängiges h finden, so ist die Produktionsfunktion **homogen vom Grade h**.

4.3.4 Grenzrate der Substitution

Die Punkte A und B in Abb. 43 stellen indifferente Ertragslagen dar. Es ist also möglich, die Faktorkombination in Punkt A (r_1^0; r_2^0) bei gleichem Ertrag durch die Faktorkombination im Punkt B ($r_1^0 - \Delta r_1$, $r_2^0 + \Delta r_2$) zu ersetzen.

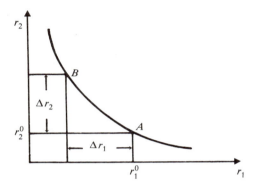

Abb. 43: Bestimmung der Durchschnittsrate der Substitution

Der Quotient $\Delta r_2 / \Delta r_1$ bildet die **Durchschnittsrate der Substitution.** Sie gibt an, wie viele Einheiten von r_2 durchschnittlich notwendig sind, um eine Einheit von r_1 zu ersetzen. Bei infinitesimalen Faktorvariationen geht die Durchschnittsrate der Substitution in die **Grenzrate der Substitution** über. Diese entspricht dem Differentialquotienten dr_2/dr_1 und stellt geometrisch die Steigung der Isoquante im betrachteten Punkt dar. Mit zunehmender Substitution des Faktors r_1 durch den Faktor r_2 sind immer mehr Faktoreinheiten von r_2 notwendig, um eine weitere Einheit von r_1 zu ersetzen, d. h. die Grenzproduktivität des ersetzenden Faktors r_2 wird immer geringer[20]. Wird die Einsatzmenge zweier substitutionaler Produktionsfaktoren unter der Prämisse variiert, daß der Ertrag der entsprechenden Kombinationen gleich bleibt, so muß der totale Grenzertrag den Wert Null haben. Es muß also gelten:

$$dx = \frac{\partial x}{\partial r_1} \cdot dr_1 + \frac{\partial x}{\partial r_2} \cdot dr_2 = 0.$$

Aus dieser Gleichung folgt:

---
20 Vgl. *Gutenberg, E.*, a. a. O., S. 314.

$$\frac{dr_2}{dr_1} = -\frac{\partial x}{\partial r_1} : \frac{\partial x}{\partial r_2} = -\frac{GP_1}{GP_2}$$

Demnach ist die Grenzrate der Substitution der variierbaren Einsatzfaktoren gleich dem negativen reziproken Wert ihrer Grenzproduktivitäten[21].

4.3.5 Minimalkostenkombination

Da es bei Produktionsfunktionen des Typs A möglich ist, einen vorgegebenen mengenmäßigen Ertrag mit einer Vielzahl von Kombinationen der Einsatzgütermengen herzustellen, muß ein Kriterium im Hinblick auf die auszuwählende Faktormengenkombination eingeführt werden: „Die ‚günstigste' unter den vielen möglichen Kombinationen ist nun offenbar diejenige, welche am wenigsten kostet"[22]. Diese Kombination wird als **Minimalkostenkombination** bezeichnet. Zu ihrer Ermittlung sind Preisangaben hinsichtlich der Produktionsfaktoren notwendig. In den bisher nur technisch festgelegten Kombinationsprozeß greifen die Faktorpreise als wirtschaftlich bestimmendes Regulativ ein[23]. Bei gegebenen Faktorpreisen p_i (i = Index der jeweiligen Faktorart) sind die Kosten gegeben durch

$$K = \sum_{i=1}^{n} r_i \cdot p_i .$$

Bei zwei Faktoren gilt:

$$K = r_1 p_1 + r_2 p_2 .$$

Werden in einem Produktionsprozeß mit zwei Einsatzfaktoren die Kosten K als konstante Größe vorgegeben, so läßt sich die Kostengleichung nach r_2 auflösen:

$$r_2 = -\frac{p_1}{p_2} \cdot r_1 + \frac{\bar{K}}{p_2}$$

Die graphische Darstellung dieser Kostenfunktion für verschiedene Werte $\bar{K}_1; \bar{K}_2; \ldots; \bar{K}_n$ ergibt eine Schar von Geraden mit der Steigung $-p_1/p_2$. Diese Kostengeraden werden als **Kostenisoquanten** oder **Isokostenlinien** bezeichnet, da sie der geometrische Ort aller Einsatzmengenkombinationen mit der gleichen Kostenhöhe sind. Mit Hilfe einer solchen Schar von Kostenisoquanten läßt sich zu einer gegebenen Ertragsisoquante die Minimalkostenkombination herleiten.

---

21 Vgl. *Gutenberg, E.*, a.a.O., S. 315.
22 *Gutenberg, E.*, a.a.O., S. 315.
23 Vgl. *Gutenberg, E.*, a.a.O., S. 315/316.

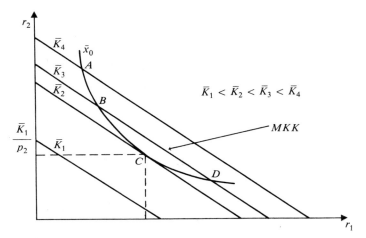

Abb. 44: *Graphische Herleitung der Minimalkostenkombination*

Der vorgegebene mengenmäßige Ertrag x_0 läßt sich mit allen durch die Isoquante gegebenen Faktorkombinationen realisieren. Soll jedoch dieser Ertrag wie angenommen mit den geringsten Kosten produziert werden, so kommen beispielsweise die Faktorkombinationen A; B; D nicht in Frage, weil sie auf vergleichsweise hohen Kostenniveaus liegen. $\bar{X}_0$ kann auch, wie aus dem Schaubild ersichtlich, mit Faktorkombinationen realisiert werden, die niedrigere Kosten verursachen. **Die Minimalkostenkombination liegt dort, wo die Isokostenlinie zur Tangente an die Ertragsisoquante wird** (Punkt C). Mit einem Kosteneinsatz, der durch eine noch näher zum Ursprung liegende Isokostenlinie repräsentiert wird, könnte der Ertrag $\bar{x}_0$ nicht mehr produziert werden. Im Berührpunkt C ist die Steigung der Isokostenlinie gleich der Steigung der Ertragsisoquante. Die Steigung der Isoquante entspricht der Grenzrate der Substitution dr_2/dr_1, die Steigung der Isokostenlinie dem Preisverhältnis $-p_1/p_2$. Somit gilt im Berührpunkt:

$$\boxed{\frac{dr_2}{dr_1} = -\frac{p_1}{p_2}}$$

Für die Minimalkostenkombination gilt, daß die Grenzrate der Substitution der beiden Faktoren gleich dem negativen reziproken Verhältnis der Faktorpreise sein muß. Da für die Grenzrate der Substitution gilt

$$\frac{dr_2}{dr_1} = -\frac{GP_1}{GP_2},$$

läßt sich die abgeleitete Bedingung für die Minimalkostenkombination auch wie folgt formulieren:

$$\boxed{\frac{GP_1}{GP_2} = \frac{p_1}{p_2}}$$

Für die Minimalkostenkombination gilt also als zweite Bedingung, daß sich die Grenzproduktivitäten der Faktoren zueinander verhalten wie ihre Preise.

5. Produktionsfunktion vom Typ B

5.1 Kennzeichen der Produktionsfunktion vom Typ B

Die Produktionsfunktion vom Typ A ist als Erklärungsmodell für industrielle Prozesse auf Grund ihrer Annahmen nur wenig geeignet. Deshalb wurde von *Gutenberg* eine alternative Produktionsfunktion entwickelt, die er als Funktion vom Typ B bezeichnet[24].

Diese ist durch folgende Eigenschaften charakterisiert:

1. Sie geht von einer **limitationalen Faktorbeziehung** aus, da die Einsatzmengenverhältnisse in industriellen Produktionsprozessen weitgehend technisch determiniert sind. Sie umfaßt sowohl linear-limitationale als auch nichtlinear-limitationale Faktorbeziehungen. Aufgrund der Limitationalität ist eine Ertragssteigerung nur durch vermehrten Einsatz aller beteiligten Produktionsfaktoren möglich. Deshalb läßt sich der Beitrag, den jedes einzelne Gut dazu erbringt (= Grenzproduktivität), nicht ermitteln.

2. Sie ist insofern **technisch orientiert,** als sie den Einfluß der Aggregate auf den Faktorverzehr mit in die Betrachtung einbezieht. Sie beschreibt somit den mittelbaren Zusammenhang zwischen den Faktoreinsatzmengen und der Ausbringungsmenge und wird deshalb auch als **mehrstufig** bezeichnet.

3. Sie berücksichtigt daneben unmittelbare Beziehungen zwischen dem Faktoreinsatz und dem Ertrag, wie dies beispielsweise für den Rohstoffeinsatz typisch ist.

---

24 Vgl. *Gutenberg, E.*, a. a. O., S. 326 ff.

96 Produktionsfunktion vom Typ B

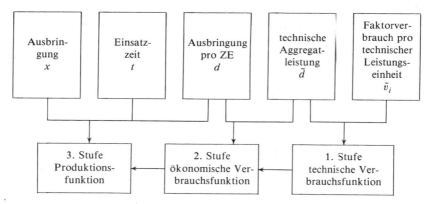

Abb. 45: *Stufen der Produktionsfunktion vom Typ B* [25]

5.2 Analyse der mittelbaren Input-Output-Beziehungen

5.2.1 Technische Eigenschaften von Aggregaten

Die technischen Daten eines Aggregates, die für den Faktorverbrauch bedeutsam sind, bezeichnet *Gutenberg* als „z-Situation"[26]. So kann beispielsweise die z-Situation eines Hochofens durch dessen Fassungsvermögen sowie die Art der Ofenauskleidung und die Energiezufuhr bestimmt sein[27]. Da sich die z-Situation eines Aggregates, soweit sie konstruktionsbedingt ist, kurzfristig nicht beeinflussen läßt, soll sie im folgenden als Bestimmungsgröße des Faktorverzehrs vernachlässigt werden. Damit kann die Analyse des Faktorverbrauches im Rahmen der mittelbaren Input-Output-Beziehungen auf die Beziehungen zwischen den Faktoreinsatzmengen und der Leistung eines bestimmten Aggregates beschränkt werden.

5.2.2 Verbrauchsfunktionen

Die **Verbrauchsfunktion** gibt die Beziehung zwischen der Leistung eines Aggregates und dem Faktorverzehr pro Leistungseinheit an[28]. Die Produktionstheorie versucht die Leistung eines Aggregates nicht sofort in ökonomischen Größen (z. B. Zahl der pro Zeiteinheit erstellten Produkte), sondern zunächst in physikalischen Größen (Arbeit/Zeit) auszudrücken und zu messen. Die technisch-physikalisch ausgedrückte Leistung (= Zahl der technischen Leistungseinheiten pro Zeiteinheit [TLE/ZE]) muß dann in

---

25 *Adam, D.*, a. a. O., S. 84.
26 Vgl. *Gutenberg, E.*, a. a. O., S. 329.
27 Vgl. *Gutenberg, E.*, a. a. O., S. 329.
28 Vgl. *Gutenberg, E.*, a. a. O., S. 331.

einem zweiten Schritt in eine aussagefähige ökonomische Größe (Ausbringung/ZE) transformiert werden[29].

Bezeichnet man die technisch-physikalischen Leistungseinheiten, die ein Potentialfaktor während der Laufzeit t hervorbringt, mit b, so kann die Leistung einer Anlage wie folgt definiert werden:

$$\tilde{d} = \frac{b}{t} \left[\frac{\text{TLE}}{\text{ZE}} \right] \quad \text{z. B.} \quad \left[\frac{\text{Umd.}}{\text{Min.}} \right].$$

Verwendet man für den Faktoreinsatz [FE] eines Faktors i, der auf eine technische Leistungseinheit entfällt, das Symbol $\tilde{v}_i$, so läßt sich die **technische Verbrauchsfunktion** folgendermaßen herleiten:

$$\tilde{v}_i = f_i(\tilde{d}) \left[\frac{\text{FE}}{\text{TLE}} \right] \quad i = 1 \ldots n = \text{Index der Einsatzfaktoren}$$

Zwischen den Verbrauchsmengen $\tilde{v}_i$ der einzelnen Faktoren an einem bestimmten Aggregat und der technischen Leistung $\tilde{d}$ besteht eine eindeutige technische Beziehung (Limitationalität). Durch die technische Leistung $\tilde{d}$ des Aggregates ist der Verbrauch $\tilde{v}_i$ dieser Faktoren festgelegt[30].

Einige typische Verläufe von Verbrauchsfunktionen sind in Abb. 46a und b wiedergegeben. In Abb. 46a sind Verbrauchsfunktionen unter der Voraussetzung stetig variierbarer Intensität dargestellt (z. B. bei Bohrmaschinen mit stufenloser elektronischer Drehzahlregelung), während Abb. 46b auf diskret variierbare Intensitäten abhebt (z. B. Bohrmaschinen mit stufenweiser Drehzahlregelung).

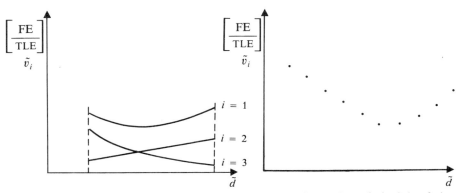

Abb. 46a: Verbrauchsfunktionen bei stetig variierbarer Intensität

Abb. 46b: Verbrauchsfunktion bei diskret variierbarer Intensität

---

29 Vgl. *Heinen, E.*, a. a. O., S. 219f.
30 Vgl. *Kistner, K.-P.*, a. a. O., S. 119.

Produktionsfunktion vom Typ B

Die technische Leistung $\tilde{d}$ ist abhängig von der ökonomischen Leistung d (z. B. Bohrleistung in cm/Min.) eines Aggregates.

$$\tilde{d} = g(d)$$

Durch Einsetzen dieser Transformationsbeziehung in die technische Verbrauchsfunktion erhält man die **ökonomische Verbrauchsfunktion**

$$v_i = f_i(g(d)) \left[\frac{FE}{ME} \right],$$

wofür im folgenden die Kurzform

$$v_i = h_i(d)$$

verwendet wird. Sie gibt den Verbrauch des Faktors i pro Ausbringungseinheit in Abhängigkeit von der ökonomischen Leistung d an[31].

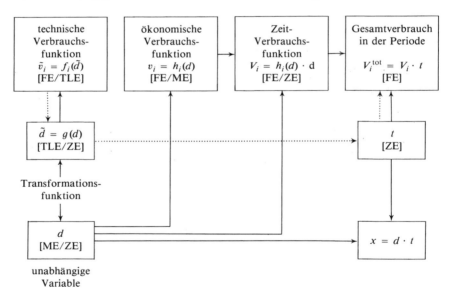

FE = Faktoreinheit (Input); TLE = technische Leistungseinheit;
ME = Mengeneinheit (Output)

Abb. 47: Zusammenhang zwischen den einzelnen Verbrauchsfunktionen[32]

---

31 Vgl. *Adam, D.*, a.a.O., S. 89.
32 *Adam, D.*, a.a.O., S. 94.

Produziert ein Aggregat nun während eines bestimmten Zeitraumes mit konstanter ökonomischer Leistung d, so verhält sich der Faktorverbrauch proportional zu den während dieses Zeitraumes gefertigten Outputeinheiten. Der gesamte Faktoreinsatz V_i während dieses Zeitraumes läßt sich somit durch folgende Gleichung ermitteln (**Zeit-Verbrauchsfunktion**):

$$V_i = h_i(d) \cdot d \left[\frac{\text{FE}}{\text{ZE}} \right].$$

Durch Multiplikation dieser Funktion V_i mit der Einsatzzeit des Aggregates pro Periode läßt sich der Gesamtverbrauch einer Periode ermitteln[33].

$$V_i^{\text{tot}} = V_i \cdot t$$

5.2.3 Bestimmung des optimalen Leistungsgrades

Da es möglich ist, ein Aggregat mit verschiedenen Leistungsgraden zu betreiben, stellt sich die Frage, welcher davon der günstigste ist.

Existiert für ein Aggregat nur eine Verbrauchsfunktion, so ist der **optimale Leistungsgrad** dann erreicht, wenn der Verbrauch des einen Faktors pro Leistungseinheit am niedrigsten ist (minimaler spezifischer Verbrauch des Faktors). Man ermittelt diesen Leistungsgrad über die Ableitung der Verbrauchsfunktion v_i und die Bedingung

$$v_i' = \frac{\mathrm{d}v_i}{\mathrm{d}d} \stackrel{!}{=} 0$$

In der Regel ist ein Aggregat durch eine Reihe von Verbrauchsfunktionen mit unterschiedlichem Verlauf (vgl. Abb. 48) charakterisiert.

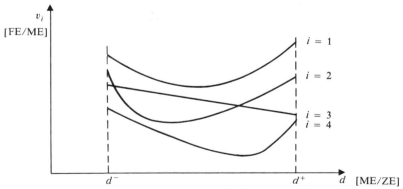

Abb. 48: Verbrauchsfunktionen mit verschiedenen spezifischen Minima

---

33 Vgl. *Kilger, W.*, a. a. O., S. 63; *Adam, D.*, a. a. O., S. 89.

Produktionsfunktion vom Typ B

In diesem Fall sind die Kosten als Kriterium zur Ermittlung des optimalen Leistungsgrades heranzuziehen. Danach gilt der Leistungsgrad als optimal, bei dem die Summe der mit ihren Preisen bewerteten Faktoreinsatzmengen pro Leistungseinheit (Stückkosten) ein Minimum bildet[34]. Es sind also sämtliche Verbrauchsfunktionen $v_i = h_i(d)$ mit den entsprechenden Faktorpreisen p_i (DM/FE) zu multiplizieren und anschließend zur Stückkostenfunktion zusammenzufassen:

$$k = h_1(d) \cdot p_1 + h_2(d) \cdot p_2 + \cdots + h_n(d) \cdot p_n$$

oder

$$k = \sum_{i=1}^{n} h_i(d) \cdot p_i .$$

Diese Stückkostenfunktion gibt die Kosten pro Leistungseinheit in Abhängigkeit von der ökonomischen Leistung d an. Ihr Minimum wird auf folgende Weise ermittelt:

$$k' = \frac{dk}{dd} = \frac{\partial h_1(d)}{\partial d} p_1 + \frac{\partial h_2(d)}{\partial d} p_2 + \cdots + \frac{\partial h_n(d)}{\partial d} p_n \stackrel{!}{=} 0 .$$

Graphisch läßt sich der optimale Leistungsgrad für ein Aggregat mit zwei konvexen Verbrauchsfunktionen und den daraus abgeleiteten Kostenfunktionen $k_i = h_i(d) \cdot p_i$ wie folgt ableiten:

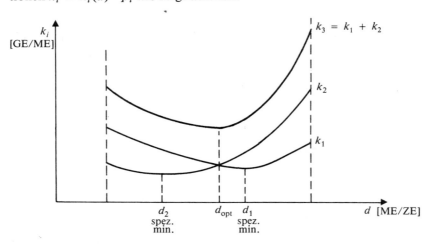

Abb. 49: Graphische Ableitung der optimalen Intensität

---

34 Vgl. *Kilger, W.*, a. a. O., S. 61.

Die mit den zugehörigen Faktorpreisen bewerteten Verbrauchsfunktionen werden in ein gemeinsames Koordinatensystem eingezeichnet und ihre Ordinatenwerte addiert. Auf diese Weise erhält man die Kurve, die die Stückkosten in Abhängigkeit vom Leistungsgrad angibt. An der Stelle, wo diese Stückkostenkurve ihr Minimum aufweist, liegt der günstigste Leistungsgrad (d_{opt}).

5.2.4 Kritik der Produktionsfunktion vom Typ B als Ansatzpunkt für eine Erweiterung

Im Vergleich zur Produktionsfunktion vom Typ A zeichnet sich die Produktionsfunktion vom Typ B vor allem durch eine technische Fundierung der produktionstheoretischen Aussagen aus. Dadurch wird die Produktionstheorie in die Lage versetzt, die empirischen Produktionsmöglichkeiten weitaus vollständiger zu erfassen, zu analysieren und zu erklären. Jedoch dürfen die unbestrittenen Vorteile der B-Funktion nicht darüber hinwegtäuschen, daß diese Funktion noch einer Weiterentwicklung bedarf[35]. So müßte die Annahme konstanter technischer Eigenschaften (z-Situation) aufgegeben werden und der Einfluß gezielter Veränderungen dieser Eigenschaften auf den Faktorverbrauch untersucht werden. Eine solche Erweiterung erfuhr die Produktionstheorie z. B. mit der Entwicklung der Produktionsfunktion vom Typ C durch *Heinen*, der sich zum Ziel setzte, „alle in der Realität vorzufindenden technologischen Prozesse, die ihnen immanenten Freiheitsgrade und ihre komplexe Struktur erfassen zu können"[36].

6. Übergang vom Leontief-Produktionsmodell zur Aktivitätsanalyse

Unter Zugrundelegung der Produktionsfunktion vom Typ B stellt sich im Fall einer konstanten technischen Leistung der Potentialfaktoren eine Proportionalität zwischen Produktionszeit, Produktmenge und dem Faktorverbrauch ein[37]. Dies läßt sich mit Hilfe der oben formulierten ökonomischen Verbrauchsfunktion

$v_i = h_i(d); i = 1 \ldots n$ = Index der Einsatzfaktoren

---

35 Vgl. *Adam, D.*, a. a. O., S. 95.
36 *Heinen, E.*, a. a. O., S. 244.
37 Vgl. *Heinen, E.*, a. a. O., S. 237. Konstante technische Leistungen sind in der Praxis häufig anzutreffen und teilweise darauf zurückzuführen, daß Aggregate konstruktiv überhaupt nicht auf verschiedene Leistungsgrade hin ausgelegt sind oder die Leistungskonstanz organisatorisch bedingt ist.

veranschaulichen. Wird in dieser Funktion die Leistung d konstant gehalten, so sind die Verbrauchsmengen der Faktoren i pro Ausbringungseinheit (Produktionskoeffizienten) unabhängig von der Produktionsmenge konstant. Da diese lineare Limitationalität das typische Merkmal der **Leontief-Produktionsfunktion** ist, kann diese auch als Sonderfall der Produktionsfunktion vom Typ B behandelt werden[38].

Der Faktorverbrauch (r_i) läßt sich in einem linear-limitationalen Produktionsmodell als lineare Funktion des Outputs x (**Faktoreinsatzfunktion**) darstellen:

$r_i = v_i \cdot x; i = 1 \ldots n =$ Index der Einsatzfaktoren

Beispiel:

Zieht man das in Teil II Abschnitt 2 formulierte Beispiel aus der Automobilindustrie heran, so lassen sich folgende Faktoreinsatzfunktionen formulieren:

$r_1 = 5 \cdot x$ ($r_1 =$ Anzahl der Reifen)

$r_2 = 1 \cdot x$ ($r_2 =$ Anzahl der Motoren)

$r_3 = 1 \cdot x$ ($r_3 =$ Anzahl der Fahrgestelle).

Durch Umkehrung der in den Faktoreinsatzfunktionen beschriebenen Input-Output-Beziehungen läßt sich die Leontief-Produktionsfunktion wie folgt darstellen:

$$x = \begin{cases} \dfrac{1}{v_1} \cdot r_1 \\ \dfrac{1}{v_2} \cdot r_2 \\ \vdots \\ \dfrac{1}{v_n} \cdot r_n \end{cases}$$

Diese Schreibweise impliziert, daß sich in allen Gleichungen einheitliche x-Werte ergeben. Weichen die x-Werte voneinander ab, so wird die Produktionsmenge durch diejenige Gleichung determiniert, die den kleinsten Wert für x aufweist. Die in diese Gleichung eingesetzte Faktoreinsatzmenge limi-

---

38 Vgl. *Heinen, E.*, S. 236ff.

tiert die Produktion, der Produktionsfaktor ist Engpaßfaktor. Um diese Einschränkung hervorzuheben, wird die Leontief-Produktionsfunktion meist in folgender Form geschrieben:

$$x = \min\left(\frac{1}{v_1} \cdot r_1; \frac{1}{v_2} \cdot r_2; \ldots; \frac{1}{v_n} \cdot r_n\right).$$

Analog ergibt sich für das Beispiel aus der Automobilindustrie folgende Produktionsfunktion:

$$x = \min\left(\frac{1}{5} r_1; 1 r_2; 1 r_3\right).$$

In Abb. 50 ist die Leontief-Produktionsfunktion für den Fall zweier variabler Einsatzfaktoren dargestellt. Im Rahmen dieses Ertragsgebirges finden sich lediglich auf der Geraden $\overline{OA}$ **effiziente** Faktorkombinationen. Projiziert man diese „Gebirgskante", deren Höhe die jeweilige Produktmenge kennzeichnet, auf die r_1-r_2-Ebene, so ergibt sich eine Ursprungsgerade, die **Prozeßstrahl, Produktionsprozeß, Prozeß** oder **Aktivität** genannt wird[39].

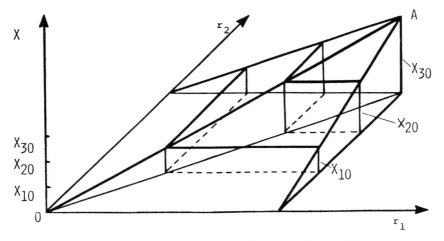

Abb. 50: Graphische Darstellung eines linear-limitationalen Produktionsprozesses

Horizontale Schnitte durch das Ertragsgebirge markieren den schon oben vorgestellten **rechtwinkligen Verlauf der Ertragsisoquanten** (gestrichelte Linien in Abb. 50).

---

39 Vgl. *Dellmann, K.*, Betriebswirtschaftliche Produktions- und Kostentheorie, Wiesbaden 1980, S. 70.

Integriert man die Überlegungen zur **Minimalkostenkombination** in das Leontief-Produktionsmodell, so fallen die Minimalkostenkombinationen stets mit den effizienten Faktorkombinationen zusammen[40].

Vor allem in der chemischen Industrie und in der Stahlproduktion können gleichartige Erzeugnisse durch mehrere verschiedene linear-limitationale Prozesse bei Einsatz gleichartiger Verbrauchsfaktoren hergestellt werden[41]. Unter diesen Bedingungen läßt sich eine bestimmte Ausbringungsmenge grundsätzlich durch einzelne Prozesse oder durch Kombinationen von Prozessen erzeugen. Abb. 51 weist eine entsprechende Produktionssituation auf. Obwohl für jeden der beiden Prozesse lineare Limitationalität gilt, liegen für die dargestellte Gesamtsituation insoweit substitutionale Bedingungen vor, als eine gegebene Erzeugnismenge $\bar{x}$ zum Teil mit dem Prozeß I, zum restlichen Teil mit dem Prozeß II produziert werden kann. Eine Substitutionalität zwischen den Prozessen bedeutet zugleich ei-

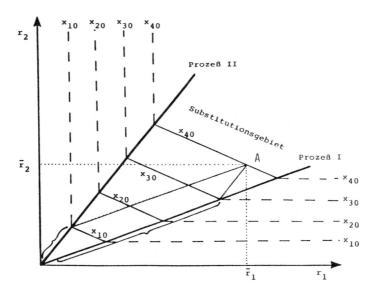

Abb. 51: Mehrere effiziente Prozesse

---

40 Vgl. *Steffen, R.,* Produktions- und Kostentheorie, Stuttgart 1983, S. 44.
41 Vgl. *Steffen, R.,* a.a.O., S. 50. So kann z.B. Stahl durch unterschiedliche Verfahren (Bessemer-, Thomas-Siemens-Martin-, Oxygen-Verfahren) erzeugt werden; die Verbrauchsfaktoren werden dabei in unterschiedlichen Einsatzverhältnissen kombiniert.

ne Substitution zwischen den Faktoreinsatzmengen. Das **Substitutionsgebiet** wird durch die beiden Prozeßstrahlen begrenzt. Die Verbindungslinien der Punkte gleicher Ausbringungsmengen auf diesen Strahlen stellen die **Ertragsisoquanten** dar. Jeder Isoquantenpunkt im Substitutionsgebiet entspricht einer Kombination beider Prozesse, seine Koordinaten geben die Gesamteinsatzmengen r_1 und r_2 für beide Prozesse an. Betrachtet man in Abb. 51 den Punkt A, so wird der dadurch gekennzeichnete Ertrag $x = 40$ wie folgt erreicht: 3/4 des Ertrages (30 Outputeinheiten) wird mit Prozeß I und 1/4 des Ertrages (10 Outputeinheiten) mit Prozeß II hergestellt. Die Gesamteinsatzmenge von Faktor 1 ist $\bar{r}_1$ und von Faktor 2 ist $\bar{r}_2$. Für jeden Isoquantenpunkt lassen sich analoge Überlegungen anstellen. Es wird deutlich, daß ein Unternehmen, welches über mehrere Produktionsprozesse zur Herstellung eines Produktes verfügt, durch eine Kombination dieser Prozesse Faktoreinsatzmengenkombinationen realisieren kann, die mit einzelnen Prozessen nicht erreichbar wären.

Bei der Entscheidung, wie eine bestimmte Ausbringungsmenge zu produzieren ist, bezieht sich das ökonomische Problem dann sowohl auf die Prozesse als auch auf das Niveau der zum Einsatz kommenden Prozesse[42].

---

42 Vgl. hierzu im einzelnen *Kistner, K. P.*, a. a. O., S. 46ff.

Dritter Teil
Kostentheoretische Grundlagen

1. Betriebswirtschaftlicher Kostenbegriff

Der Kostenbegriff zählt zu den wichtigsten Grundbegriffen der Betriebswirtschaftslehre, dennoch gibt es bis heute trotz intensiver Bemühungen noch keinen allgemein anerkannten Kostenbegriff[1].

Unter Kosten versteht man in der Praxis den bewerteten leistungsbezogenen Güterverbrauch[2].

Dieser als **wertmäßig** oder **zweckorientiert** bezeichnete Kostenbegriff hat sich heute weitgehend durchgesetzt. Er unterscheidet sich vom **pagatorischen** Kostenbegriff in bezug auf die Bewertungskomponente. Nach Maßgabe des pagatorischen Kostenbegriffes kann nur der Verbrauch solcher Güter zu Kosten führen, deren Beschaffung zu Anschaffungsausgaben geführt hat.

2. Kosteneinflußgrößen

In der Literatur werden alternative Systeme von Kosteneinflußgrößen unterschieden. Im folgenden wird die Systematisierung *Gutenbergs*[3] zugrunde gelegt.

2.1 Beschäftigungsgrad als zentrale Kosteneinflußgröße

2.1.1 Definition des Beschäftigungsgrades

Der Beschäftigungsgrad ist in der Fachliteratur nicht eindeutig definiert, wird jedoch häufig als das Verhältnis der tatsächlichen Erzeugung zur möglichen Erzeugung verstanden[4].

---

1 Zur Diskussion über den Kostenbegriff vgl. z. B. *Koch, H.*, Zur Diskussion über den Kostenbegriff, in: ZfhF 1958, S. 355 ff.; *derselbe*, Zur Frage des pagatorischen Kostenbegriffes, in: ZfB 1959, S. 8 ff.; *Zoll, W.*, Kostenbegriff und Kostenrechnung, Zur Diskussion über den pagatorischen Kostenbegriff, in: ZfB 1960, S. 15 ff. und S. 96 ff.
2 Vgl. *Götzinger, M., Michael, H.*, a. a. O., S. 25.
3 Vgl. *Gutenberg, E.*, a. a. O., S. 344 ff.
4 Vgl. *Mellerowicz, K.*, Kosten und Kostenrechnung I, Theorie der Kosten, 4. durchgesehene Aufl., Berlin 1963, S. 224 ff.

$$\text{Beschäftigungsgrad} = \frac{\text{Beschäftigung}}{\text{Kapazität}} \cdot 100$$

2.1.2 Arten von Kosten in Abhängigkeit vom Beschäftigungsgrad

2.1.2.1 Fixe Kosten

Die Untersuchung der Kostenstruktur eines Betriebes oder einer Teileinheit beruht insbesondere auf einer Zweiteilung der Kosten in **fixe** (beschäftigungsgradunabhängige) und **variable** (beschäftigungsgradabhängige) Kosten. Als Beispiele für fixe Kosten können Abschreibungen für Zeitverschleiß oder Zinsen auf das in Anlagen investierte Kapital angeführt werden. Diese Fixkosten werden auch Kapazitätskosten oder Kosten der Betriebsbereitschaft genannt, weil sie auch dann entstehen, wenn die sie verursachenden Produktionsfaktoren nicht genutzt werden, die Betriebsbereitschaft jedoch aufrechterhalten werden soll[5]. Sind die fixen Kosten über den gesamten Beschäftigungsspielraum eines Betriebes konstant, so spricht man von **absolut fixen Kosten**. Demgegenüber verursacht ein Potentialfaktor, dessen Kapazität nur ein Intervall der gesamten Beschäftigung umfaßt **intervallfixe** oder **sprungfixe Kosten**[6] (z. B. wenn bei zunehmender Beschäftigung ein weiterer Meister eingestellt wird).

2.1.2.1.1 Arten von Fixkosten

Zur Klärung der Frage, inwieweit die fixen Kosten bei der Leistungserstellung ausgenutzt werden, führt *Gutenberg* die Begriffe Leerkosten und Nutzkosten ein[7]. Ist der Betrag an fixen Kosten, den eine betriebliche Teileinheit verursacht, Q Geldeinheiten und besteht die Kapazität dieser betrieblichen Teileinheit aus m Erzeugniseinheiten, so entfallen auf eine Erzeugniseinheit fixe Kosten in Höhe von Q/m Geldeinheiten.

Wird die Anlage nur mit einem Teil ihrer Kapazität genutzt, so fallen auch für diese nichtgenutzte Kapazität fixe Kosten an, die als **Leerkosten** (K_l) bezeichnet werden[8]. **Nutzkosten** (K_n) sind dagegen diejenigen Fixkosten, die auf die genutzte Kapazität entfallen. Es ergibt sich also der Zusammenhang:

$$Q = K_l + K_n.$$

---

5 Vgl. *Gutenberg, E.*, a.a.O., S. 348.
6 Vgl. *Heinen, E.*, a.a.O., S. 513.
7 Vgl. *Gutenberg, E.*, a.a.O., S. 348.
8 Vgl. *Gutenberg, E.*, a.a.O., S. 348.

Graphisch ist diese Aufspaltung der fixen Kosten für eine betriebliche Teileinheit in Abb. 52 dargestellt.

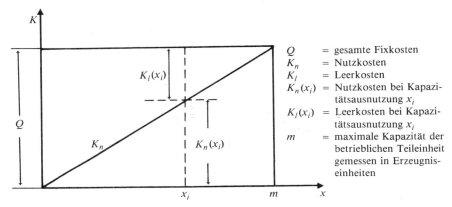

Abb. 52: *Aufteilung der Fixkosten in Nutzkosten und Leerkosten*

Ist x die effektiv von einer betrieblichen Teileinheit erstellte Erzeugnismenge und m die maximal mögliche Produktmenge dieser Teileinheit, so lassen sich die Leerkosten ermitteln durch[9]:

$$K_l(x) = (m - x) \frac{Q}{m}.$$

Die Nutzkosten ergeben sich aus der Gleichung

$$K_n(x) = Q - K_l(x) = x \frac{Q}{m}.$$

2.1.2.1.2 Ursachen von Fixkosten

Im Anschluß an diese Leer- und Nutzkostenanalyse soll nach den Entstehungsursachen der beschäftigungsfixen Kosten gefragt werden. Allgemein werden in der Literatur[10] als direkte Ursachen für das Entstehen fixer Kosten folgende Grundtatbestände angeführt:

1. die mangelnde Teilbarkeit von Produktionsfaktoren,
2. betriebliche Entscheidungen auf Grund bestimmter Erwartungen über eine spätere Ausnutzung der Kapazität,
3. rechtliche (gesetzliche und vertragliche) und institutionelle Bindungen.

---

9 Vgl. *Gutenberg, E.*, a. a. O., S. 349.
10 Vgl. *Gutenberg, E.*, a. a. O., S. 350 ff.; *Heinen, E.*, a. a. O., S. 516 ff.

Die **mangelnde Teilbarkeit** bezieht sich vor allem auf die Betriebsmittel und die menschliche Arbeitskraft. So kann eine vorhandene Produktionseinrichtung nicht einfach verkleinert werden, weil ihre Kapazität plötzlich zu groß erscheint. Die aufgrund dieser Unteilbarkeit eventuell auftretenden Leerkosten sind nicht abbaufähig und gewinnen mit fortschreitender Automatisierung immer mehr an Bedeutung[11].

Die auf **betriebspolitische Entscheidungen** zurückzuführenden Fixkosten entstehen dadurch, daß im Betrieb die fixkostenverursachenden Produktionsfaktoren in einem über die augenblicklichen Erfordernisse hinausgehenden Maße bereitgehalten werden. Es werden bewußt Leerkosten in Kauf genommen, um erwartete Absatz- und Produktionsmöglichkeiten ausnutzen zu können[12].

Beispiele für **gesetzliche** und **vertragliche Bindungen** als Ursache von Fixkosten sind: Kündigungsschutzgesetz, Gehaltsverträge, Energieabnahmeverträge.

Da die Lage der Unternehmen durch eine immer höher werdende Fixkostenlast gekennzeichnet ist, sehen sich die Unternehmen in zunehmendem Maße herausgefordert, den Wirkungen der fixen Kosten mit unternehmens- und betriebspolitischen Maßnahmen zu begegnen. Von *Bergner* wurde dazu ein Katalog von unternehmerischen Entscheidungsmöglichkeiten entwickelt, durch die fixe Kosten in variable Kosten verwandelt werden können[13].

2.1.2.2 Variable Kosten

Wie schon angedeutet, setzen sich die Gesamtkosten (K) eines Betriebes oder einer betrieblichen Teileinheit aus den fixen Kosten (K_f) und den variablen Kosten (K_v) zusammen. Dieser Sachverhalt läßt sich in der Gleichung

$$K = K_v + K_f$$

ausdrücken.

Die **variablen** Kosten sind vom Beschäftigungsgrad abhängig. Um die Beziehung zwischen der Kostenentwicklung und der Änderung des Beschäftigungsgrades darzustellen, verwendet *Mellerowicz* den Begriff des **Reagibilitätsgrades**[14]:

---

11 Vgl. *Schmalenbach, E.,* Kostenrechnung und Preispolitik, 8. Aufl., S. 64.
12 Vgl. *Gutenberg, E.,* a. a. O., S. 353.
13 Vgl. *Bergner, H.,* Der Ersatz fixer Kosten durch variable Kosten, in: ZfbF 1967, S. 141.
14 Vgl. *Mellerowicz, K.,* a. a. O., S. 286.

Reagibilitätsgrad $(R) = \dfrac{\text{prozentuale Kostenänderung}}{\text{prozentuale Beschäftigungsänderung}}$.

Die fixen Kosten weisen demnach den Reagibilitätsgrad (R) von „Null" auf. Die variablen Kosten können im Verhältnis zur Beschäftigungsänderung proportional, degressiv, progressiv oder regressiv verlaufen.

Proportionale Kosten liegen dann vor, wenn die prozentuale Kostenänderung gleich der prozentualen Beschäftigungsänderung ist ($R = 1$). In Abb. 53 ist die Kurve der proportionalen Gesamtkosten eine aus dem Ursprung des Koordinatensystems ansteigende Gerade. Bei proportionalen Gesamtkosten sind die Stückkosten konstant; graphisch dargestellt verlaufen sie parallel zur Abszisse.

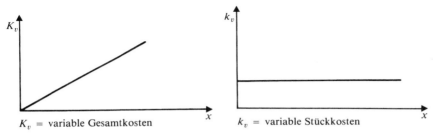

K_v = variable Gesamtkosten k_v = variable Stückkosten

Abb. 53: Darstellung proportionaler Gesamtkosten und der dazugehörigen Stückkosten

Typische Beispiele für proportionale Kosten sind Kosten für Fertigungsmaterial und Fertigungslöhne bei Akkordarbeit.

Ist die prozentuale Kostensteigerung geringer als die prozentuale Erhöhung des Beschäftigungsgrades, verlaufen die Gesamtkosten **degressiv**, d. h. sie steigen mit zunehmendem Beschäftigungsgrad zwar absolut an, das Steigungsmaß wird jedoch immer kleiner ($0 < R < 1$). Die Stückkosten (k_v) zeigen einen degressiv fallenden Verlauf (vgl. Abb. 54).

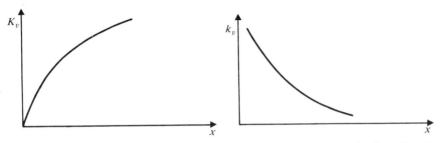

Abb. 54: Darstellung degressiver Gesamtkosten und der dazugehörigen Stückkosten

Der Energieverbrauch eines Hochofens ist ein Beispiel für degressive Kosten.

Ist die prozentuale Kostensteigerung größer als die prozentuale Beschäftigungszunahme, so spricht man von **progressiven** Kosten. In diesem Fall steigen sowohl die Gesamtkosten als auch die Stückkosten mit zunehmendem Steigungsmaß (vgl. Abb. 55) ($R > 1$).

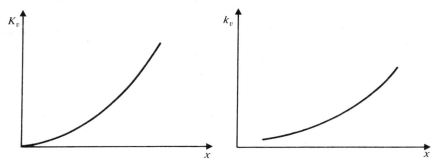

Abb. 55: Darstellung progressiver Gesamtkosten und der dazugehörigen Stückkosten

Progressive Kosten entstehen beispielsweise bei Überbeanspruchung von Maschinen.

Regressiv verlaufen die Kosten, wenn bei zunehmendem Beschäftigungsgrad die Gesamtkosten absolut abnehmen. Die Stückkosten verhalten sich in diesem Fall sehr stark degressiv (vgl. Abb. 56) ($R < 0$).

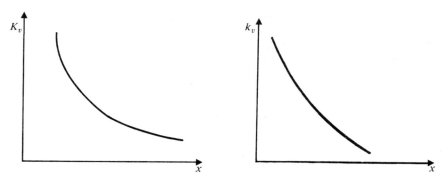

Abb. 56: Darstellung regressiver Gesamtkosten und der dazugehörigen Stückkosten

Regressive Kosten sind in der Praxis äußerst selten anzutreffen.

Die dargestellten Kostenarten treten nur selten in reiner Form auf. Häufig sind zwischen ihnen auch gewisse **kompensatorische Effekte** feststellbar[15].

2.2 Betriebsgröße als Kosteneinflußgröße

Als eine weitere wichtige Kosteneinflußgröße ist die **Betriebsgröße** anzusehen. Man versteht darunter das produktionelle Potential des Betriebes. In der Literatur werden unterschiedliche Indikatoren zur Messung der Betriebsgröße herangezogen. Die am häufigsten verwendete Maßgröße ist die Kapazität des Gesamtbetriebes.

Der Einfluß einer Beschäftigungsgradänderung und einer Variation der Betriebsgröße sind nicht immer sauber voneinander zu trennen. Die kostenmäßigen Konsequenzen werden unter Punkt 4 dieses Kapitels näher dargestellt.

2.3 Faktorpreise als Kosteneinflußgröße

Um die Kosten zu ermitteln, sind die Produktionsfaktoren mit ihren Preisen zu bewerten. Sind die gewählten Faktormengen konstant, so bestimmen deren Preise das Kostenniveau **unmittelbar**.

Einen **mittelbaren** Einfluß auf die Kosten eines Betriebes haben die Faktorpreise insoweit, als sie die Wahl der Einsatzfaktoren nach Art und Menge

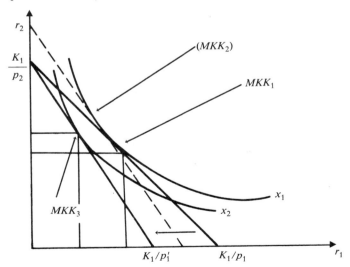

Abb. 57: Substitutions- und Ausbringungsmengeneffekt

---

15 Vgl. v. *Kortzfleisch, G.*, Kostenquellenrechnung in wachsenden Industrieunternehmen, in: ZfbF 1964, S. 324.

beeinflussen. Zum Beispiel kann eine nichtproportionale Änderung der Faktorpreise bei substitutionalen Produktionsfaktoren zu einer Änderung der Relation der Faktoreinsatzmengen (**Substitutionseffekt**) führen. Ist ein Kostenbudget vorgegeben, so führt eine derartige Faktorpreisänderung neben der genannten Substitution zu einer Verringerung des Produktionsvolumens (**Ausbringungsmengeneffekt**). Abb. 57 zeigt diese Effekte bei einer Steigerung von p_1 (Preis von Gut 1) und Konstanz von p_2 (Preis von Gut 2). Hierbei stellt der Übergang von MKK_1 zu MKK_2 den Substitutionseffekt und von MKK_2 zu MKK_3 den Ausbringungsmengeneffekt dar.

Bei Faktorpreisänderungen unter der Bedingung totaler Faktorsubstitution kommt es häufig vor, daß ein Werkstoff durch einen anderen vollständig ersetzt wird.

Weiterhin können über eine Veränderung des zeitlichen Einsatzes eines Produktionsfaktors (z. B. Einsatz von Nachtstrom) als Folge einer Faktorpreisänderung Kostenwirkungen erzielt werden[16].

2.4 Faktorqualitäten als Kosteneinflußgröße

Änderungen der Faktorqualitäten als weitere Kosteneinflußgröße treten in unterschiedlichen Ausdrucksformen auf. Von **oszillativen Schwankungen** spricht man, wenn die Qualität eines Produktionsfaktors um einen gleichbleibenden Mittelwert schwankt. Diese Veränderungen der Faktorqualität können deshalb im Rahmen der kostentheoretischen Analyse vernachlässigt werden.

Stetige und **mutative** Veränderungen der Faktorqualität müssen hingegen in ihren kostenmäßigen Auswirkungen voll erfaßt werden. Letztere sind häufig die Folge revolutionärer technischer Entwicklungen, im Gegensatz zu stetigen Veränderungen der Faktorqualitäten, die in kontinuierlichen und kleinen Schritten erfolgen.

2.5 Fertigungsprogramm als Kosteneinflußgröße

In aller Regel ist die gesamte Betriebseinrichtung auf ein bestimmtes Fertigungsprogramm abgestellt. Ändert sich nun im Laufe der Zeit dessen Zusammensetzung, so kann der Fall eintreten, daß die fertigungstechnische Ausstattung des Betriebes nicht mehr den neuen fertigungstechnischen Anforderungen genügt. Dies hat zur Folge, daß sich auch das Kostenniveau des Betriebes ändert. Das Fertigungsprogramm kann also ebenfalls als Kosteneinflußgröße angesehen werden. Unter der Annahme, daß die betrieblichen Teilkapazitäten danach eingerichtet sind, die verschiedenen Güter des Produktionsprogrammes in einer festgelegten Mengenrelation zu erzeugen,

---

16 Vgl. *Busse v. Colbe, W., Laßmann, G.*, a. a. O., S. 159.

treten beispielsweise bei einer Veränderung dieses Produktionsplanes im Hinblick auf diese Mengen Engpässe und damit ungenutzte Kapazitäten auf.

2.6 Externe Effekte als Kosteneinflußgröße

Die durch externe Effekte bedingten Einflüsse auf das Kostenniveau des Betriebes gewinnen in letzter Zeit zunehmend an Bedeutung. Unter **externen Effekten** versteht man Auswirkungen wirtschaftlicher Tätigkeit auf unbeteiligte Dritte. Man muß zwischen positiven und negativen externen Effekten unterscheiden. Von Einfluß auf das Kostengefüge des Betriebes sind nur die negativen externen Effekte (z. B. Umweltverschmutzung). Der Betrieb wird durch Gesetze und Auflagen gezwungen, eine wachsende Anzahl dieser Effekte zu internalisieren. Mit dieser Internalisierung sind in der Regel hohe Kosten verbunden (Kosten für Anlagen zur Luftreinhaltung).

Dem System der Kosteneinflußgrößen von *Gutenberg* ist damit eine weitere Determinante hinzuzufügen.

3. Anpassung an Beschäftigungsschwankungen und ihre kostenmäßigen Konsequenzen

Nunmehr gilt es zu untersuchen, wie Änderungen in der Beschäftigungslage die Produktionskosten eines Betriebes oder einer betrieblichen Teileinheit beeinflussen, wenn der Betrieb versucht, sich diesen Beschäftigungsschwankungen fertigungstechnisch anzupassen.

Es lassen sich die in Abb. 58 aufgeführten Anpassungsformen unterscheiden.

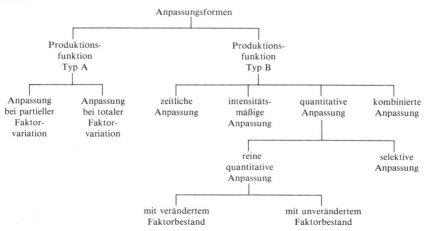

Abb. 58: Anpassungsformen an Beschäftigungsschwankungen

3.1 Kostenverlauf bei ertragsgesetzlicher Anpassung (partielle Faktorvariation)

Ist ein Betrieb gegeben, dessen fertigungstechnische Grundlagen der Produktionsfunktion vom Typ A (Ertragsgesetz) entsprechen, so ist seine Produktionstechnik dadurch gekennzeichnet, daß ein bestimmter konstanter Faktor oder eine bestimmte konstante Faktorgruppe r_c mit beliebigen Mengen eines (einer) anderen Faktors (Faktorgruppe) r_1 kombiniert werden kann. Ändert sich die Beschäftigung des Betriebes, dann variiert der Betrieb die Einsatzmengen des (der) variablen Faktors (Faktorgruppe).

Geht man von der s-förmigen Gesamtertragsfunktion aus, so zeigt diese den funktionalen Zusammenhang zwischen dem Gesamtertrag x und der eingesetzten Menge des variablen Faktors r_1 unter der Annahme des konstanten Einsatzes der übrigen Faktoren. Mathematisch läßt sich dieser funktionale Zusammenhang in der bekannten Form

$$x = f(r_1); \quad r_c = \text{konst.}$$

darstellen.

Sind die Vorraussetzungen des Ertragsgesetzes erfüllt, existiert eine stetige Umkehrfunktion

$$r_1 = f^{-1}(x),$$

die als **Faktoreinsatzfunktion** interpretiert werden kann[17]. Multipliziert man die Einsatzmenge des Faktors r_1 mit dem zugehörigen Faktorpreis p_1 und addiert die fixen Kosten

$$K_f = r_c \cdot p_c,$$

dann erhält man die Kostenfunktion

$$K(x) = f^{-1}(x) \cdot p_1 + K_f.$$

Der Kostenbetrag $f^{-1}(x) \cdot p_1$ schwankt mit der Ausbringungsmenge x. Dieser Betrag bildet daher die variablen Kosten.

Beispiel:

Gegeben sei die neoklassische Produktionsfunktion

$$x = r_1^{1/2} \cdot r_2^{1/2}.$$

---

[17] Vgl. *Kistner, K.-P.*, a. a. O., S. 38.

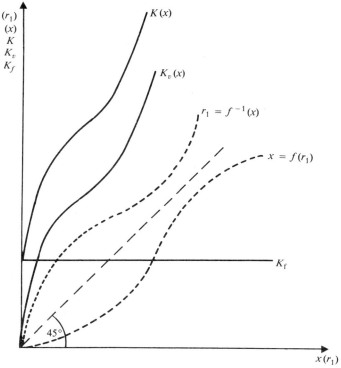

Abb. 59: Geometrische Darstellung der ertragsgesetzlichen Anpassung

Der Einsatz von r_1 sei konstant und betrage 4 ME. Die Faktorpreise sind $p_1 = 4$ und $p_2 = 1$.

Bei konstantem Faktoreinsatz von $r_1 = 4$ gilt folgende Beziehung zwischen dem mengenmäßigen Ertrag und dem Einsatz von r_2:

$$x = 2\, r_2^{1/2}.$$

Die Umkehrfunktion (Faktoreinsatzfunktion) lautet:

$$r_2 = \frac{1}{4} x^2.$$

Aus der allgemeinen Kostengleichung $K = \bar{r}_1 \cdot p_1 + r_2 p_2$ kann die Kostenfunktion $K = f(x)$ abgeleitet werden:

$$K(x) = \bar{r}_1 p_1 + \frac{1}{4} x^2 \cdot p_2$$

oder

$$K(x) = 16 + \frac{1}{4} x^2 .$$

Geometrisch ist der Sachverhalt der ertragsgesetzlichen Anpassung in Abb. 59 dargestellt[18].

Die ertragsgesetzlich verlaufende Produktionsfunktion $x = f(r_1)$ ist an der 45°-Linie zu spiegeln. Vertauscht man gleichzeitig die Achsenbezeichnungen, so ist die Einsatzmenge r_1 in Abhängigkeit vom mengenmäßigen Ertrag x dargestellt (Faktoreinsatzfunktion). Multipliziert man jeden Wert dieser Faktoreinsatzfunktion mit dem zugehörigen (konstanten) Preis p_1, so ergibt sich die Kurve der variablen Kosten K_v in Abhängigkeit von x. Da die fixen Kosten zu diesen variablen Kosten addiert werden müssen, ist die Kurve der variablen Kosten um den Fixkostenbetrag nach oben zu verschieben. Es ergibt sich eine Gesamtkostenkurve (K) mit s-förmigem Verlauf.

Die aus dem Ertragsgesetz entwickelte Gesamtkostenkurve kann durch die Ableitung der Grenzkostenkurve und durch die Bestimmung der durchschnittlichen Gesamtkosten (totale Durchschnittskosten bzw. Stückkosten) und der Kurve der durchschnittlichen variablen und fixen Kosten näher analysiert werden.

3.1.1 Grenzkostenkurve

Die **Grenzkosten** $K' = dK/dx$ sind durch das Steigungsmaß der Gesamtkostenfunktion bestimmt. Sie sind daher mathematisch betrachtet gleich dem ersten Differentialquotienten der Gesamtkostenfunktion:

$$K'(x) = K'_v(x) = \lim_{\Delta x \to 0} \frac{\Delta K}{\Delta x} = \frac{dK}{dx} = \tan\alpha .$$

Graphisch interpretiert ist der Tangens des Winkels α, den jede Kurventangente mit der Abszissenachse (x-Achse) bildet, gleich dem Ordinatenwert der Grenzkostenkurve.

Will man aus der Gesamtkostenkurve die Grenzkostenkurve geometrisch ableiten, so legt man über der Ausbringungsmenge x, für welche die Grenzkosten ermittelt werden sollen, die Tangente an die Gesamtkostenkurve. Diese wird so lange parallel verschoben, bis sie durch den Punkt -1 auf der Abszisse verläuft: der so erhaltene Ordinatenabschnitt gibt genau den Wert der gesuchten Grenzkosten an. In Abb. 60 wurden die Grenzkosten für den Wert x_0 auf diese Weise abgeleitet.

---

18 Vgl. *Gutenberg, E.*, a. a. O., S. 358 ff.

Das Minimum der Grenzkostenkurve liegt unter dem Wendepunkt der Gesamtkostenkurve.

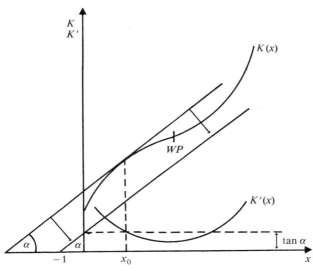

Abb. 60: Ableitung der Grenzkosten aus der Gesamtkostenkurve

3.1.2 Kurve der totalen Durchschnittskosten (Stückkosten)

Dividiert man die Gesamtkosten durch die ausgebrachte Menge, so erhält man die **totalen Durchschnittskosten** $k = K/x$. Graphisch interpretiert ist der Tangens des Winkels β, den jeder vom Ursprung ausgehende Fahrstrahl zu der Gesamtkostenkurve mit der Abszisse bildet, gleich dem Ordinatenwert der Durchschnittskosten (vgl. Abb. 61).

An der Stelle, wo der Fahrstrahl zur Tangente wird (x_2), liegt das Minimum der totalen Durchschnittskostenkurve, weil dieser Fahrstrahl die geringste Steigung hat. Die Durchschnittskosten müssen dort gleichzeitig mit den Grenzkosten übereinstimmen, da der Anstieg der Tangente die Grenzkosten bestimmt.

Mathematischer Beweis:

Im Minimum der Durchschnittskosten muß gelten:

$$\left(\frac{K}{x}\right)' \stackrel{!}{=} 0$$

$$\left(\frac{K}{x}\right)' = \frac{x \cdot \frac{dK}{dx} - K}{x^2} \stackrel{!}{=} 0 \quad \text{(Quotientenregel!)}$$

es folgt: $\dfrac{dK}{dx} = \dfrac{K}{x} = k$

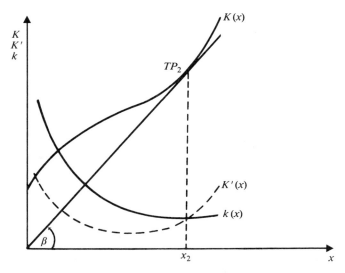

Abb. 61: Ableitung der totalen Durchschnittskosten aus der Gesamtkostenkurve

3.1.3 Kurve der variablen und fixen Durchschnittskosten

Da sich die gesamten Kosten K aus den variablen Kosten K_v und den fixen Kosten K_f zusammensetzen, lassen sich die gesamten Durchschnittskosten k in die **variablen Durchschnittskosten** k_v und die **fixen Durchschnittskosten** k_f zerlegen.

Aus der Gleichung $k = \dfrac{K}{x}$ folgt:

$$\frac{K}{x} = \frac{K_v}{x} + \frac{K_f}{x} = k_v + k_f.$$

Graphisch betrachtet sind die variablen Durchschnittskosten gleich dem Anstieg eines vom Schnittpunkt der fixen Kosten mit der Ordinate an die Gesamtkostenkurve geführten Fahrstrahls. Der Tangens des Winkels γ gibt den Ordinatenwert der variablen Durchschnittskostenkurve an (vgl. Abb. 62). **Das Minimum der variablen Durchschnittskostenkurve (x_1) liegt an der Stelle, wo der Fahrstrahl zur Tangente wird**, die variablen Durchschnittskosten also mit den Grenzkosten übereinstimmen.

Die fixen Durchschnittskosten k_f stellen eine hyperbolisch fallende Kurve dar, deren Ordinatenwerte durch die Steigung des Fahrstrahles vom Ursprung an die Fixkostenkurve bestimmt wird.

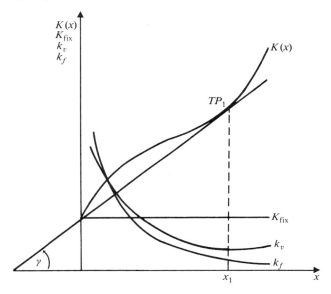

Abb. 62: *Ableitung der variablen und fixen Durchschnittskosten aus der Gesamt- und Fixkostenkurve*

3.1.4 Zusammenhänge zwischen den Kostenkurven

Ähnlich wie für die ertragsgesetzliche Produktionsfunktion läßt sich für die aus dem Ertragsgesetz abgeleitete Kostenfunktion ein Vierphasenschema entwickeln (vgl. Abb. 63).

Phase I:
Die Gesamtkosten steigen, das Steigungsmaß (ausgedrückt durch die Grenzkosten) nimmt jedoch immer mehr ab. Die erste Phase endet im Wendepunkt der Gesamtkostenkurve (= Minimum der Grenzkosten). Die Stückkosten und die variablen Durchschnittskosten sinken in dieser Phase.

Phase II:
Die Gesamtkosten wachsen in dieser Phase mit zunehmendem Steigungsmaß. Daher steigen die Grenzkosten, während die Stückkosten und die variablen Durchschnittskosten absinken. Letztere erreichen ihr Minimum am Ende dieser Phase. Die Grenzkosten entsprechen in diesem Minimum den variablen Durchschnittskosten.

Phase III:
Es steigen sowohl die Gesamtkosten und die Grenzkosten als auch die variablen Durchschnittskosten. Die Stückkosten sinken weiter bis zu ihrem Minimum im Schnittpunkt der Stückkosten- und der Grenzkostenkurve (Ende der Phase III).

Phase IV:
In dieser Phase steigen alle Kostenkurven an.

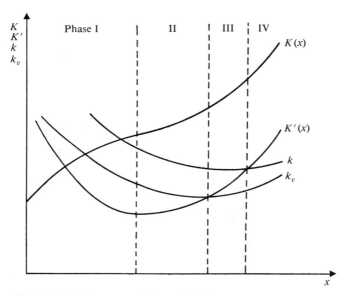

Abb. 63: Beziehungen zwischen den Kostenkurven

3.2 Kostenverlauf bei Anpassung im Rahmen der totalen Faktorvariation

Die bisherigen Ausführungen behandeln den Fall, daß sich der Betrieb durch Variation nur eines (einer) Produktionsfaktors (Faktorgruppe) an eine sich verändernde Beschäftigungslage anpaßt. Im folgenden soll nun davon ausgegangen werden, daß die Anpassung durch eine totale Faktorvariation erfolgt. Bei einer totalen Faktorvariation wird mit der Einsatzmengenkombination produziert, die für ein vorgegebenes Produktionsvolumen die geringsten Kosten aufweist (Minimalkostenkombination). Ermittelt man nun für jede beliebige Ausbringungsmenge bei Konstanz aller übrigen Einflußgrößen die Minimalkostenkombination und verbindet diese im Isoquantensystem, so ergibt sich der **Expansionspfad** als geometrischer Ort aller Minimalkostenkombinationen (vgl. Abb. 64).

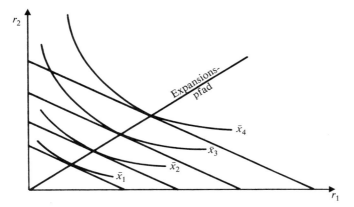

Abb. 64: *Expansionspfad in einem Isoquantensystem*

Bei homogenen Produktionsfunktionen ist der Expansionspfad immer eine Gerade aus dem Ursprung.

Paßt sich die Unternehmung nun entlang des Expansionspfades an, so kann für eine homogene Produktionsfunktion der allgemeinen Form $x = f(r_1; r_2)$ der Kostenverlauf folgendermaßen abgeleitet werden:

Da durch den Expansionspfad ein festes Verhältnis zwischen den beiden Faktoren r_1 und r_2 gegeben ist, läßt sich in der allgemeinen Produktionsfunktion $x = f(r_1; r_2)$ einer der beiden Faktoren durch den anderen ersetzen. Die Produktionsfunktion läßt sich in die Form $x = f(\hat{r}_1)$ transformieren. Bildet man nun die Umkehrfunktion $\hat{r}_1 = f^{-1}(x)$ und setzt diese sogenannte Faktoreinsatzfunktion in die Kostenfunktion $K = f(r_1; r_2)$ ein, wobei auch in dieser r_2 durch r_1 ersetzt werden kann ($K = f(\hat{r}_1)$), so ergibt sich die Kostenfunktion der allgemeinen Form $K = h(x)$.

Beispiel:

Gegeben sei wieder die Produktionsfunktion

$$x = r_1^{1/2} \cdot r_2^{1/2}.$$

Die Preise sind $p_1 = 4$ und $p_2 = 1$.

Das durch den Expansionspfad (MKK) festgelegte Verhältnis zwischen r_1 und r_2 ergibt sich aus der Bedingung

$$\frac{GP_1}{GP_2} = \frac{p_1}{p_2}.$$

Man erhält:

$$\frac{r_2}{r_1} = \frac{4}{1}$$

oder

$$r_2 = 4r_1 .$$

Durch Einsetzen in die Produktionsfunktion ergibt sich:

$$x = r_1^{1/2} \cdot (4r_1)^{1/2} = 2r_1 .$$

Die Faktoreinsatzfunktion lautet demzufolge

$$r_1 = \frac{1}{2} x .$$

Mit Hilfe der Beziehung $r_2 = 4r_1$ läßt sich auch die Kostenfunktion $K = 4r_1 + 1r_2$ umformen in die Funktion

$$K = 4r_1 + 4r_1 = 8r_1 .$$

Wird die Faktoreinsatzfunktion in diese Kostenfunktion eingesetzt, so erhält man

$$K(x) = 4x .$$

Läßt sich der Produktionsprozeß durch das s-förmige Ertragsgebirge beschreiben, so ergibt sich ein s-förmiger Kostenverlauf. Ein Ertragsgebirge mit nur fallenden Grenzerträgen führt zu einer progressiven Kostenkurve. Sind die Grenzerträge dagegen steigend, verläuft die Kostenkurve degressiv. Handelt es sich um eine linearhomogene Produktionsfunktion (vgl. Beispiel), so ergibt sich ein linearer Kostenverlauf.

3.3 Anpassung auf der Grundlage der Produktionsfunktion vom Typ B

Den bisherigen Untersuchungen wurde ein Betrieb zugrunde gelegt, dessen fertigungstechnische Grundlagen der Produktionsfunktion des Typs A (Ertragsgesetz) entsprechen. Aus der Kritik des Ertragsgesetzes wurde jedoch deutlich, daß für die Analyse industrieller Fertigungsprozesse die Produktionsfunktion vom Typ B mit ihrer disaggregierten Betrachtungsweise besser geeignet ist. Die Produktionsfunktion vom Typ B sieht im Gegensatz

zur Produktionsfunktion vom Typ A mehrere Möglichkeiten der Anpassung an unterschiedliche Beschäftigungssituationen vor[19]:
- die zeitliche Anpassung
- die intensitätsmäßige Anpassung
- die quantitative Anpassung.

Wird die Ausbringungsmenge bei konstanter Intensität d und unverändertem Bestand an Potentialfaktoren allein durch Variation der Betriebszeit t der einzelnen Aggregate verändert, so spricht man von zeitlicher Anpassung.

Verändert ein Betrieb bei Konstanz des Potentialfaktorbestandes z und der Betriebszeit t die mengenmäßige Ausbringung durch Variation der Intensität d, so paßt er sich intensitätsmäßig an.

Quantitative Anpassung liegt vor, wenn der Bestand der eingesetzten Potentialfaktoren bei unveränderter Intensität und Betriebszeit der eingesetzten Aggregate variiert wird, mit dem Ziel, unterschiedliche Ausbringungsmengen zu erstellen.

Diese Anpassungsformen können auch kombiniert werden. Die Ausbringungsmenge x eines Betriebes ist somit festgelegt durch

$$x = z \cdot t \cdot d \quad (\text{ME}).$$

Um den Einfluß der einzelnen Anpassungsformen auf die Kosten herauszuarbeiten, wird im folgenden jeweils einer der drei Parameter bei Konstanz der übrigen variiert.

3.3.1 Kostenverlauf bei zeitlicher Anpassung

Bei **zeitlicher Anpassung** wird die Betriebszeit t des Aggregates variiert, während die Zahl der eingesetzten Potentialfaktoren z und die Intensität d konstant gehalten werden. Geht man von den Verbrauchsfunktionen eines Aggregates aus und bewertet die Verbrauchsmengen mit den als konstant angenommenen Faktorpreisen

$$k = \sum_{i=1}^{n} v_i p_i = \sum_{i=1}^{n} h_i(d) \cdot p_i,$$

so erhält man eine Funktion des bewerteten Gesamtfaktorverbrauches pro Ausbringungseinheit in Abhängigkeit von der Intensität d. Wird nun das Aggregat mit einer konstanten Leistung (in der Regel d_{opt}) gefahren, so sind die Einsatzmengen v_i der Faktoren durch die betreffende Verbrauchsfunktion eindeutig bestimmt:

---

19 Vgl. *Gutenberg, E.*, a. a. O., S. 354 ff. und 361 ff.

$$v_i = h_i(d) \left[\frac{\text{FE}}{\text{ME}} \right]; \quad d = \text{konstant} \quad v_i = \text{konstant} .$$

Die Betriebszeit bleibt als einziger Kostenbestimmungsfaktor. Paßt sich ein Betrieb unter dieser Bedingung zeitlich an, so bringt jede zusätzliche Einheit der Betriebszeit einerseits wegen der konstanten Intensität eine gleichbleibende zusätzliche Ausbringungsmenge und verursacht andererseits einen konstanten Kostenzuwachs [$K'(t)$]. Bei zeitlicher Anpassung sind daher auch die Grenzkosten in Abhängigkeit von der Ausbringungsmenge konstant. Die variablen Kosten (K_v) sind sowohl zur Betriebszeit als auch zur ausgebrachten Menge x proportional.

Beispiel:

Für ein Aggregat sei folgende Verbrauchsfunktion gegeben:

$$v_1 = 2d^2 - 12d + 20$$

v_1 = Verbrauch in Liter/Stück;
d = Stück/Stunde;
p_1 = Preis pro Liter = 4,– DM/Liter.

$$k(d) = v_1(d) \cdot p_1 = 8d^2 - 48d + 80 \quad [\text{DM/Stück}]$$

für d_{opt} gilt:

$k'(d) \overset{!}{=} 0$
$k'(d) = 16d - 48 \overset{!}{=} 0$
$d_{\text{opt}} = 3$ Stück/Stunde .

Wird die Anlage mit der konstanten Intensität d_{opt} gefahren, so sind die Kosten $k(d) = k(3) = 8$ DM/Stück, die Kostenfunktion $K(x)$ lautet daher:

$$K(x) = 8x .$$

Die Kosten pro Stunde Betriebszeit betragen:

$$K = k(d) \cdot d_{\text{opt}} = 24 \text{ DM/Stunde} .$$

Bei zeitlicher Anpassung ergibt sich die in Abb. 65 dargestellte proportionale Kostenkurve.

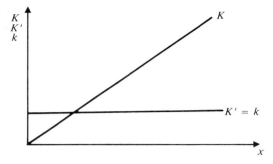

Abb. 65: Kostenverlauf bei zeitlicher Anpassung

Fallen neben diesen variablen Kosten auch fixe Kosten an, so verschiebt sich die Gesamtkostenkurve um den Fixkostenbetrag nach oben. Die Grenzkosten K' verlaufen weiterhin parallel zur Abszisse, wohingegen die Stückkosten k nun einen degressiven Verlauf aufweisen und sich für eine gegen unendlich strebende Ausbringungsmenge x den Grenzkosten asymptotisch nähern (vgl. Abb. 66).

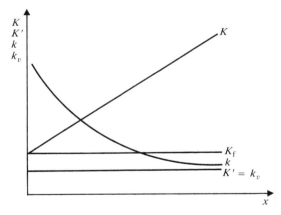

Abb. 66: Kostenverlauf bei zeitlicher Anpassung unter Berücksichtigung von Fixkosten

Steigen die Lohnkosten bei zeitlicher Anpassung über die normale Arbeitszeit hinaus wegen Überstundenzuschlägen, muß die Annahme konstanter Faktorpreise aufgegeben werden. Die Überstundenzuschläge führen zu einem veränderten Anstieg der Kostenfunktion im Bereich der Überstundenproduktion. Die Gesamtkosten einschließlich der Lohnkosten weisen an der Stelle, ab der die Ausbringungsmengen nur noch mit Überstunden hergestellt werden können, einen Knick auf. Danach verläuft die Kostenkurve steiler, aber wiederum linear (vgl. Abb. 67).

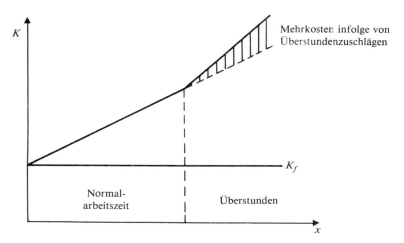

Abb. 67: Kostenkurve bei zeitlicher Anpassung und Überstundenzuschlägen

3.3.2 Kostenverlauf bei intensitätsmäßiger Anpassung

Bei **intensitätsmäßiger Anpassung** wird bei konstanter Betriebszeit und gegebenem Potentialfaktorbestand die Ausbringungsmenge pro Zeiteinheit und damit die Produktionsgeschwindigkeit der maschinellen Aggregate variiert. Als Ausgangspunkt für die Ableitung des Kostenverlaufs bei intensitätsmäßiger Anpassung dient wiederum die Stückkostenfunktion in Abhängigkeit von der Intensität

$$k = \sum_{i=1}^{n} v_i p_i = \sum_{i=1}^{n} h_i(d) \cdot p_i.$$

Bei konstantem Potentialfaktorbestand ist die Ausbringung allein von der Betriebszeit t und der Intensität d abhängig:

$$x = d \cdot t.$$

Wenn jetzt auch die Betriebszeit t als konstant angenommen wird, verhalten sich bei intensitätsmäßiger Anpassung die Ausbringungsmengen proportional zur Intensität. Auf Grund dieser Beziehung kann aus der Stückkostenfunktion in Abhängigkeit von der Intensität d eine Stückkostenfunktion in Abhängigkeit von der Ausbringung x hergeleitet werden.

Es gilt: $d = \dfrac{x}{t}$,

eingesetzt in die Stückkostenfunktion $k(d)$ folgt:

$$k(x) = \sum_{i=1}^{n} h_i\left(\frac{x}{t}\right) \cdot p_i .$$

Multipliziert man die Werte dieser Funktion mit den zugehörigen Ausbringungsmengen x, so erhält man die in Abb. 68 dargestellte Kurve der variablen Gesamtkosten

$$K(x) = k(x) \cdot x = \sum_{i=1}^{n} h_i\left(\frac{x}{t}\right) \cdot p_i \cdot x .$$

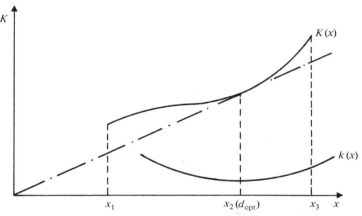

Abb. 68: *Kostenkurve bei intensitätsmäßiger Anpassung*

Für den Fall konvexer Verbrauchsfunktionen und einer beliebig variierbaren Intensität ergibt sich also ein s-förmiger Gesamtkostenverlauf, wobei die optimale Intensität durch den Punkt bestimmt wird, in dem der Fahrstrahl zur Tangente an die Kurve der variablen Gesamtkosten wird. Die variablen Durchschnittskosten haben hier ihr Minimum.

Der in der traditionellen Kostentheorie unterstellte s-förmige Kostenverlauf kann also nicht nur durch die ertragsgesetzliche Produktionsfunktion, sondern auch mit Hilfe ganz spezieller Annahmen durch intensitätsmäßige Anpassung bei konvexen Verbrauchsfunktionen begründet werden. Letztere Begründung vermittelt jedoch ein zutreffenderes Bild von den in der Realität vorzufindenden Produktionsprozessen.

Beispiel:

Ein Aggregat mit der Verbrauchsfunktion

$$v_1(d) = 4d^2 - 12d + 20$$

wird intensitätsmäßig angepaßt (Betriebszeit $t = 10$ Stunden).

v_1 = Verbrauch in Liter/Stück;
d = Stück/Stunde;
p_1 = Preis pro Liter = 2,50 DM/Liter.

Es ergibt sich folgende Stückkostenfunktion in Abhängigkeit von der Intensität d:

$$k(d) = 10d^2 - 30d + 50 .$$

Mit Hilfe der Beziehung

$$x = 10 \cdot d$$

läßt sich die Stückkostenfunktion in Abhängigkeit von der Ausbringungsmenge aufstellen

$$k(x) = \frac{10x^2}{100} - \frac{30x}{10} + 50$$

$$K(x) = k(x) \cdot x = \frac{x^3}{10} - 3x^2 + 50x .$$

3.3.3 Kostenverlauf bei Kombination von zeitlicher und intensitätsmäßiger Anpassung

Sind für ein Aggregat alle Verbrauchsfunktionen konvex, dann sind auch die variablen Stückkosten

$$k_v(d) = \sum_{n=1}^{n} h_i(d) \cdot p_i$$

konvex, und es existiert ein optimaler Leistungsgrad, für den die Stückkosten minimal sind. Soll nun im Rahmen der intensitätsmäßigen Anpassung eine Ausbringungsmenge x erstellt werden, die durch einen Leistungsgrad realisiert werden kann, der zwischen der minimalen und optimalen Intensität liegt, so ergibt sich der Nachteil, daß die Produktion mit höheren Stückkosten als bei optimaler Intensität erfolgt. In diesem Fall kann es wirtschaftlich sinnvoll sein, zeitliche und intensitätsmäßige Anpassung zu kombinieren. Der genannte Nachteil kann dadurch vermieden werden, daß das Aggregat mit seiner optimalen Intensität betrieben und die gewünschte

Ausbringungsmenge durch zeitliche Anpassung realisiert wird. Die so maximal erreichbare Ausbringungsmenge ist

$x = d_{opt} \cdot t_{max}$.

Höhere Ausbringungsmengen können nur noch durch intensitätsmäßige Anpassung zwischen optimaler und maximaler Intensität hergestellt werden. Bei der beschriebenen Form der Anpassung ergibt sich der in Abb. 69 dargestellte Gesamtkostenverlauf.

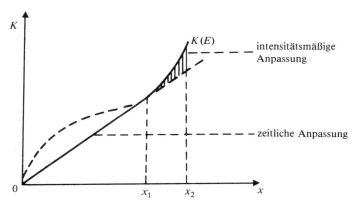

Abb. 69: *Kostenkurve bei kombinierter Anpassung*

Im Gegensatz zu rein intensitätsmäßiger Anpassung wird der ungünstige Verlauf der Gesamtkostenkurve zwischen 0 und $x_1 = d_{opt} \cdot t_{max}$ vermieden. In diesem Bereich weist die Gesamtkostenkurve wegen der rein zeitlichen Anpassung einen linearen Verlauf auf.

3.3.4 Kostenverlauf bei quantitativer Anpassung

Bei der Ableitung des Kostenverlaufes bei quantitativer Anpassung sind verschiedene Fälle zu unterscheiden.

Setzt sich der Potentialfaktorbestand aus Gruppen gleicher Aggregate zusammen, so bereitet die Auswahl eines bei einem Beschäftigungsrückgang auszuscheidenden Aggregates keine Probleme; in diesem Fall liegt eine reine quantitative Anpassung vor.

Besteht jedoch der Faktorbestand aus maschinellen Einrichtungen unterschiedlicher Wirtschaftlichkeit, so ist mit der quantitativen Anpassung ein Auswahlprozeß verbunden. In diesem Fall wird die Betriebsleitung zunächst die weniger wirtschaftlichen Maschinen stillegen. Eine quantitative

Anpassung, die eine derartige Auswahlmöglichkeit zuläßt, wird in der Literatur als selektive Anpassung bezeichnet[20].

Bei reiner quantitativer Anpassung sind zwei Unterfälle zu unterscheiden. Im ersten Fall wird der Bestand an Potentialfaktoren unverändert beibehalten, lediglich die Zahl der eingesetzten Potentialfaktoren wird variiert. Bei Rückgang der Beschäftigung bedeutet dies eine Stillegung von Aggregaten, bei einer Beschäftigungsausdehnung werden bisher stillgelegte Aggregate wieder in Betrieb genommen. Im zweiten Fall wird der Bestand der eingesetzten Produktionsfaktoren verändert. Bei Rückgang der Beschäftigung werden also Aggregate verkauft oder verschrottet, bei Zunahme der Beschäftigung erfolgt hingegen die Anschaffung weiterer Potentialfaktoren. *Heinen* weist in diesem Zusammenhang darauf hin, daß in diesem Fall die Voraussetzung einer konstanten Betriebsgröße nicht mehr erfüllt ist und daher eine Betriebsgrößenvariation vorliegt[21]. Auch *Gutenberg* macht auf diese Gemeinsamkeiten aufmerksam, behandelt die Variation des Potentialfaktorbestandes aber dennoch im Rahmen der quantitativen Anpassung. Dem soll hier gefolgt werden[22].

3.3.4.1 Kostenverlauf im Falle quantitativer Anpassung bei unverändertem Potentialfaktorbestand

Erfolgt die **quantitative Anpassung bei unverändertem Potentialfaktorbestand** durch Variation der Anzahl der eingesetzten Potentialfaktoren, so läßt sich der Zusammenhang zwischen dem Gesamtkostenverlauf und der Ausbringungsmenge wie in Abb. 70 darstellen.

Dem Betrieb stehen drei gleichartige Aggregate zur Verfügung. Auf der Abszissenachse ist die Ausbringung x, auf der Ordinatenachse sind die Kosten K abgetragen. Die Menge, die von einem Aggregat produziert werden kann, beträgt m (ME). Die absolut fixen Kosten sind mit Q, die intervallfixen Kosten der Aggregate i mit $q_i (q_1 = q_2 = q_3)$ bezeichnet.

Ist der Betrieb vollbeschäftigt, so stellt er die Ausbringungsmenge $3\,m$ her. Legt der Betrieb infolge eines Beschäftigungsrückganges ein Aggregat still, so geht die Produktion um m auf $2\,m$ zurück. Wird wegen eines weiteren Beschäftigungsrückganges ein zweites Aggregat stillgelegt, so können nur noch m Ausbringungsmengeneinheiten produziert werden. Betrachtet man den Fall, in dem alle Aggregate in Betrieb sind, so entstehen Gesamtkosten in Höhe von D (GE). Diese Gesamtkosten setzen sich zusammen aus

- den absolut fixen Kosten Q
- den intervallfixen Kosten der drei Aggregate und

---

20 Vgl. *Gutenberg, E.,* a.a.O., S. 379 und 380.
21 Vgl. *Heinen, E.,* a.a.O., S. 506.
22 Zum Problem der quantitativen Anpassung, vgl. *Gutenberg, E.,* a.a.O., S. 379ff.

- den variablen Kosten K_v, die je Ausbringungseinheit k_v betragen ($K_v = 3\,m \cdot k_v$).

Formal lassen sich die Gesamtkosten darstellen durch:

$$K(3\,m) = Q + 3q + 3\,m \cdot k_v.$$

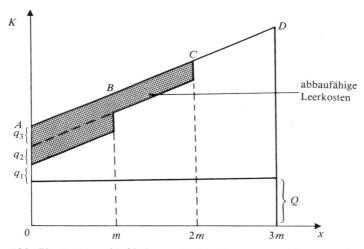

Abb. 70: *Kostenverlauf bei quantitativer Anpassung und unverändertem Potentialfaktorbestand*

Will der Betrieb bei rückläufiger Beschäftigung die volle Betriebsbereitschaft beibehalten, so bedeutet dies einen Verzicht auf den Abbau der intervallfixen Kosten der stillgelegten Anlagen. Geht beispielsweise die Beschäftigung auf $2\,m$ zurück und soll die Betriebsbereitschaft weiterhin auf der Basis $3\,m$ gehalten werden, so sind die intervallfixen Kosten des Aggregates 3 abbaufähige, aber nicht abgebaute Leerkosten. Wird wegen weiterem Beschäftigungsrückgang auch das zweite Aggregat außer Betrieb gesetzt, die Betriebsbereitschaft jedoch weiterhin auf der Basis $3\,m$ gehalten, so werden auch die intervallfixen Kosten des Aggregates 2 zu nicht abgebauten Leerkosten. Die Kosten betragen

in Punkt *C*: $K(2\,m) = Q + 3q + 2\,m \cdot k_v$
in Punkt *B*: $K(m) \;\;= Q + 3q + m \cdot k_v$ und
in Punkt *A*: $K(0) \;\;\;= Q + 3q$.

Die Kostenpunkte bei dieser Form der quantitativen Anpassung liegen also auf der Geraden *AD* (linearer Kostenverlauf). Es muß jedoch beachtet werden, daß bei rein quantitativer Anpassung nur die Ausbringungsmengen 0; m; $2m$ und $3m$ produziert werden können. Andere Ausbringungsmengen können nur durch eine Kombination mit der zeitlichen und/oder intensitätsmäßigen Anpassung realisiert werden. Es handelt sich daher eigentlich nur um eine diskrete Kostenfunktion.

3.3.4.2 Kostenverlauf im Falle quantitativer Anpassung durch Veränderung des Potentialfaktorbestandes

Die quantitative Anpassung erfolgt hier beim Rückgang der Beschäftigung durch Verkauf, Verschrottung oder Vermietung der nicht benötigten Aggregate. Bei steigender Beschäftigung werden zusätzliche, gleichartige Aggregate angeschafft. Der Zusammenhang zwischen den Kosten und der Ausbringungsmenge ist in Abb. 71 dargestellt. Dabei werden die unter Punkt 3.3.4.1 gemachten Annahmen hinsichtlich der Zahl der Potentialfaktoren und deren Kostenstruktur beibehalten.

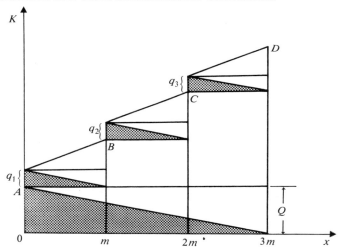

Abb. 71: Kostenverlauf bei quantitativer Anpassung durch Veränderung des Potentialfaktorbestandes

Bei einer Ausbringungsmenge von $3m$ betragen die Kosten

$$K(3m) = Q + 3q + 3m \cdot k_v.$$

Verkauft der Betrieb bei rückläufiger Beschäftigung das dritte Aggregat, so werden außer den variablen Kosten $m \cdot k_v$ auch die intervallfixen Kosten q_3 der Anlage abgebaut. Die Gesamtkosten sinken nunmehr bei einer Ausbringungsmenge von $2m$ auf

$$K(2m) = Q + 2q + 2m \cdot k_v.$$

Setzt sich der Beschäftigungsrückgang fort, müssen weitere Aggregate verkauft werden, die Kosten sinken dann bei einer Ausbringungsmenge von m auf

$$K(m) = Q + q + m \cdot k_v$$

und bei 0 auf

$$K(0) = Q.$$

Unter Berücksichtigung der angeführten Einschränkungen ergibt sich wieder ein linearer Kostenverlauf, der durch die Punkte $ABCD$ bestimmt wird.

3.3.4.3 Kostenverlauf bei selektiver Anpassung

Im Falle einer selektiven Anpassung werden bei rückläufiger Beschäftigung zuerst die am wenigsten wirtschaftlich arbeitenden Potentialfaktoren aus dem Produktionsprozeß ausgeschieden. Entsprechend werden bei einer Beschäftigungsausdehnung zunächst die am wirtschaftlichsten arbeitenden Potentialfaktoren in den Produktionsprozeß eingegliedert. Die größere Wirtschaftlichkeit eines Aggregates drückt sich in der Regel in einer größeren Kapazität sowie höheren intervallfixen Kosten, jedoch geringeren

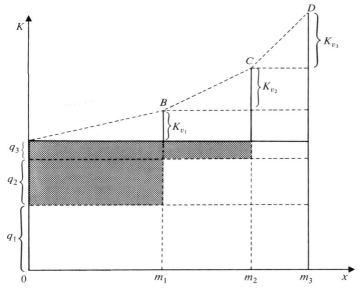

Abb. 72: Kostenverlauf bei selektiver Anpassung und unverändertem Potentialfaktorbestand

variablen Kosten aus. Die Summe aus intervallfixen Kosten und variablen Kosten ist um so geringer, je höher die Wirtschaftlichkeit des Aggregates ist[23].

Die Gesamtkostenentwicklung bei selektiver Anpassung und Beibehaltung der Betriebsbereitschaft zeigt Abb. 72.

Wiederum verfügt der Betrieb über drei Aggregate, die sich jedoch durch die Wirtschaftlichkeit der Leistungserstellung unterscheiden. Für die Ausbringungen 0, m_1, m_2 und m_3 ergeben sich die Kostenpunkte *A; B; C* und *D,* die sich nicht mehr durch eine einzige Gerade verbinden lassen. Vielmehr nimmt die Steigung der Kurve abschnittsweise zu. Die abbaufähigen Leerkosten, die durch Stillegung einzelner Aggregate entstehen, werden durch die jeweilige Höhe der schattierten Flächen angezeigt. Ob die Leerkosten abgebaut werden oder nicht, hängt davon ab, ob der Betrieb die volle Betriebsbereitschaft aufrecht erhalten will oder nicht. Auf die Darstellung selektiver Anpassung bei verändertem Potentialfaktorbestand soll hier verzichtet werden.

4. Kostenverlauf bei Änderung der Betriebsgröße

Bisher wurden Möglichkeiten behandelt, wie sich ein Betrieb kurzfristig an eine veränderte Beschäftigungslage anpassen kann. Erweist es sich auf Grund einer anhaltend positiven Entwicklung der technischen und ökonomischen Bedingungen einer Unternehmung als notwendig, aus einem Zustand der Überbeschäftigung herauszukommen, so wird sich die Unternehmung durch eine Betriebsgrößenvariation anpassen, also Investitionen zum Zwecke der Betrieberweiterung vornehmen. Es sind zwei Formen der Betriebsgrößenvariation denkbar[24].

Erstens kann die Betriebsgröße durch Betriebsteile erweitert werden, die nur ein zusätzliches Vielfaches der bereits vorhandenen Anlagen darstellen. Diese als **multipel** bezeichnete Betriebsgrößenvariation setzt also ein konstantes Fertigungsverfahren voraus, qualitative Änderungen des Produktionsprozesses ergeben sich dabei nicht. Sie stimmt im wesentlichen mit der reinen quantitativen Anpassung überein[25]. Daher kann an dieser Stelle auf eine Darstellung der Auswirkung einer multiplen Betriebsgrößenvariation verzichtet werden.

Die in der Praxis häufig anzutreffende zweite Form der Betriebsgrößenerweiterung ist mit einem Wechsel der angewandten fertigungstechnischen

---

23 Vgl. *Heinen, E.,* a. a. O., S. 510.
24 Vgl. *Gutenberg, E.,* a. a. O., S. 423.
25 Vgl. *Gutenberg, E.,* a. a. O., S. 425.

Verfahren verbunden. Bei dieser **mutativ** genannten Betriebsgrößenvariation geht der Betrieb mit wachsender Betriebsgröße sukzessive zu immer kapitalintensiveren Verfahren über. Dies führt zu einer Abfolge von Gesamtkostenfunktionen, deren Fixkostenbeträge immer größer werden und bei denen sich der Anstieg der proportionalen Kosten immer mehr verringert[26].

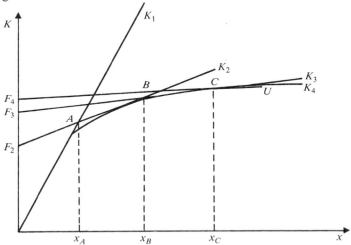

Abb. 73: *Gesamtkostenverlauf bei Änderung der Betriebsgröße*

Die Abb. 73 zeigt vier lineare Gesamtkostenkurven, von denen die Kurve K_1 keinen Fixkostenbestandteil aufweist. Diese Kurve reicht bis zu einer Kapazität bzw. Betriebsgröße von x_B Ausbringungsmengeneinheiten. Wird durch mutative Betriebsgrößenerweiterung der Betrieb vergrößert, so werden die Fertigungsverfahren in zunehmendem Maße mechanisiert, wodurch fixe Kosten entstehen, gleichzeitig jedoch der Anstieg der variablen Kosten abnimmt. So weist beispielsweise die Gesamtkostenkurve K_2 einen Fixkostenbestandteil in Höhe von F_2 auf, die proportionalen Kosten sind dagegen geringer als bei K_1. Die Kostenkurven K_1 und K_2 schneiden sich in Punkt A. Links von Punkt A führt die Kurve K_1 zu niedrigeren Gesamtkosten, während rechts von A die Kurve K_2 die niedrigeren Gesamtkosten aufweist. Hieraus folgt, daß erst ab einer bestimmten Betriebsgröße kapitalintensivere Fertigungsverfahren wirtschaftlicher sind als weniger kapitalintensive Verfahren[27].

Vergleicht man die Gesamtkostenkurven K_2 mit K_3 und K_3 mit K_4, so erkennt man, daß K_3 erst ab dem Punkt B und K_4 erst ab dem Punkt C zu

---
26 Vgl. *Kilger, W.,* a. a. O., S. 112.
27 Vgl. *Kilger, W.,* a. a. O., S. 113.

138 Kostenverlauf bei Änderung der Betriebsgröße

niedrigeren Gesamtkosten führt. Die Schnittpunkte der Gesamtkostenkurven liegen auf der sog. „Umhüllungskurve" U^{28}.

Zeichnet man die der Umhüllungskurve entsprechende Stückkostenkurve u, so erkennt man, daß diese mit wachsender Betriebsgröße immer weiter fällt **(Betriebsgrößendegression).** Unter der Voraussetzung einer entsprechend großen Absatzmenge arbeitet ein Betrieb also um so rentabler, je größer er ist[29].

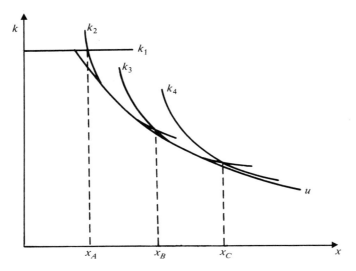

Abb. 74: *Stückkostenverlauf bei Änderung der Betriebsgröße*

---

28 Vgl. *Gutenberg, E.*, a. a. O., S. 433 und 434.
29 Vgl. *Kilger, W.*, a. a. O., S. 113.

Vierter Teil
Anwendungen

1. Arbeitsbewertung und Lohnberechnung

Herr Maier hat eine Stelle als Personalchef in einem Maschinenbauunternehmen angetreten. Dort haben sich u. a. aufgrund fortschreitender Automatisierung des Fertigungsprozesses die Arbeitsanforderungen so stark verändert, daß die von seinem Vorgänger ermittelten Arbeitswerte für die verschiedenen Arbeitsplätze den tatsächlichen Bedingungen nicht mehr gerecht werden. Als eine seiner ersten Tätigkeiten führt Herr Maier deshalb eine Arbeitsplatzbewertung durch.

Grundlage der Bewertung ist das Genfer Schema mit den vier Anforderungsarten: geistige und körperliche Anforderungen, Verantwortung und Arbeitsplatzbedingungen, die im Verhältnis 4:2:3:1 gewichtet werden. Für jeden Arbeitsplatz läßt Herr Maier die Anforderungsgrade je Anforderungsart ermitteln. Diese können zwischen eins (sehr geringe Anforderungen) und sechs (äußerst starke Anforderungen) liegen.

Die Schätzungen für vier Arbeitsplatztypen (Gießerei, Montage, Hilfsarbeiten und Endkontrolle) sind in der folgenden Tabelle zusammengefaßt:

Arbeitsplatztyp Anforderungsart	Gießerei	Montage	Hilfsarbeiten	Endkontrolle
geistige Anforderungen	2	4	1	5
körperl. Anforderungen	5	3	4	2
Verantwortung	2	3	1	6
Arbeitsbedingungen	6	4	3	2

Der Arbeitswert eines Arbeitsplatztyps stellt die Summe der gewichteten Anforderungsgrade dar. Für jeden Arbeitsplatztyp sind also die geschätzten Anforderungsgrade mit dem Gewichtungsfaktor der jeweiligen Anforderungsart zu multiplizieren und die erhaltenen Werte zu addieren. Somit ergeben sich die folgenden Arbeitswerte:

Gießerei: $\quad 2 \cdot 0{,}4 + 5 \cdot 0{,}2 + 2 \cdot 0{,}3 + 6 \cdot 0{,}1 = \boxed{3{,}0}$
Montage: $\quad 4 \cdot 0{,}4 + 3 \cdot 0{,}2 + 3 \cdot 0{,}3 + 4 \cdot 0{,}1 = \boxed{3{,}5}$
Hilfsarbeiten: $\quad 1 \cdot 0{,}4 + 4 \cdot 0{,}2 + 1 \cdot 0{,}3 + 3 \cdot 0{,}1 = \boxed{1{,}8}$
Endkontrolle: $\quad 5 \cdot 0{,}4 + 2 \cdot 0{,}2 + 6 \cdot 0{,}3 + 2 \cdot 0{,}1 = \boxed{4{,}4}$

Diese Werte bilden die Grundlage für die Ermittlung eines anforderungsgerechten Lohnes.

Der Student Klaus Weber ist als Aushilfskraft in der Lohnabrechnung beschäftigt. Eine seiner Aufgaben ist es, die Stundenverdienste der gewerblichen Arbeitnehmer zu ermitteln. Der Montagearbeiter Karl Schmidt z. B. erhält einen tariflichen Mindestlohn von 8,– DM/Std. Bei Akkordarbeit gewährt der Betrieb einen Akkordzuschlag von 20%. Die Vorgabezeit für die von Karl Schmidt ausgeübte Tätigkeit beträgt 12 Min./ME, sein Leistungsgrad 120%.

Nach dem Zeitakkord ergibt sich der Stundenverdienst eines Arbeitnehmers als Produkt von Minutenfaktor, Vorgabezeit und Istleistung. Da nur die Vorgabezeit bekannt ist, muß Klaus Weber zunächst den Minutenfaktor und die Istleistung ermitteln. Der Minutenfaktor beträgt ein Sechzigstel des Grundlohns, der sich aus tariflichem Mindestlohn und Akkordzuschlag zusammensetzt. Es gilt:

Grundlohn [DM/Std.] = tariflicher Mindestlohn [DM/Std.] + Akkordzuschlag [DM/Std.]
= tariflicher Mindestlohn [DM/Std.] +
(tariflicher Mindestlohn [DM/Std.] · Akkordzuschlag in %)
= 8,– DM/Std. + (8,– DM/Std. · 0,2)
= 8,– DM/Std. + 1,60 DM/Std.
= $\underline{\underline{9{,}60 \text{ DM/Std.}}}$

Minutenfaktor [DM/Min.] = $\dfrac{\text{Grundlohn [DM/Std.]}}{60 \text{ [Min./Std.]}}$ = $\dfrac{9{,}60 \text{ DM/Std.}}{60 \text{ Min./Std.}}$ = $\underline{\underline{0{,}16 \text{ DM/Min.}}}$

Die Istleistung stellt das Produkt von Normalleistung und Leistungsgrad dar. Die Normalleistung läßt sich aus der Vorgabezeit ermitteln. Es gilt:

Normalleistung [ME/Std.] = $\dfrac{60 \text{ [Min./Std.]}}{\text{Vorgabezeit [Min./ME]}}$ = $\dfrac{60 \text{ Min./Std.}}{12 \text{ Min./ME}}$ = $\underline{\underline{5 \text{ ME/Std.}}}$

Istleistung [ME/Std.] = Normalleistung [ME/Std.] · Leistungsgrad
= 5 ME/Std. · 1,2
= $\underline{\underline{6 \text{ ME/Std.}}}$

Nunmehr läßt sich der Stundenverdienst des Montagearbeiters Karl Schmidt wie folgt ermitteln:

Stundenverdienst [DM/Std.] = Minutenfaktor [DM/Min.] · Vorgabezeit [Min./ME]
  · Istleistung [ME/Std.]
  = 0,16 DM/Min. · 12 Min./ME · 6 ME/Std.
  = 11,52 DM/Std.

2. Verfahrensvergleich

Ein Abbruchunternehmen plant die Beschaffung eines Radladers für das Aufladen des anfallenden Bauschutts auf LKWs. Zur Auswahl stehen die drei Radladertypen FA 545, FA 645 und FA 945 des Baumaschinenherstellers Baumag mbH. Um entscheiden zu können, welcher der drei Radlager den Bedingungen des Betriebes am besten entspricht, sollen durch einen Kostenvergleich die kritischen Ausbringungsmengen (= Kubikmeter Bauschutt pro Monat) festgestellt werden. Die monatlichen Kosten eines Radladers setzen sich aus Fixkosten (Abschreibungen, Zinsen, Fahrerlohn etc.) und variablen Kosten (Reparaturkosten, Treibstoff- und Schmiermittelkosten, Reifenkosten etc.) zusammen. Der Vertreter der Baumag hat während eines Verkaufsgesprächs folgende Kostenfunktionen genannt:

FA 545: $K_1 = 2.000 + 0,40\,x$ $K \triangleq$ DM/Monat
FA 645: $K_2 = 3.500 + 0,20\,x$ $x \triangleq$ m³/Monat
FA 945: $K_3 = 5.500 + 0,12\,x$

Bei einer kritischen Ausbringungsmenge sind die Kosten zweier Verfahren, d. h. in diesem Fall zweier Radlader gleich hoch; es sind also jeweils zwei Kostenfunktionen gleichzusetzen, um alle kritischen Ausbringungsmengen zu ermitteln.

a)
$$K_1 = K_2$$
$$2.000 + 0,40\,x = 3.500 + 0,20\,x$$
$$0,20\,x = 1.500$$
$$x_1 = 7.500$$

Bei Mengen unter 7.500 m³/Monat arbeitet der Radlader FA 545 kostengünstiger, bei größeren Mengen ist der Typ FA 645 vorzuziehen[1].

b)
$$K_1 = K_3$$
$$2.000 + 0,40\,x = 5.500 + 0,12\,x$$
$$0,28\,x = 3.500$$
$$x_2 = 12.500$$

---

[1] Wegen der geringeren Fixkosten müssen die Gesamtkosten des Radladers FA 545 zunächst niedriger sein als die des FA 645.

Bei $x < 12.500$ sind die Kosten des Typs FA 545 geringer als die des Typs FA 945, bei $x > 12.500$ ist es umgekehrt.

c)
$$K_2 = K_3$$
$$3.500 + 0,20\,x = 5.500 + 0,12\,x$$
$$0,08\,x = 2.000$$
$$x_3 = \underline{25.000}$$

Bei $x < 25.000$ ist der FA 645 der kostengünstigere Radlader, bei $x > 25.000$ der FA 945.

Eine Gegenüberstellung der drei Kostenvergleiche zeigt, daß die kritische Ausbringungsmenge x_2 für die Beurteilung der Eignung der drei Radladertypen ohne Bedeutung ist, da bei dieser Menge der Typ FA 645 kostengünstiger ist als FA 545 **und** FA 945. Liegt also die erwartete Bauschuttmenge unter 7.500 m³/Monat, entspricht der Radlader FA 545 am besten den Anforderungen des Betriebes, bei Mengen zwischen 7.500 und 25.000 m³/Monat der Radlader FA 645 und bei Mengen über 25.000 m³/Monat stellt der Radlader FA 945 das wirtschaftlichste Modell dar. Abb. 75 veranschaulicht diesen Sachverhalt.

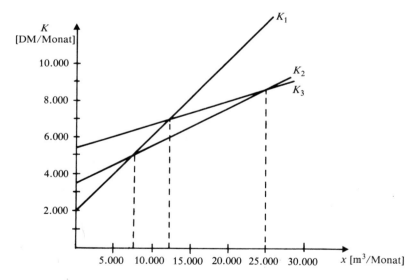

Abb. 75: Wirtschaftlichkeitsvergleich der Radladertypen FA 545, FA 645 und FA 945

3. Grundmodell zur Ermittlung der optimalen Bestellmenge

3.1 Bestellmengenplanung

Ein Betrieb hat einen Jahresbedarf von 30 000 kg eines bestimmten Rohstoffes. Dieser Rohstoff wird kontinuierlich und in gleichen Raten dem Werkstofflager entnommen und im Produktionsprozeß eingesetzt. Bei jeder Beschaffung dieses Rohstoffes entstehen 100, – DM an bestellmengenfixen Kosten. Die Lagerkosten betragen 0,40 DM pro kg und Monat, die Zinskosten 10% p. a. Als Einstandspreis sind unabhängig von der Bestellmenge 12, – DM/kg zu entrichten. Der Betrieb hat sich als Ziel seiner Bestellpolitik die Minimierung der Beschaffungs-, Lager- und Zinskosten gesetzt.

Zur Ermittlung der Bestellmenge x_{opt}, bei der dieses Ziel erreicht wird, sind zunächst die Beschaffungs-, Lager- und Zinskostenfunktionen zu bestimmen.

a) Beschaffungskosten

Die Beschaffungskosten pro kg des Rohstoffes (k_B) setzen sich aus dem Einstandspreis und den anteiligen bestellmengenfixen Kosten zusammen. Da der Einstandspreis wegen seiner Konstanz keinen Einfluß auf die Bestellmenge ausübt, kann er hier vernachlässigt werden, so daß sich folgende für die Entscheidung über die Bestellmenge relevante Stückkostenfunktion ergibt:

$$k_B = \frac{100}{x}.$$

b) Lagerkosten

Der durchschnittliche Lagerbestand beträgt wegen des kontinuierlichen und in gleichen Raten erfolgenden Lagerabgangs:

$$\frac{x}{2} \text{ kg}.$$

Daraus ergeben sich monatliche Lagerkosten von:

$$\frac{x}{2} \cdot 0{,}40$$

und pro Jahr:

$$\frac{x}{2} \cdot 0{,}40 \cdot 12.$$

144 Anwendungen

Bei einem Jahresbedarf von 30 000 kg folgt daraus als Stücklagerkostenfunktion (k_L):

$$k_L = \frac{\frac{x}{2} \cdot 0{,}40 \cdot 12}{30\,000} = 0{,}00008\, x\,.$$

c) Zinskosten

Der durchschnittliche Lagerbestand von $\frac{x}{2}$ kg hat bei einem Einstandspreis von 12,– DM/kg einen Wert von:

$$\frac{x}{2} \cdot 12\,.$$

Daraus folgen jährliche Zinskosten (Zinssatz: 10% p.a.) von:

$$\frac{x}{2} \cdot 12 \cdot \frac{10}{100}$$

und die Stückzinskostenfunktion (k_Z):

$$k_Z = \frac{\frac{x}{2} \cdot 12 \cdot \frac{10}{100}}{30\,000} = 0{,}00002\, x\,.$$

Damit ergibt sich eine Gesamtstückkostenfunktion:

$$k = k_B + k_L + k_Z = \frac{100}{x} + 0{,}00008\, x + 0{,}00002\, x$$

$$= \frac{100}{x} + 0{,}0001\, x\,.$$

Nach Ableitung der Gesamtstückkostenfunktion und Nullsetzen der Ableitung erhält man als Ergebnis die optimale Bestellmenge.

$$k' = \frac{dk}{dx} = -\frac{100}{x^2} + 0{,}0001 \stackrel{!}{=} 0$$

$$\frac{100}{x^2} = 0{,}0001$$

$$x^2 = \frac{100}{0{,}0001} = 1.000.000$$

$$x_{opt} = \underline{\underline{1.000}}\,.$$

Die Beschaffungs-, Lager- und Zinskosten werden minimiert, wenn der Betrieb seinen Jahresbedarf von 30000 kg durch 30 Bestellungen à 1000 kg deckt. Eine Bestellung muß in diesem Falle alle 12 Tage (ein Jahr = 360 Tage) erfolgen.

3.2 Optimale Bestellhäufigkeit

Die **optimale Bestellhäufigkeit**, d. h. die Anzahl der Bestellungen in einer Planungsperiode, die zu minimalen Beschaffungs-, Lager- und Zinskosten führt, läßt sich auch ohne vorherige Ableitung der optimalen Bestellmenge ermitteln.

Zu diesem Zweck ist die Gesamtstückkostenfunktion $k(x)$ in die Funktion $k(n)$ zu überführen. Die Funktion $k(n)$ gibt den Zusammenhang zwischen den Stückkosten und der Bestellhäufigkeit wieder. Die Stückkostenfunktion $k(x)$ lautet in allgemeiner Form[2]:

$$k = \frac{F}{x} + \frac{x \cdot w_0 \cdot (p + l)}{2 \cdot 100 \cdot M}.$$

Wie oft ein Werkstoff in einer Planungsperiode bestellt werden muß, hängt bei gegebenem Gesamtbedarf von der jeweiligen Bestellmenge ab. Es gilt:

$$n = \frac{M}{x} \quad \text{bzw. nach } x \text{ aufgelöst:} \quad x = \frac{M}{n}.$$

Die Funktion $k(x)$ läßt sich nun in $k(n)$ überführen, indem die Variable x durch $\frac{M}{n}$ ersetzt wird:

$$k = \frac{F}{\frac{M}{n}} + \frac{\frac{M}{n} \cdot w_0 \cdot (p + l)}{2 \cdot 100 \cdot M}$$

$$= \frac{F \cdot n}{M} + \frac{w_0 \cdot (p + l)}{n \cdot 2 \cdot 100}.$$

Nach Ableitung der Funktion $k(n)$ und Nullsetzen der Ableitung erhält man die optimale Bestellhäufigkeit.

$$k' = \frac{dk}{dn} = \frac{F}{M} - \frac{w_0 \cdot (p + l)}{200 \cdot n^2} \stackrel{!}{=} 0$$

---

[2] Siehe dazu Abschnitt 4.3.3.2.2 des ersten Teils.

$$\frac{F}{M} = \frac{w_0 \cdot (p + l)}{200 \cdot n^2}$$

$$n^2 = \frac{M \cdot w_0 \cdot (p + l)}{200 \cdot F}$$

$$n_{opt} = \sqrt{\frac{M \cdot w_0 \cdot (p + l)}{200 \cdot F}}$$

Zum gleichen Ergebnis führt das Einsetzen der Formel für die optimale Bestellmenge in die Gleichung:

$$n_{opt} = \frac{M}{x_{opt}} \cdot$$

$$n_{opt} = \frac{M}{\sqrt{\dfrac{200 \cdot M \cdot F}{w_0 \cdot (p + l)}}}$$

$$n_{opt} = \sqrt{\frac{M^2}{\dfrac{200 \cdot M \cdot F}{w_0 \cdot (p + l)}}}$$

$$n_{opt} = \sqrt{\frac{M \cdot w_0 \cdot (p + l)}{200 \cdot F}}$$

4. Operative Programmplanung

4.1 Lineare Optimierung

Ein Unternehmen der Elektroindustrie produziert Kühlschränke und Gefriertruhen. Dabei müssen die beiden Erzeugnisse die drei aufeinanderfolgenden Produktionsstufen A, B und C durchlaufen, deren monatliche Kapazität sowie die Produktionskoeffizienten folgender Tabelle zu entnehmen sind:

Prod.-stufen \ Produkte	Kühlschränke	Gefriertruhen	Kapazität [Std./Monat]
	Bearbeitungszeit [Std./Stck.]		
A	2,5	5	1200
B	4	2	1200
C	1	4	800

Die variablen Kosten je Fertigungsstunde betragen:

Stufe A: 20,– DM/Std.
Stufe B: 30,– DM/Std.
Stufe C: 40,– DM/Std.

Die sonstigen variablen Kosten belaufen sich auf 50,– DM je Kühlschrank und 70,– DM je Gefriertruhe. Das Unternehmen verkauft seine Erzeugnisse zu 300,– DM je Kühlschrank und 430,– DM je Gefriertruhe. Gesucht ist das Produktionsprogramm mit dem maximalen Deckungsbeitrag.

Um die Zielfunktion aufstellen zu können, sind zunächst die variablen Stückkosten und die Stückdeckungsbeiträge der beiden Erzeugnisse zu ermitteln. Die variablen Stückkosten setzen sich aus den anteiligen variablen Kosten einer jeden Produktionsstufe und den sonstigen variablen Kosten zusammen. Der Anteil einer Fertigungsstufe an den variablen Stückkosten eines Erzeugnisses ergibt sich als Produkt des Produktionskoeffizienten und der variablen Kosten pro Fertigungsstunde. Ein Kühlschrank weist z. B. in der Produktionsstufe A eine Bearbeitungszeit von 2,5 Std./Stck. auf; die variablen Stückkosten dieser Stufe betragen dann 2,5 Std./Stck. · 20,– DM/Std. = 50,– DM/Stck.

Daraus folgt:

Produkt	Kühlschränke	Gefriertruhen
	[DM/Stck.]	[DM/Stck.]
Absatzpreis	300,–	430,–
– variable Stückkosten der		
Stufe A	2,5 · 20 = 50,–	5 · 20 = 100,–
Stufe B	4 · 30 = 120,–	2 · 30 = 60,–
Stufe C	1 · 40 = 40,–	4 · 40 = 160,–
– sonstige variable Kosten	50,–	70,–
= Deckungsbeitrag	40,–	40,–

Bezeichnet man die Produktionsmenge der Kühlschränke mit x_1 und die der Gefriertruhen mit x_2, lautet die Zielfunktion des Optimierungsproblems:

$$DB = 40 x_1 + 40 x_2 \rightarrow \text{Max!}$$

Kapazitätsbeschränkungen und Nichtnegativitätsbedingungen lassen sich durch die Ungleichungen (1) bis (4) wiedergeben:

148 Anwendungen

(1) $2{,}5\,x_1 + 5\,x_2 \leqq 1200$

(2) $4\,x_1 + 2\,x_2 \leqq 1200$

(3) $x_1 + 4\,x_2 \leqq 800$

(4) $x_{1/2} \geqq 0$

Die graphische Lösung zeigt Abb. 76. Der Lösungsraum wird durch die Geraden (1) bis (3) und die Achsen des Koordinatenkreuzes begrenzt; (Z) stellt eine Isodeckungsbeitragslinie mit dem Deckungsbeitrag von 20.000,– DM dar. Da diese Isodeckungsbeitragslinie außerhalb des Lösungsraums liegt, ist sie in Richtung des Ursprungs zu verschieben, bis sie den Lösungsraum in einem Eckpunkt tangiert. Dieser Eckpunkt ist der Schnittpunkt der Restriktionsgeraden (1) und (2). Die zugehörigen Produktionsmengen $x_1 = 240$ ME und $x_2 = 120$ ME bilden das optimale Produktionsprogramm; der unter den gegebenen Produktionsbedingungen maximal erzielbare Deckungsbeitrag beträgt 14.400,– DM.

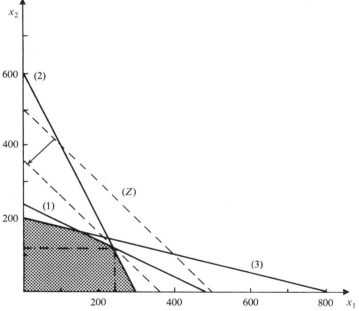

Abb. 76: Graphische Ermittlung des optimalen Produktionsprogramms

Die Koordinaten des durch die graphische Lösung ermittelten Eckpunktes lassen sich auch analytisch bestimmen. Aus den Restriktionen (1) und (2) werden die Gleichungen der entsprechenden Geraden hergeleitet. Sie lauten:

(1)* $x_2 = 240 - \frac{1}{2} x_1$

(2)* $x_2 = 600 - 2 x_1$.

Im Schnittpunkt der beiden Geraden stimmen die Werte von x_1 überein, ebenso die Werte von x_2. Somit gilt:

$$240 - \frac{1}{2} x_1 = 600 - 2 x_1$$

$$\frac{3}{2} x_1 = 360$$

$$x_1 = \underline{\underline{240}}$$

Durch Einsetzen in (2)* erhält man:

$x_2 = 600 - 2 \cdot 240 = \underline{\underline{120}}$.

4.2 Engpaßbezogene Deckungsbeitragsrechnung mit mehreren Engpässen

Ein Unternehmen produziert zwei Erzeugnisse A und B in einem einstufigen Fertigungsprozeß. Zur Fertigung werden die Materialarten M_1 und M_2 benötigt. Zur Herstellung einer Produkteinheit des Produktes A werden je 4,5 kg von M_1 und M_2 benötigt. Für B sind 3 kg/ME von M_1 und 6 kg/ME von M_2 erforderlich. In der Planungsperiode stehen 330 kg von M_2 und 300 kg von M_1 zur Verfügung. Von Produkt B lassen sich max. 40 ME/Periode absetzen.

Die Kosten betragen 20 DM/kg für M_1 und 30 DM/kg für M_2. Sonstige variable Kosten fallen in Höhe von 5 DM/ME für Produkt A und 7 DM/ME für Produkt B an; die Erlöse betragen 275 DM/ME für Produkt A und 337 DM/ME für Produkt B.

Bestimmen Sie das deckungsbeitragsmaximale Produktionsprogramm mit Hilfe der engpaßbezogenen Deckungsbeitragsrechnung.

Lösungsweg:

Produkt:	Materialarten:	M_1	M_2	Dimension:
A		4,5	4,5	kg/ME
B		3	6	kg/ME
Materialkapazität		300	330	kg/Periode

Zunächst werden für die Produkte A und B die Stück-Deckungsbeiträge berechnet:

	Produkt A	Produkt B
Erlöse pro ME:	275,-	337,-
variable Stückkosten:	$4{,}5 \cdot 20 = 90$ $+ 4{,}5 \cdot 30 = 135$ $+ 5$ $\overline{230{,}-}$	$3 \cdot 20 = 60$ $+ 6 \cdot 30 = 180$ $+ 7$ $\overline{247{,}-}$
Stück-Deckungsbeitrag:	45,-	90,-

Kapazitätsüberprüfung:

Die Materialarten stehen bei der Fertigung der Erzeugnisse nur begrenzt zur Verfügung. Jedoch besteht für Produkt A lt. Aufgabenstellung keine Absatzrestriktion. Bei der Fertigung kommt es somit zu Engpässen bei den Materialarten M_1 und M_2.

Berechnung des engpaßbezogenen (relativen) Deckungsbeitrags

Der relative Deckungsbeitrag bezogen auf den Engpaßfaktor M_1 beträgt:

— für Produkt A: $\dfrac{45 \text{ DM/ME}}{4{,}5 \text{ kg/ME}} = 10 \text{ DM/kg}$

— für Produkt B: $\dfrac{90 \text{ DM/ME}}{3 \text{ kg/ME}} = 30 \text{ DM/kg}$

Bezogen auf den Engpaß M_1 wird das Produkt B mit erster Priorität in das Produktionsprogramm aufgenommen.

Analog wird für den zweiten Engpaß M_2 verfahren:

— Produkt A: $\dfrac{45 \text{ DM/ME}}{4{,}5 \text{ kg/ME}} = 10 \text{ DM/kg}$

— Produkt B: $\dfrac{90 \text{ DM/ME}}{6 \text{ kg/ME}} = 15 \text{ DM/kg}$

Auch unter Berücksichtigung des Engpaßfaktors M_2 führt die relative Deckungsbeitragsrechnung zu dem Ergebnis, daß das Produkt B präferiert werden soll. Nur in Fällen der Übereinstimmung der Rangfolge für die Aufnahme in das Produktionsprogramm für jeden vorliegenden Engpaß ist es möglich, das Planungsproblem mit Hilfe der engpaßbezogenen

Deckungsbeitragsrechnung zu lösen. Ergeben sich widersprüchliche Rangfolgen, müssen andere Lösungsverfahren (z. B. Simplexalgorithmus) herangezogen werden.

Entsprechend der festgestellten Rangfolge wird mit höchster Priorität Produkt B in das Produktionsprogramm aufgenommen, wenn möglich mit der maximal absetzbaren Stückzahl.

Kapazitätsinanspruchnahme:

— von M_1: 40 ME/Periode · 3 kg/ME = 120 kg/Periode
  Restkapazität: 180 kg/Periode
  (300 kg/Periode − 120 kg/Periode)

— M_2: 40 ME/Periode · 6 kg/ME = 240 kg/Periode
  Restkapazität: 90 kg/Periode
  (330 kg/Periode − 240 kg/Periode)

Die Restkapazitäten werden zur Produktion von Produkt A verwandt. Es können noch hergestellt werden:

— mit M_1: $\dfrac{180 \text{ kg/Periode}}{4{,}5 \text{ kg/ME}}$ = 40 ME/Periode

— mit M_2: $\dfrac{90 \text{ kg/Periode}}{4{,}5 \text{ kg/ME}}$ = 20 ME/Periode

Da für jede Einheit von Produkt A sowohl M_1 **und** M_2 benötigt werden, können maximal 20 ME/Periode hergestellt werden.

Das optimale Produktionsprogramm ergibt 20 ME/Periode von Produkt A und 40 ME/Periode von Produkt B.

5. Optimale Losgröße

Gegeben sei die Prämissenstruktur des klassischen Modells zur Bestimmung der optimalen Losgröße.

a) Entwickeln Sie eine Formel zur Bestimmung der optimalen Lagerdauer!

   Lösungsansatz:

   $$x_{\text{opt}} = \sqrt{\dfrac{200 \cdot M \cdot F}{w_0 \cdot (l + p)}}$$

Es gelten folgende Beziehungen:

$$n_{opt} = \frac{M}{x_{opt}} \Rightarrow x_{opt} = \frac{M}{n_{opt}}$$

$$t_{opt} = \frac{360}{n_{opt}} \Rightarrow n_{opt} = \frac{360}{t_{opt}}$$

$$x_{opt} = \frac{M}{\frac{360}{t}} = \frac{M \cdot t}{360}$$

Daraus resultiert folgende Gleichung:

$$\frac{M \cdot t}{360} = \sqrt{\frac{200 \cdot M \cdot F}{w_0 \cdot (l + p)}}$$

Durch Auflösung der Gleichung nach t erhält man folgende Lösung:

$$t_{opt} = \sqrt{\frac{200 \cdot F}{w_0 \cdot (l + p) \cdot M}} \cdot 360$$

b) Eine Unternehmung fertigt ihren Jahresbedarf des Zwischenproduktes P in Höhe von 50 000 Stück selbst. Die optimale Losgröße beträgt 10 000 Stück und wurde auf Basis des klassischen Ansatzes vermittelt. Für die Herstellung des Produktes fallen Kosten in Höhe von 40,– DM/Stück und für die Lagerung in Höhe von 0,50 DM/Monat und pro Stück an. Neben 4000 DM Rüstkosten fallen zusätzlich 6000 DM weitere auflagenfixe Kosten an. Die Unternehmung rechnet z. Z. mit einem kalkulatorischen Zinssatz von 10% p. a.

Berechnen Sie, innerhalb welcher Grenzen der Zinssatz variieren darf, wenn die Unternehmung die derzeit realisierte Auflagenhäufigkeit nicht verändern möchte.

$$n_{opt} = \frac{M}{x_{opt}} = \frac{50\,000}{10\,000} = 5$$

Hieraus folgt, daß die rechnerische Auflagehäufigkeit in den Grenzen von $5 \pm 1/2$ variieren darf. Aufgrund der Ganzzahligkeitsbedingung bleibt die realisierte Auflage mit $n = 5$ konstant.

1. Fall: $n = 5 + 1/2 = 11/2$

$$x = \frac{50\,000}{11/2}$$

$$\frac{100\,000}{11} = \sqrt{\frac{200 \cdot 50\,000 \cdot 10\,000}{40 \cdot (15 + p)}}$$

Durch Auflösen der Gleichung nach p ergibt sich $p = 15.25$.

2. Fall: $n = 5 - 1/2 = 9/2$

Der Rechengang verläuft analog zum 1. Fall. Es ergibt sich für p der Wert 5.25.

Der kalkulatorische Zinssatz darf zwischen 5 1/4% p.a. und 15 1/4% p.a variieren, ohne daß die bisher realisierte Auflagehäufigkeit verändert werden müßte.

6. Produktionsfunktion vom Typ A

6.1 Ermittlung der vier Phasen einer ertragsgesetzlichen Produktionsfunktion

Gegeben ist die Produktionsfunktion

$$x = 6v_1 + 6v_1^2 - v_1^3.$$

Gesucht sind die Intervalle der Einsatzmengen des Produktionsfaktors v_1, denen jeweils eine Phase des *Gutenberg*'schen Vier-Phasen-Schemas zugeordnet werden kann.

Phase 1:

Die erste Phase der Ertragsentwicklung wird durch den Wendepunkt der Gesamtertragsfunktion und das Maximum der Grenzertragsfunktion abgeschlossen. Die zweite Ableitung der Gesamtertragsfunktion besitzt an dieser Stelle den Wert null ($x'' = 0$). Es gilt:

$$x' = \frac{dx}{dv_1} = 6 + 12v_1 - 3v_1^2$$

$$x'' = \frac{d^2x}{dv_1^2} = 12 - 6v_1 \stackrel{!}{=} 0$$

$$6v_1 = 12$$

$$v_1 = \underline{\underline{2}}$$

Phase 1 der gegebenen Produktionsfunktion umfaßt das Faktoreinsatzmengenintervall $0 \leq v_1 \leq 2$; der zugehörige maximale Grenzertrag hat den Wert $x' = 18$.

Phase 2:

Am Ende der zweiten Phase der Ertragsentwicklung erreicht der Durchschnittsertrag (e) sein Maximum. Die erste Ableitung weist an dieser Stelle den Wert null auf ($e' = 0$). Es gilt:

$$e = \frac{x}{v_1} = 6 + 6v_1 - v_1^2$$

$$e' = \frac{de}{dv_1} = 6 - 2v_1 \stackrel{!}{=} 0$$

$$2v_1 = 6$$

$$v_1 = \underline{\underline{3}}$$

Phase 2 umfaßt das Faktoreinsatzmengenintervall $2 < v_1 \leq 3$; der maximale Durchschnittsertrag besitzt den Wert $e = 15$. Da die Durchschnittsertragskurve in ihrem Maximum die Grenzertragskurve schneidet, kann die Faktoreinsatzmenge, bei der die zweite Phase beendet ist, auch bestimmt werden, indem man den Schnittpunkt der beiden Kurven ermittelt ($x' = e$).

Phase 3:

Am Ende der dritten Phase liegt das Maximum des Gesamtertrags. An dieser Stelle besitzt der Grenzertrag den Wert null ($x' = 0$). Es gilt:

$$x' = 6 + 12v_1 - 3v_1^2 \stackrel{!}{=} 0$$

$$v_1^2 - 4v_1 - 2 = 0$$

$$v_{11/2} = 2 \pm \sqrt{4 + 2}$$

$$v_{11} \approx \underline{\underline{4{,}45}}$$

$$[v_{12} \approx -2{,}25]$$

Phase 3 umfaßt das Faktoreinsatzmengenintervall $3 < v_1 \leq 4{,}45$; der maximal mögliche Gesamtertrag beträgt 57,4 ME.

Phase 4:

Die vierte Phase der Ertragsentwicklung umfaßt alle Faktoreinsatzmengen $v_1 > 4{,}45$. In dieser Phase sinkt der Gesamtertrag bei zunehmendem Einsatz des Faktors v_1.

6.2 Minimalkostenkombination

Aus der Produktionsfunktion $x = 0{,}75\, v_1^{1/2} \cdot v_2^{1/2}$ und der Kostengleichung $K = 2{,}5\, v_1 + 10\, v_2$ ist die Minimalkostenkombination für einen Ertrag von $x = 54$ zu ermitteln.

Die Minimalkostenkombination muß den Bedingungen

$$\frac{dv_2}{dv_1} = -\frac{p_1}{p_2} \quad \text{bzw.} \quad \frac{\dfrac{\partial x}{\partial v_1}}{\dfrac{\partial x}{\partial v_2}} = \frac{p_1}{p_2}$$

genügen. Ihre Ermittlung kann also alternativ wie folgt durchgeführt werden:

a) $\quad \dfrac{dv_2}{dv_1} = -\dfrac{p_1}{p_2}\,.$

Die Preise der beiden Produktionsfaktoren können der Kostengleichung entnommen werden; es ergibt sich ein Preisverhältnis

$$-\frac{p_1}{p_2} = -\frac{2{,}5}{10} = -\frac{1}{4}\,.$$

Die Grenzrate der Substitution von v_2 durch v_1 erhält man durch Ableitung der Ertragsfunktion $54 = 0{,}75\, v_1^{1/2} \cdot v_2^{1/2}$. Zunächst wird diese Funktion nach v_2 aufgelöst:

$$54 = 0{,}75\, v_1^{1/2} \cdot v_2^{1/2}$$

$$v_2^{1/2} = \frac{54}{0{,}75\, v_1^{1/2}} = \frac{54}{0{,}75}\, v_1^{-1/2} = 72\, v_1^{-1/2}$$

$$v_2 = (72\, v_1^{-1/2})^2 = 5184\, v_1^{-1}$$

und dann nach v_1 abgeleitet[4]:

$$\frac{dv_2}{dv_1} = -5184\, v_1^{-2}\,.$$

---

[4] Die Ableitung einer Funktion $y = ax^n$ ist gegeben durch $\dfrac{dy}{dx} = nax^{n-1}$.

156 Anwendungen

Für die Minimalkostenkombination gilt:

$$-5184\, v_1^{-2} = -\frac{1}{4}$$

$$v_1^{-2} = \frac{1}{20736}$$

$$v_1^2 = 20736$$

$$v_1 = +\sqrt{20736} = \underline{\underline{144}}$$

$$v_2 = 5184 \cdot 144^{-1} = \frac{5184}{144}$$

$$v_2 = \underline{\underline{36}}$$

Der Ertrag von $x = 54$ wird bei einer Kombination von 144 v_1 und 36 v_2 mit minimalen Kosten von

$$K = 2{,}5 \cdot 144 + 10 \cdot 36 = 720$$

erzielt.

b) $\quad \dfrac{\dfrac{\partial x}{\partial v_1}}{\dfrac{\partial x}{\partial v_2}} = \dfrac{p_1}{p_2}$

Die Grenzproduktivitäten von v_1 und v_2 erhält man durch partielle Ableitung der gegebenen Produktionsfunktion $x = f(v_1; v_2)$[5].

$$\frac{\partial x}{\partial v_1} = \frac{1}{2} \cdot 0{,}75\, v_1^{-1/2} \cdot v_2^{1/2}$$

$$\frac{\partial x}{\partial v_2} = \frac{1}{2} \cdot 0{,}75\, v_1^{1/2} \cdot v_2^{-1/2}$$

---

[5] Bei partieller Ableitung nach einer der Variablen v_1 oder v_2 wird die andere Variable als Konstante betrachtet.

Für die Minimalkostenkombination gilt:

$$\frac{\frac{1}{2} \cdot 0{,}75\, v_1^{-1/2} \cdot v_2^{1/2}}{\frac{1}{2} \cdot 0{,}75\, v_1^{1/2} \cdot v_2^{-1/2}} = \frac{1}{4}$$

$$\frac{v_1^{-1/2} \cdot v_2^{1/2}}{v_1^{1/2} \cdot v_2^{-1/2}} = \frac{1}{4}$$

$$v_1^{-1} \cdot v_2 = \frac{1}{4}$$

$$v_2 = \frac{1}{4} v_1 \,.$$

Durch Einsetzen in die Ertragsfunktion erhält man:

$$54 = 0{,}75\, v_1^{1/2} \cdot \left(\frac{1}{4} v_1\right)^{1/2}$$

$$54 = 0{,}75\, v_1^{1/2} \cdot \frac{1}{2} v_1^{1/2}$$

$$54 = \frac{3}{8} v_1$$

$$v_1 = \frac{8}{3} \cdot 54 = \underline{\underline{144}}$$

$$v_2 = \frac{1}{4} \cdot 144 = \underline{\underline{36}}$$

6.3 Homogenität

Überprüfen Sie folgende Funktionen auf Homogenität und ermitteln Sie gegebenenfalls den Homogenitätsgrad.

a) $f(\underline{x}) = x^2 + x$ b) $f(\underline{x}) = (a x_1^{-p} + (1-a) x_2^{-p})^{-1/p}$
c) $f(\underline{x}) = x_1^a \cdot x_2^b$

Vorgehensweise an einem Beispiel:

Es gilt:
Eine Funktion $f(\underline{x})$ heißt homogen vom Grade r wenn gilt:
$f(l\underline{x}) = \lambda^r \cdot f(\underline{x})$

Im folgenden Beispiel soll die Homogenität von folgender Funktion nachgewiesen werden:

$$f(\underline{x}) = a(x_1)^{0.5} + \sqrt{x_2}$$

1. Schritt:

Es werden zunächst alle x_i durch den Term λx_i ersetzt

$$f(\lambda \underline{x}) = a(\lambda x_1)^{0.5} + \sqrt{(\lambda x_2)}$$

2. Schritt:

Es wird nun versucht, das λ aus der Gesamtfunktion wieder herauszulösen.

$$f(\lambda \underline{x}) = a \cdot \lambda^{0.5} x_1^{0.5} + \lambda^{0.5} x_2^{0.5}$$
$$= \lambda^{0.5} \cdot (a x_1^{0.5} + x_2^{0.5})$$

Die Funktion $f(\underline{x}) = a(x_1^{0.5}) + \sqrt{x_2}$ ist homogen vom Grade 0.5.

Lösungsweg:

a) $f(x) = x^2 + x$

$f(\lambda x) = (\lambda x)^2 + \lambda x = \lambda^2 x^2 + \lambda x = \lambda \cdot (\lambda x + x)$

nicht homogen

b) $f(\underline{x}) = (a x_1^{-p} + (1-a) x_2^{-p})$

$f(\lambda \underline{x}) = (a(\lambda x_1)^{-p} + (1-a)(\lambda x_2)^{-p})^{-1/p}$

$= (a \cdot \lambda^{-p} \cdot x_1^{-p} + (1-a) \cdot \lambda^{-p} \cdot x_2^{-p})^{-1/p}$

$= ((\lambda^{-p}) \cdot (a x_1^{-p} + (1-a) x_2^{-p}))^{-1/p}$

$= (\lambda^{-p})^{-1/p} \cdot (a x_1^{-p} + (1-a) x_2^{-p})^{-1/p}$

$= \lambda^1 \cdot (a x_1^{-p} + (1-a) x_2^{-p})^{-1/p}$

homogen vom Grade 1

c) $f(\underline{x}) = x_1^a \cdot x_2^b$

$f(\lambda \underline{x}) = (\lambda x_1)^a \cdot (\lambda x_2)^b = \lambda x_1^a \cdot \lambda x_2^b$

$= \lambda^{a+b} (x_1^a \cdot x_2^b)$

homogen vom Grad a + b

7. Produktionsfunktion vom Typ B

Zum Betrieb einer Maschine werden zwei Einsatzfaktoren benötigt, für die die folgenden Funktionen den Verbrauch (ME/Stck.) in Abhängigkeit von der Intensität (Stck./Std.) anzeigen:

$v_1 = 2d^2 - 16d + 40$

$v_2 = 2{,}5d^2 - 28d + 80$

Die Preise der beiden Einsatzfaktoren sind $p_1 = 3{,}-$ DM/ME und $p_2 = 4{,}-$ DM/ME.

a) Wieviel Mengeneinheiten des Faktors v_1 werden täglich verbraucht, wenn die Maschine mit optimaler Intensität läuft und aufgrund der geplanten Produktionsmenge täglich acht Stunden in Betrieb ist?

b) Wieviel Mengeneinheiten des Faktors v_1 werden bei gleicher täglicher Produktionsmenge am Tage verbraucht, wenn der Betrieb wegen Beschaffungsschwierigkeiten den Verbrauch von v_1 minimieren will?

Lösung:

a) Gesucht ist der Tagesverbrauch von v_1 bei optimaler Intensität der Maschine.

Erster Lösungsschritt: Ermittlung der optimalen Intensität.

Optimal ist die Intensität, bei der die Summe der mit den Preisen bewerteten Verbrauchsmengen je Leistungseinheit (= Stückkosten) minimal ist.

$k = p_1 \cdot v_1 + p_2 \cdot v_2 \to$ Min!

Durch Einsetzen der gegebenen Verbrauchsfunktionen und Preise erhält man:

$k = 3(2d^2 - 16d + 40) + 4(2{,}5d^2 - 28d + 80)$
$ = 6d^2 - 48d + 120 + 10d^2 - 112d + 320$
$ = 16d^2 - 160d + 480 \to$ Min!

Bedingungen für ein Minimum:

α) $k' = \dfrac{dk}{dd} \stackrel{!}{=} 0$

β) $k''(d_{\text{opt}}) > 0$

Die Ableitung der Stückkostenfunktion ergibt:

$k' = 32d - 160$ und $k'' = 32$

160 Anwendungen

$$32d - 160 \stackrel{!}{=} 0$$

$$d_{opt} = \frac{160}{32} = \underline{\underline{5 \text{ Stck./Std.}}}$$

$k'' > 0$; also arbeitet die Maschine bei einer Intensität von 5 Stck./Std. mit minimalen Stückkosten.

Zweiter Lösungsschritt: Ermittlung des Tagesverbrauchs (V_1^{tot})

Es gilt:

V_1^{tot}	$= v_1(d_{opt})$	$\cdot\ d_{opt}$	$\cdot\ t$
Tagesverbrauch	= Verbrauch pro Stück bei opt. Intensität	$\cdot$ Produktion pro Stunde bei opt. Intensität	$\cdot$ Produktionszeit pro Tag
[ME/Tag]	= [ME/Stck.]	$\cdot$ [Stck./Std.]	$\cdot$ [Std./Tag]

bzw. nach Einsetzen:

$$V_1^{tot} = (2 \cdot 5^2 - 16 \cdot 5 + 40) \cdot 5 \cdot 8$$
$$= 10 \cdot 40 = \underline{\underline{400 \text{ [ME/Tag]}}}$$

b) Wegen der Schwierigkeiten, den Faktor v_1 zu beschaffen, ist das Ziel nicht mehr, die Tagesproduktion mit minimalen Kosten zu erzeugen, sondern mit minimalem Verbrauch an v_1. Die Intensität der Maschine, mit der sich dieses Ziel erreichen läßt, wird zunächst durch Ableitung der Verbrauchsfunktion $v_1 = f(d)$ und Nullsetzen der Ableitung ermittelt.

$$v'_1 = 4d - 16 \stackrel{!}{=} 0 \qquad v''_1 = 4 > 0$$

$$4d = 16$$

$$d = \underline{\underline{4 \text{ Stck./Std.}}}$$

Bei einer Intensität von 4 Stck./Std. wird der Verbrauch von v_1 minimiert. Es ergibt sich bei gleichbleibender Tagesproduktion ein Tagesverbrauch von:

$$V_1^{tot} = (2 \cdot 4^2 - 16 \cdot 4 + 40) \cdot 4 \cdot 10$$
$$= 8 \cdot 40 = \underline{\underline{320 \text{ ME/Tag}}}$$

Die gegenüber a) höhere Betriebszeit $t = 10$ Std./Tag ist notwendig, um bei verminderter Intensität ($d = 4$ statt $d_{opt} = 5$) die gleiche Tagesproduktion erzielen zu können.

8. Aktivitätsanalyse

Einer Unternehmung stehen zur Herstellung ihres Erzeugnisses zwei linear-limitationale Prozesse zur Verfügung. Die beiden Prozesse lassen sich formal wie folgt darstellen:

Prozeß I $\quad x = \min\left(\dfrac{1}{2}r_1; \dfrac{1}{2}r_2\right)$

und

Prozeß II $\quad x = \min\left(\dfrac{1}{3}r_1; \dfrac{2}{3}r_2\right)$

x = Ausbringungsmengen des Erzeugnisses, r_1 = Einsatzmengen von Faktor 1, r_2 = Einsatzmengen von Faktor 2.

a) Zeichnen Sie die beiden Produktionsprozesse und die dazugehörigen Ertragsisoquanten für $x = 10$, $x = 20$, $x = 30$ und $x = 40$ in ein r_1-r_2-Diagramm.
b) Wie lautet die Gleichung der Ertragsisoquante mit dem Ertragsniveau 30?
c) Welche Prozeßkombination muß die Unternehmung wählen, wenn sie 100 ME von Faktor 1 und 70 ME von Faktor 2 zur Verfügung hat und ihren Output maximieren möchte? (Graphische Lösung)
d) Welchen Produktionsprozeß wählt die Unternehmung, wenn Faktor 1 einen Preis von 3.– GE/ME und Faktor 2 einen Preis von 1.– GE/ME hat?

162 Anwendungen

Lösung:

a)

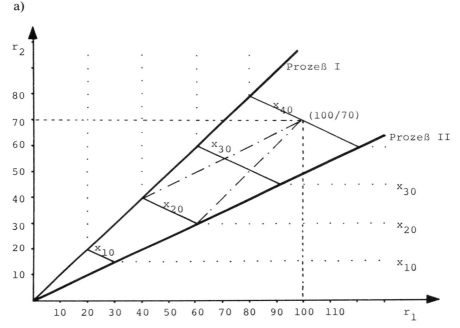

Abb. 77: Produktionsprozesse und dazugehörige Erfolgsisoquanten

b) $r_2 = 90 - \frac{1}{2} r_1$

c) Die Unternehmung stellt 20 Outputeinheiten mit Prozeß I her. Sie benötigt dazu 40 ME von Faktor 1 und 40 ME von Faktor 2. Die restlichen 60 ME von Faktor 1 und 30 ME von Faktor 2 setzt sie im Prozeß II ein und erhält nochmals 20 Outputeinheiten. Der maximale Output ist 40 Outputeinheiten.

d) Die Isokostenlinie hat die Steigung -3. Die Unternehmung würde unter Beachtung des Wirtschaftlichkeitsprinzips nur nach dem Prozeß I produzieren.

9. Optimale Anpassung an Beschäftigungsschwankungen

9.1 Ertragsgesetzliche Anpassung

Gegeben sind die Produktionsfunktion $x = \frac{1}{2} v_1^{2/3} \cdot v_2^{1/3}$ und die Faktorpreise $p_1 = 4,-$ DM/ME und $p_2 = 16,-$ DM/ME. Gesucht ist die Kostenfunktion $K = f(x)$ bei

a) partieller Faktorvariation von v_2 und konstantem $v_1 = 8$;

b) totaler Faktorvariation unter Beachtung der Minimalkostenkombination.

Lösung:

a) Ausgangspunkt der Lösung ist die Kostenfunktion $K = p_1 \cdot v_1 + p_2 \cdot v_2 = 4 v_1 + 16 v_2$. Da vom Faktor v_1 unabhängig vom Ertragsniveau konstant 8 ME eingesetzt werden, ergeben sich Fixkosten von $4,-$ DM/ME $\cdot$ 8 ME $= 32,-$ DM. Der Faktor v_2 variiert mit der Veränderung des Ertragsniveaus. Die funktionale Beziehung zwischen dem Ertrag x und v_2 läßt sich durch Einsetzen von $v_1 = 8$ in die gegebene Produktionsfunktion ermitteln:

$$x = \frac{1}{2} \cdot 8^{2/3} \cdot v_2^{1/3}$$

$$x = \frac{1}{2} \cdot 4 \cdot v_2^{1/3}$$

$$x = 2 v_2^{1/3}$$

Diese Funktion wird nach v_2 aufgelöst:

$$v_2^{1/3} = \frac{x}{2}$$

$$v_2 = \left(\frac{x}{2}\right)^3$$

$$v_2 = \frac{x^3}{8}$$

Die variablen Kosten betragen somit $16,-$ DM/ME $\cdot \frac{x^3}{8}$ ME $= 2 x^3$ DM; die gesuchte Kostenfunktion bei partieller Faktorvariation lautet:

$$K = f(x) = \underline{\underline{32 + 2 x^3}}$$

b) Ausgangspunkt ist wieder $K = f(v_1; v_2)$. Bei totaler Faktorvariation ändern sich die Einsatzmengen sowohl von v_2 als auch von v_1 mit der Höhe des Ertrages. Es ist die Beziehung zwischen v_2 bzw. v_1 und dem Ertrag x unter Beachtung der Minimalkostenkombination zu bestimmen. Diese muß der Bedingung:

$$\frac{\dfrac{\partial x}{\partial v_1}}{\dfrac{\partial x}{\partial v_2}} = \frac{p_1}{p_2}$$

genügen. Durch partielle Ableitung der Produktionsfunktion nach v_1 bzw. v_2 erhält man die Grenzproduktivitäten der beiden Faktoren:

$$\frac{\partial x}{\partial v_1} = \frac{1}{2} \cdot \frac{2}{3} v_1^{-1/3} \cdot v_2^{1/3} \quad \text{und}$$

$$\frac{\partial x}{\partial v_2} = \frac{1}{2} \cdot \frac{1}{3} v_1^{2/3} \cdot v_2^{-2/3}$$

Daraus folgt:

$$\frac{\dfrac{1}{2} \cdot \dfrac{2}{3} v_1^{-1/3} \cdot v_2^{1/3}}{\dfrac{1}{2} \cdot \dfrac{1}{3} v_1^{2/3} \cdot v_2^{-2/3}} = \frac{4}{16} = \frac{1}{4}$$

$$\frac{2 v_1^{-1/3} \cdot v_2^{1/3}}{v_1^{2/3} \cdot v_2^{-2/3}} = \frac{1}{4}$$

$$2 v_1^{-1} \cdot v_2 = \frac{1}{4}$$

$$v_2 = \frac{1}{8} v_1$$

Durch Einsetzen in die Produktionsfunktion erhält man:

$$x = \frac{1}{2} v_1^{1/3} \cdot \left(\frac{1}{8} v_1\right)^{1/3}$$

$$x = \frac{1}{2} v_1^{2/3} \cdot \frac{1}{2} v_1^{1/3} = \frac{1}{4} v_1$$

$$v_1 = 4x$$

$$v_2 = \frac{1}{8} v_1 = \frac{1}{8} \cdot 4x = \frac{1}{2} x \ .$$

Durch Einsetzen in $K = f(v_1; v_2)$ erhält man die gesuchte Kostenfunktion $K = f(x)$ bei totaler Faktorvariation und Beachtung der Minimalkostenkombination:

$$K = 4 \cdot 4x + 16 \cdot \frac{1}{2} x = 16x + 8x = \underline{\underline{24x}}$$

9.2 Kombinierte Anpassung bei zwei funktionsgleichen, aber kostenverschiedenen Maschinen

Ein Betrieb verfügt über zwei funktionsgleiche, aber kostenverschiedene Maschinen A und B. Die Betriebszeit t dieser Maschinen kann zwischen null und zehn Stunden pro Tag variiert werden ($0 \leq t_{A/B} \leq 10$), ihre Intensität d zwischen null und zehn Stück pro Stunde ($0 \leq d_{A/B} \leq 10$). Für jede bei gegebener Betriebsgröße mögliche Beschäftigung x, also für Ausbringungsmengen zwischen null und 200 Stück pro Tag ($0 \leq x \leq 200$) ist der **optimale Maschineneinsatz** zu bestimmen, wobei die folgenden Funktionen den Verbrauch der Einsatzfaktoren (ME/Stck.) in Abhängigkeit von der Intensität d (Stck./Std.) angeben. Die Faktorpreise betragen $p_1 = 4,-$ DM/ME und $p_2 = 7,-$ DM/ME.

Faktor \ Maschine	A	B
1	$v_{1_A} = \frac{1}{4} d_A^2 - 2{,}5 d_A + 21$	$v_{1_B} = \frac{1}{2} d_B^2 - 5 d_B + 17$
2	$v_{2_A} = \frac{1}{7} d_A^2 - 2 d_A + 12$	$v_{2_B} = \frac{2}{7} d_B^2 - 4 d_B + 16$

Lösung:

Der Betrieb setzt seine Maschinen dann optimal ein, wenn er sich an eine Änderung der Beschäftigung so anpaßt, daß er bei jeder realisierten Beschäftigung x mit den jeweils niedrigsten Kosten produziert. Bei der Entscheidung über den optimalen Maschineneinsatz sind nur die variablen Kosten zu berücksichtigen, da die Fixkosten bei gegebener Betriebsgröße
– gleichgültig wie man die Ausbringungsmenge auf die Maschinen ver-

166 Anwendungen

teilt — unverändert bleiben, durch eine solche Entscheidung also nicht beeinflußt werden.

Für die Produktion nur einer Mengeneinheit pro Tag wird der Betrieb die kostengünstigere Maschine einsetzen, das ist die Maschine, deren minimale Stückkosten (= Stückkosten bei optimalem Leistungsgrad) niedriger sind. Diese Maschine läuft dann bei optimalem Leistungsgrad gerade solange, wie für die Herstellung einer Produktmengeneinheit erforderlich. Steigt die Beschäftigung, verhält sich der Betrieb optimal, wenn er die kostengünstigere Maschine zunächst bei optimalem Leistungsgrad zeitlich anpaßt, bis die maximale Betriebszeit von 10 Std./Tag erreicht ist. Um diese Maschine zu bestimmen, sind — ausgehend von den gegebenen Verbrauchsfunktionen und Faktorpreisen — die Stückkostenfunktionen, der optimale Leistungsgrad und die minimalen Stückkosten der beiden zur Verfügung stehenden Maschinen A und B zu ermitteln.

Maschine A   **Maschine B**

a) Stückkostenfunktion [DM/Stck.]

$k_A = v_{1_A} \cdot p_1 + v_{2_A} \cdot p_2$ $k_B = v_{1_B} \cdot p_1 + v_{2_B} \cdot p_2$

$= \left(\frac{1}{4} d_A^2 - 2{,}5\, d_A + 21\right) \cdot 4$ $= \left(\frac{1}{2} d_B^2 - 5\, d_B + 17\right) \cdot 4$

$+ \left(\frac{1}{7} d_A^2 - 2\, d_A + 12\right) \cdot 7$ $+ \left(\frac{2}{7} d_B^2 - 4\, d_B + 16\right) \cdot 7$

$= d_A^2 - 10\, d_A + 84$ $= 2\, d_B^2 - 20\, d_B + 68$

$+ d_A^2 - 14\, d_A + 84$ $+ 2\, d_B^2 - 28\, d_B + 112$

$\boxed{k_A = 2\, d_A^2 - 24\, d_A + 168}$ $\boxed{k_B = 4\, d_B^2 - 48\, d_B + 180}$

b) optimaler Leistungsgrad [Stck./Std.]

Bedingungen:

$k'_A \stackrel{!}{=} 0;\quad k''_A(d_{A_{opt}}) \stackrel{!}{>} 0$ $k'_B \stackrel{!}{=} 0;\quad k''_B(d_{B_{opt}}) \stackrel{!}{>} 0$

$k'_A = \dfrac{dk_A}{dd_A} = 4\, d_A - 24 \stackrel{!}{=} 0$ $k'_B = \dfrac{dk_B}{dd_B} = 8\, d_B - 48 \stackrel{!}{=} 0$

$d_{A_{opt}} = \underline{\underline{6}}$ $d_{B_{opt}} = \underline{\underline{6}}$

$k''_A = 4 \rightarrow k''_A(6) > 0$ $k''_B = 8 \rightarrow k''_B(6) > 0$

c) minimale Stückkosten [DM/Stck.]

$k_{A_{min}} = 2 \cdot 6^2 - 24 \cdot 6 + 168$ $k_{B_{min}} = 4 \cdot 6^2 - 48 \cdot 6 + 180$

$\phantom{k_{A_{min}}} = 72 - 144 + 168 = \underline{\underline{96}}$ $\phantom{k_{B_{min}}} = 144 - 288 + 180 = \underline{\underline{36}}$

Maschine B ist kostengünstiger; sie allein wird zunächst bei optimalem Leistungsgrad ($d_{B_{opt}}$ = 6 Stck./Std.) eingesetzt und zeitlich zwischen null und zehn Stunden angepaßt. Es gilt somit für die erste Anpassungsphase:

Phase 1:	Maschine B	$d_{B_{opt}} = 6$	$0 \leq t_B \leq 10$	$0 \leq x \leq 60$

Beispiele:

Sollen 15 Stck./Tag produziert werden, wird die Maschine B 2,5 Std./Tag mit optimaler Intensität eingesetzt. Es fallen variable Kosten in Höhe von 15 Stck./Tag · 36,− DM/Stck. = 540,− DM/Tag an. Bei einer Ausbringung von 27 Stck./Tag ist die Maschine B bei optimaler Intensität 4,5 Std. täglich im Einsatz bei Kosten von 27 Stck./Tag · 36,− DM/Stck. = 972,− DM/Tag.

Eine weitere zeitliche Anpassung von Maschine B ist nicht möglich. Steigt die Beschäftigung über 60 Stck./Tag hinaus, so kann sich der Betrieb daran entweder anpassen, indem er die Intensität der Maschine B erhöht oder indem er die Maschine A zusätzlich einsetzt (quantitative Anpassung) und zeitlich oder intensitätsmäßig anpaßt. Das optimale Verhalten ergibt sich aus einem Vergleich des mit diesen Alternativen verbundenen Kostenzuwachses oder aus einem Vergleich der Gesamtkosten bei einer Produktionsmenge > 60 Stck./Tag. Zur Veranschaulichung sind in Abb. 78 die Grenz- und Stückkosten der beiden Maschinen dargestellt.

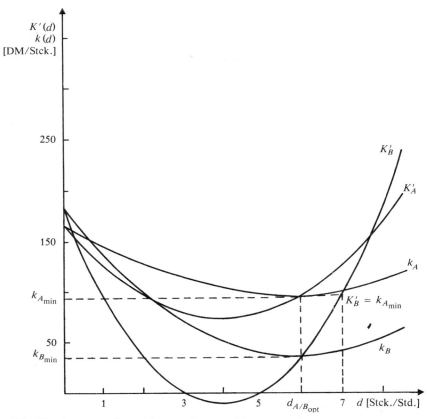

Abb. 78: Grenz- und Stückkosten der Maschinen A und B

Kostenvergleich:

Alternative 1:

Es wird weiterhin nur die kostengünstigere Maschine (hier: Maschine B) eingesetzt und bei steigender Beschäftigung intensitätsmäßig angepaßt. Die Kosten jeder zusätzlich produzierten Einheit werden durch die Grenzkosten der Maschine B angegeben.

Alternative 2:

Die Anpassung an die steigende Beschäftigung erfolgt durch zusätzlichen Einsatz der koste**nun**günstigeren Maschine (hier: Maschine A), die bei optimaler Intensität zeitlich angepaßt wird. Für jede zusätzlich produzierte Mengeneinheit erhöhen sich dann die Kosten um die minimalen Stückkosten dieser Maschine A.

Schlußfolgerung:

In der ersten Anpassungsphase wird die Maschine B mit optimaler Intensität betrieben. Bei dieser Intensität liegen die Grenzkosten der Maschine B unter den minimalen Stückkosten von A. Solange dies auch bei steigender Intensität gilt, ist die Alternative 1 vorzuziehen. In der zweiten Anpassungsphase wird also die kostengünstigere Maschine B intensitätsmäßig angepaßt, bis ihre Grenzkosten gleich den minimalen Stückkosten der Maschine A sind, d. h.

$K'_B = k_{A_{min}}$ (siehe auch Abb. 78).

Die Grenzkostenfunktion erhält man, indem man durch Multiplikation der Stückkosten k_B [DM/Stck.] mit dem Leistungsgrad d_B [Stck./Std.] die Gesamtkosten K_B [DM/Std.] ermittelt und diese nach d_B ableitet.

$$k_B = 4 d_B^2 - 48 d_B + 180$$
$$K_B = k_B \cdot d_B = 4 d_B^3 - 48 d_B^2 + 180 d_B$$
$$K'_B = \frac{dK_B}{dd_B} = 12 d_B^2 - 96 d_B + 180$$

Der Leistungsgrad, bis zu dem die Maschine B in der zweiten Anpassungsphase intensitätsmäßig angepaßt wird, ist dann wie folgt zu bestimmen:

$$K'_B = k_{A_{min}}$$
$$12 d_B^2 - 96 d_B + 180 = 96$$
$$12 d_B^2 - 96 d_B + 84 = 0$$
$$d_B^2 - 8 d_B + 7 = 0$$
$$d_{B_{1/2}} = 4 \pm \sqrt{16 - 7}$$
$$d_{B_{1/2}} = 4 \pm \sqrt{9} = 4 \pm 3$$
$$d_{B_1} = 7 \quad [d_{B_2} = 1]$$

In der zweiten Anpassungsphase wird die Maschine B bis zu einer Intensität von $d_B = 7$ Stck./Std. intensitätsmäßig angepaßt. In dieser Phase gilt:

Phase 2: Maschine B	$6 < d_B \leq 7$	$t_B = 10$	$60 < x \leq 70$

Steigt die Beschäftigung weiter, wird die kostenungünstigere Maschine A zusätzlich eingesetzt und zeitlich bei optimaler Intensität bis zur maximalen Betriebszeit angepaßt (Alternative 2). Daraus folgt:

Phase 3:	Maschine B	$d_B = 7$	$t_B = 10$	$\left.\rule{0pt}{2.2ex}\right\}$ $70 < x \leq 130$
	Maschine A	$d_{A_{\text{opt}}} = 6$	$0 < t_A \leq 10$	

Beispiele für den Kostenvergleich:

a) Maximale Produktion in Phase 1: 60 Stck./Tag

$\rightarrow K(60) = 60$ Stck./Tag $\cdot$ 36,– DM/Stck. = $\underline{\underline{2.160,-\text{ DM/Tag}}}$

Die Produktion wird auf 61 Stck./Tag gesteigert.

Alternative 1: intensitätsmäßige Anpassung

$\rightarrow K(61) = 61$ Stck./Tag $\cdot k_B(6,1)$ [DM/Stck.]
$= 61$ Stck./Tag $\cdot$ 36,04 DM/Stck.
$= \underline{\underline{2.198{,}44 \text{ DM/Tag}}}$

Alternative 2: zusätzlicher Einsatz von A

$\rightarrow K(61) = 60$ Stck./Tag $\cdot k_B(6)$ [DM/Stck.]
$ + 1$ Stck./Tag $\cdot k_A(6)$ [DM/Stck.]
$= 60$ Stck./Tag $\cdot$ 36,– DM/Stck.
$ + 1$ Stck./Tag $\cdot$ 96,– DM/Stck.
$= \underline{\underline{2.256,-\text{ DM/Tag}}}$

b) Maximale Produktion in Phase 2: 70 Stck./Tag

$\rightarrow K(70) = 70$ Stck./Tag $\cdot k_B(7)$ [DM/Stck.]
$= 70$ Stck./Tag $\cdot$ 40 DM/Stck.
$= \underline{\underline{2.800,-\text{ DM/Tag}}}$

Die Produktion wird auf 71 Stck./Tag gesteigert.

Alternative 1: intensitätsmäßige Anpassung

$\rightarrow K(71) = 71$ Stck./Tag $\cdot k_B(7,1)$ [DM/Stck.]
$= 71$ Stck./Tag $\cdot$ 40,84 DM/Stck.
$= \underline{\underline{2.899{,}64 \text{ DM/Tag}}}$

Alternative 2: zusätzlicher Einsatz von A

$\rightarrow K(71) = 70$ Stck./Tag $\cdot k_B(7)$ [DM/Stck.]
$ + 1$ Stck./Tag $\cdot k_A(6)$ [DM/Stck.]
$= 70$ Stck./Tag $\cdot$ 40,– DM/Stck.
$ + 1$ Stck./Tag $\cdot$ 96,– DM/Stck.
$= \underline{\underline{2.896,-\text{ DM/Tag}}}$

Zur Veranschaulichung des optimalen Anpassungsverhaltens in den Phasen 1 bis 3 sind in Abb. 79 für die beiden Maschinen die Entwicklung der Gesamtkosten [DM/Tag] bei zeitlicher und intensitätsmäßiger Anpassung und der Gesamtkostenverlauf in der dritten Anpassungsphase (Einsatz beider Maschinen; Produktionsmenge > 70 Stck./Tag) dargestellt. Es wird deutlich, daß bis zu einer Produktionsmenge von 60 Stck./Std. die zeitliche Anpassung der Maschine B bei optimaler Intensität zu den niedrigsten Gesamtkosten führt (K_B^z). Auch im Bereich zwischen 60 und 70 Stck./Tag ist es für den Betrieb von Vorteil, nur die Maschine B einzusetzen und intensitätsmäßig anzupassen (K_B^i). Würde schon ab 60 Stck./Tag die Maschine A zusätzlich in Betrieb genommen, würden – auch bei optimalem Einsatz

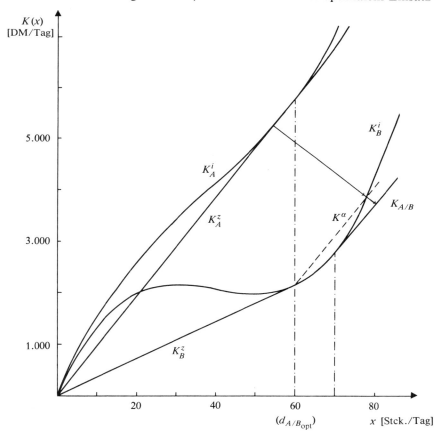

$z \triangleq$ zeitliche Anpassung $i \triangleq$ intensitätsmäßige Anpassung

Abb. 79: Kostenverläufe bei zeitlicher, intensitätsmäßiger und kombinierter Anpassung

der Maschine A, d. h. zeitlicher Anpassung bei $d_{A_{opt}}$ – höhere Gesamtkosten entstehen (K^α), als sie bei intensitätsmäßiger Anpassung der Maschine B anfallen. Erst ab Produktionsmengen von mehr als 70 Stck./Tag ist der zusätzliche Einsatz der Maschine A vorteilhafter als die weitere intensitätsmäßige Anpassung von B ($K_{A/B} < K_B^i$).

Beispiele für den optimalen Maschineneinsatz in den Phasen 2 und 3:

Produktion (x)	Verteilung		
65	Maschine B: 65 Stck.	$d_B = 6,5$	$t_B = 10$
82	Maschine B: 70 Stck. Maschine A: 12 Stck.	$d_B = 7$ $d_A = 6$	$t_B = 10$ $t_A = 2$
100	Maschine B: 70 Stck. Maschine A: 30 Stck.	$d_B = 7$ $d_A = 6$	$t_B = 10$ $t_A = 5$

Kann auch die kostengünstigere Maschine A nicht mehr weiter zeitlich angepaßt werden, ist eine nochmalige Erhöhung der Produktionsmengen über eine intensitätsmäßige Anpassung beider Maschinen möglich. Will der Betrieb seine Kosten minimieren, muß diese Anpassung nach der Regel gleicher Grenzkosten erfolgen ($K_A' = K_B'$). Die Ausbringungsmenge ist demnach so auf beide Maschinen zu verteilen, daß ihre Grenzkosten gleich hoch sind.

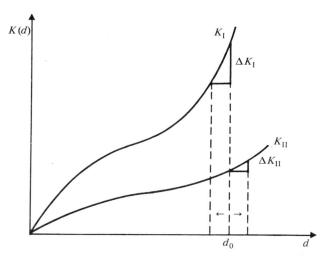

Abb. 80: *Kostenmäßige Konsequenzen einer Produktionsverlagerung bei $K'_I \neq K'_{II}$*

Begründung:

Um die Richtigkeit dieser Regel aufzuzeigen, soll zunächst ein Fall betrachtet werden, bei dem zwei Maschinen mit ungleichen Grenzkosten arbeiten. Ein solcher Fall ist in Abb. 80 dargestellt; es sei angenommen, daß beide Maschinen mit der gleichen Intensität d_0 arbeiten. Die gesamte Ausbringung pro Stunde beträgt dann $2 \cdot d_0$ Stück. Diese Menge ließe sich auch erzeugen, wenn Maschine I mit der Intensität $d_0 - 1$ und Maschine II mit der Intensität $d_0 + 1$ liefe. Die Kosten verringerten sich in diesem Fall bei Maschine I um ΔK_I, während bei Maschine II eine Kostenerhöhung um ΔK_{II} einträte. Wegen $\Delta K_I > \Delta K_{II}$ verringerten sich die Gesamtkosten. Es lohnte sich für den Betrieb also, die Produktion von Maschine I auf Maschine II zu verlagern, und zwar solange, bis $\Delta K_I = \Delta K_{II}$ bzw. bei einer marginalen Betrachtung $dK_I = dK_{II}$ ($K'_I = K'_{II}$) gilt.

Diese intensitätsmäßige Anpassung beider Maschinen nach der Regel gleicher Grenzkosten kann solange durchgeführt werden, bis eine der Maschinen ihre Intensitätsgrenze erreicht hat. Welche Maschine dies ist, läßt sich durch einen Vergleich der Grenzkosten bei maximaler Intensität ermitteln.

$d_{B_{max}} = 10$

$K'_B(10) = 12 \cdot 10^2 - 96 \cdot 10 + 180 = \underline{\underline{420}}$

$K'_A = \dfrac{dK_A}{dd_A}$

$K_A = k_A \cdot d_A = 2d_A^3 - 24d_A^2 + 168d_A$

$K'_A = 6d_A^2 - 48d_A + 168$

$d_{A_{max}} = 10$

$K'_A(10) = 6 \cdot 10^2 - 48 \cdot 10 + 168 = \underline{\underline{288}}$

Erfolgt in der vierten Anpassungsphase die intensitätsmäßige Anpassung nach der Regel gleicher Grenzkosten, so erreicht Maschine A zuerst die Intensitätsgrenze von 10. Maschine B läuft dann mit einer Intensität, die Grenzkosten von 288 entspricht, d. h.:

$K'_B(d_B) = 288$

$12 d_B^2 - 96 d_B + 180 = 288$

$12 d_B^2 - 96 d_B - 108 = 0$

$d_B^2 - 8 d_B - 9 = 0$

$d_{B_{1/2}} = 4 \pm \sqrt{16 + 9}$

$d_{B_{1/2}} = 4 \pm \sqrt{25} = 4 \pm 5$

$d_{B_1} = 9 \quad [d_{B_2} = -1]$

Daraus folgt für die vierte Anpassungsphase:

Phase 4:	Maschine B	$7 < d_B \leq 9$	$t_B = 10$	$130 < x \leq 190$
	Maschine A	$6 < d_A \leq 10$	$t_A = 10$	

Bei weiterer Steigerung der Beschäftigung kann sich der Betrieb nur noch durch Erhöhung der Intensität der Maschine B bis zur maximalen Intensität $d_{B_{\max}} = 10$ Stck./Std. anpassen. Es gilt:

Phase 5:	Maschine B	$9 < d_B \leq 10$	$t_B = 10$	$190 < x \leq 200$
	Maschine A	$d_A = 10$	$t_A = 10$	

Damit ist die Kapazitätsgrenze des Betriebes erreicht. Soll die Produktion weiter gesteigert werden, müssen zusätzliche Betriebsmittel beschafft und eingesetzt werden.

Beispiele für den optimalen Maschineneinsatz in den Phasen 4 und 5:

a) $x = 150$ Stck./Tag $\to$ Phase 4; die Produktionsmenge ist so auf die beiden Maschinen zu verteilen (I.), daß die Grenzkosten gleich hoch sind (II.).

I. $150 = d_B \cdot 10 + d_A \cdot 10 \to 15 = d_B + d_A \to d_A = 15 - d_B$

II. $K'_A(d_A) = K'_B(d_B) \to K'_A(15 - d_B) = K'_B(d_B)$

$6(15 - d_B)^2 - 48(15 - d_B) + 168 = 12 d_B^2 - 96 d_B + 180$

$(15 - d_B)^2 - 8(15 - d_B) = 2 d_B^2 - 16 d_B + 2$

$225 - 30 d_B + d_B^2 - 120 + 8 d_B = 2 d_B^2 - 16 d_B + 2$

$d_B^2 + 6 d_B - 103 = 0$

$d_{B_{1/2}} = -3 \pm \sqrt{9 + 103} = -3 \pm \sqrt{112} = -3 \pm \approx 10{,}58$

$d_{B_1} \approx \underline{7{,}58} \quad [d_{B_2} \approx -13{,}58]$

$d_A = 15 - 7{,}58 = \underline{7{,}42}$

Auf der Maschine B werden 76 Stck./Tag, auf der Maschine A 74 Stck./Tag produziert ($t_{B/A} = 10$).

b) $x = 195$ Stck./Tag → Phase 5

    Maschine B: 95 Stck./Tag bei $d_B = 9{,}5$ und $t_B = 10$;
    Maschine A: 100 Stck./Tag bei $d_A = 10$ und $t_A = 10$.

Abb. 81 gibt eine Übersicht zur optimalen Anpassung bei zwei funktionsgleichen, aber kostenverschiedenen Maschinen.

Kostenmäßige Konsequenzen[6]:

Gesucht: $K = f(x)$

Phase 1: zeitliche Anpassung von Maschine B

$K = k_B(6) \cdot x = \underline{36\,x}$ für $0 \leq x \leq 60$

Phase 2: intensitätsmäßige Anpassung von Maschine B

$K = k_B \cdot x = (4\,d_B{}^2 - 48\,d_B + 180) \cdot x$

Wegen $x = d \cdot t$ und $t_B = 10$, also $d = 0{,}1\,x$ gilt:

$K = (4(0{,}1\,x)^2 - 48 \cdot 0{,}1\,x + 180) \cdot x$

$ = \underline{0{,}04\,x^3 - 4{,}8\,x^2 + 180\,x}$ für $60 < x \leq 70$

Phase 3: Einsatz beider Maschinen; zeitliche Anpassung von Maschine A bei unverändert 70 auf Maschine B produzierten Mengeneinheiten

$K = k_B(7) \cdot 70 + k_A(6) \cdot (x - 70)$

$ = 40 \cdot 70 + 96\,(x - 70)$

$ = 96\,x - 56 \cdot 70 = \underline{96\,x - 3920}$ für $70 < x \leq 130$

Für die weiteren Phasen soll der Kostenverlauf wegen der rechentechnischen Probleme nicht näher bestimmt werden. Die Kosten steigen jedoch bei $x > 130$ mit wachsender Ausbringung progressiv an.

---

[6] Zur graphischen Darstellung des Kostenverlaufs in den ersten drei Anpassungsphasen vgl. Abb. 75, S. 142.

Anpassungs-phase	eingesetzte Maschinen	Anpassungsform	Intensität d [Stck./Std.]	Betriebszeit t [Std./Tag]	Tagesproduktion x [Stck./Tag]
1	B	**zeitlich** bei opt. Intensität	$d_{B_{opt}} = 6$	$0 \leqq t_B \leqq 10$	$0 \leqq x \leqq 60$
2	B	**intensitätsmäßig** bei max. Betriebszeit	$6 < d_B \leqq 7$	$t_B = 10$	$60 < x \leqq 70$
3	B A	– **zeitlich** bei opt. Intensität (+ quantitativ)	$d_B = 7$ $d_{A_{opt}} = 6$	$t_B = 10$ $0 < t_A \leqq 10$	$70 < x \leqq 130$
4	B A	**intensitätsmäßig** bei max. Betriebszeit und $K'_A = K'_B$	$7 < d_B \leqq 9$ $6 < d_B \leqq 10$	$t_B = 10$ $t_A = 10$	$130 < x \leqq 190$
5	B A	**intensitätsmäßig** bei max. Betriebszeit –	$9 < d_B \leqq 10$ $d_A = 10$	$t_B = 10$ $t_A = 10$	$190 < x \leqq 200$

Abb. 81: Optimale Anpassung bei zwei funktionsgleichen, aber kostenverschiedenen Maschinen

Fünfter Teil
Kontrollfragen und Aufgaben

1. Grundlagen der Produktion

1.1 Menschliche Arbeit als Produktionsfaktor

Kontrollfragen:
1. Geben Sie einen systematischen Überblick über die Faktoren, welche die Arbeitsergiebigkeit beeinflussen.
2. Welche Möglichkeiten hat ein Unternehmer, Leistungsfähigkeit und Leistungsbereitschaft und damit die Arbeitsergiebigkeit positiv zu beeinflussen?
3. Inwieweit läßt sich Maslows Theorie für eine solche Beeinflussung nutzen?
4. Nehmen Sie Stellung zu der Forderung nach Lohngerechtigkeit.
5. Im Hinblick auf welche Faktoren sollte eine relative Lohngerechtigkeit angestrebt werden?
6. Mit welchen Instrumenten versucht die Unternehmung, ein gerechtes Lohnsystem zu entwickeln?
7. Worin besteht die Aufgabe der Arbeitsbewertung?
8. Welche Verfahren der Arbeitsbewertung können unterschieden werden?
9. Beschreiben Sie die Vorgehensweise der analytischen Arbeitsbewertung.
10. Versuchen Sie einen Anforderungskatalog für einen
    a) in der Fertigung
    b) in der Verwaltung
    tätigen Arbeitnehmer zu entwerfen.
11. Worin besteht die Aufgabe der Leistungsbewertung?
12. Welche Lohnformen kennen Sie?
13. Charakterisieren Sie den Zeitlohn.

14. Unter welchen Bedingungen stellt der Zeitlohn die angemessene Lohnform dar?
15. Was versteht man unter dem Akkordlohn?
16. Welche Möglichkeiten zur Akkordlohnermittlung gibt es?
17. Definieren Sie die Begriffe
    a) Normalleistung,
    b) Leistungsgrad,
    c) Vorgabezeit,
    d) Minutenfaktor,
    e) Geldsatz,
    f) Grundlohn,
    g) Mindestlohn,
    h) Akkordzuschlag,
    i) Verrechnete Minuten.
18. Unter welchen Bedingungen sollte der Akkordlohn angewendet werden?
19. Welcher Zusammenhang besteht bei Zeitlohn und Akkordlohn zwischen
    a) dem Stundenlohn [DM/Std.] und der Leistung [ME/Std.];
    b) den Lohnstückkosten [DM/ME] und der Leistung [ME/Std.]?
    Stellen Sie diese Zusammenhänge graphisch dar.
20. Worin liegen die Gründe für die Entwicklung des Prämienlohns?
21. Nennen Sie Beispiele für die Anwendung des Prämienlohns.
22. Aus welchen Komponenten setzt sich der effektive Stundenlohn beim Prämienlohnsystem zusammen?

Aufgaben:

1. Ergänzen Sie die folgende Tabelle:

    Stundenlohn: 15,– DM/Std.
    Leistungsgrad: 125%
    Grundlohn:
    Normalleistung: 10 Stück/Std.
    Vorgabezeit:
    Minutenfaktor:
    Geldsatz:
    Verrechnete Minuten:

2. Für einen Arbeitsgang in der Fertigung eines Betriebes beträgt die Vorgabezeit 5 Minuten je Mengeneinheit. Bei einer Anzahl von 10 oder weniger Mengeneinheiten pro Stunde wird ein tariflicher Mindestlohn von 12,– DM/Std. gezahlt.

   a) Wieviel verdient ein Arbeiter in der Stunde bei einem Leistungsgrad von 125%?

   b) Wie hoch ist der Akkordzuschlag (in %) in diesem Betrieb?

Die Ergebnisse der Aufgaben finden Sie auf S. 203.

1.2 Betriebsmittel

Kontrollfragen:

1. Wodurch lassen sich Betriebsmittel charakterisieren?
2. Welche für die betriebliche Leistungserstellung benötigten Güter zählen zu den Betriebsmitteln?
3. Welche Eigenschaften eines Betriebsmittels sind Grundvoraussetzung einer hohen Ergiebigkeit?
4. Unter welchen Bedingungen gilt ein Betriebsmittel als für einen bestimmten Betrieb geeignet?
5. Auf welche Weise beeinflußt der technische Fortschritt die Ergiebigkeit von Betriebsmitteln?
6. Warum ist der Ersatz technisch veralteter Betriebsmittel nicht in jedem Fall zweckmäßig?
7. Inwieweit ist die Ergiebigkeit von Betriebsmitteln auch von den Verhältnissen auf dem Absatzmarkt einer Unternehmung abhängig?
8. Zeigen Sie anhand von Beispielen die verschiedenen Ursachen für die Abnutzung eines Betriebsmittels auf.
9. Auf welche Weise kann ein Betrieb den technischen Leistungsstand und damit die Ergiebigkeit eines Betriebsmittels beeinflussen?
10. Wie läßt sich die quantitative Kapazität erfassen? Nennen Sie Beispiele.
11. Was versteht man unter der maximalen, minimalen und optimalen Kapazität eines Betriebsmittels?
12. Erläutern Sie den Begriff der qualitativen Kapazität.
13. Wie läßt sich die qualitative Kapazität erfassen?
14. Welcher Zusammenhang besteht zwischen der Kapazität und der Ergiebigkeit eines Betriebsmittels?

15. Inwieweit beeinflußt die Abstimmung der quantitativen und qualitativen Kapazitäten des gesamten Betriebsmittelbestandes die Ergiebigkeit?

16. Welche Bedeutung besitzt die fertigungstechnische Elastizität eines Betriebsmittels für dessen Eignung?

17. Welche Kriterien sind zur Beurteilung der Elastizität eines Betriebsmittels heranzuziehen?

18. Was versteht man unter der verfahrenstechnischen Entsprechung eines Betriebsmittels?

19. Wie läßt sich das verfahrenstechnische Optimum eines Betriebes bestimmen?

20. Wie ist die kritische Ausbringungsmenge definiert?

21. Welche Bedeutung hat die Operationslinie eines Betriebes für dessen Verhalten bei Beschäftigungsänderungen?

Aufgaben:

3. Gegeben sind drei Verfahren mit folgenden Kostenfunktionen:

A: $K_A = 10 + 4x$

B: $K_B = 20 + 2x$

C: $K_C = 40 + x$

a) Bestimmen Sie die kritischen Ausbringungsmengen.

b) Legen Sie die Operationslinie des Betriebes bei Variation der Produktmenge fest.

4. In einem Unternehmen soll über die Anmietung eines Kopiergerätes entschieden werden. Die Copywell AG hat Angebote für ihre drei Modelle »CW 1 000«, »CW 2 000« und »CW 2 000 Superprint« unterbreitet. Danach fallen für die drei Geräte folgende Kosten an:

	CW 1 000	CW 2 000	CW 2 000 S
Kopierkosten:	0,13 DM/Kopie	0,10 DM/Kopie	0,09 DM/Kopie
Papierkosten:	0,02 DM/Blatt	0,02 DM/Blatt	0,02 DM/Blatt
Mietkosten:	500,– DM	800,– DM	1.000,– DM

Für welches der drei Geräte soll sich das Unternehmen entscheiden, wenn die Kopiermenge zwischen 16 000 und 19 000 Kopien pro Monat schwankt?

Die Ergebnisse der Aufgaben finden Sie auf S. 203.

1.3 Werkstoffe

Kontrollfragen:

1. Was versteht man unter dem Produktionsfaktor Werkstoffe?
2. Welche Werkstoffarten lassen sich unterscheiden? Nennen Sie Beispiele.
3. Stellen Sie im Schaubild die Ergiebigkeitskomponenten des Werkstoffeinsatzes dar.
4. Stellen Sie anhand von Beispielen dar, wie Standardisierung, Formgebung sowie chemische und physikalische Eigenschaften eines Werkstoffes seine Ergiebigkeit beeinflussen.
5. Was versteht man unter Materialverlusten und welche Arten kann man unterscheiden?
6. Welche Möglichkeiten gibt es, um Unwirtschaftlichkeiten aufgrund von Materialverlusten zu vermeiden bzw. zu verringern?
7. Nennen Sie Beispiele für Recycling.
8. Warum ist es für eine Unternehmung besonders wichtig, gerade die Ausschußquote so gering wie möglich zu halten?
9. Durch welche Maßnahmen kann ein Unternehmen die Ergiebigkeit der Werkstoffe erhöhen?
10. Beschreiben Sie die Aufgaben der Materialwirtschaft.
11. Welche alternativen Prinzipien der Materialbereitstellung stehen zur Verfügung?
12. Nennen Sie die Vor- und Nachteile der einzelnen Bereitstellungsprinzipien.
13. Erläutern Sie den Zusammenhang zwischen Fertigungsprogramm und Bereitstellungsprinzip.
14. Was ist unter dem Meldebestand eines Werkstoffes zu verstehen?
15. Wie wird der Meldebestand bei kontinuierlicher Lagerentnahme ermittelt?
16. Vor welchem kostenmäßigen Dilemma steht die Materialwirtschaft bei der Bestimmung der Bestellmenge eines Werkstoffes?
17. Wie ist die optimale Bestellmenge definiert?
18. Welche Kostenarten sind bei der Bestellmengenoptimierung zu berücksichtigen?

182 Kontrollfragen und Aufgaben

19. Auf welchen Annahmen basiert das Grundmodell zur Ermittlung der optimalen Bestellmenge?

20. Veranschaulichen Sie graphisch die Annahme eines kontinuierlichen Lagerabgangs.

21. Warum kommt der Annahme eines stetigen und in gleichen Raten erfolgenden Lagerabgangs für die Ermittlung der optimalen Bestellmenge eine besondere Bedeutung zu?

22. Leiten Sie die optimale Bestellmenge graphisch und analytisch ab.

23. Kritisieren Sie das Modell der optimalen Bestellmenge und zeigen Sie Möglichkeiten zu seiner Erweiterung auf.

Aufgaben:

5. Ein Unternehmen strebt für die Rohstoffbeschaffung eine optimale Bestellpolitik an. Von einem Rohstoff A ist bekannt, daß er kontinuierlich und in gleichen Raten vom Rohstofflager entnommen wird und in die Produktion eingeht. Der jährliche Verbrauch beträgt 750 Tonnen (ein Jahr = 360 Tage). Bei jeder Bestellung entstehen bestellmengenfixe Kosten in Höhe von 60,− DM. **Pro Tag und Tonne** fallen Lagerkosten in Höhe von 0,10 DM an. Ermitteln Sie die optimale Bestellmenge, die optimale Bestellhäufigkeit und die optimale Lagerdauer.

6. Ein Betrieb hat einen Jahresbedarf von 12 000 kg eines bestimmten Rohstoffes. Dieser Rohstoff geht kontinuierlich und in gleichen Raten in die Produktion ein. Bei seiner Beschaffung entstehen 300 Geldeinheiten bestellmengenfixe Kosten, die Lagerkosten betragen 0,02 Geldeinheiten **pro Tag und kg**. Bestimmen Sie die Funktion der Stückkosten in Abhängigkeit von der Lagerdauer zwischen den Bestellungen und leiten Sie daraus die optimale Lagerdauer her.

7. In einem Fertigwarenlager nimmt der Bestand einer Produktionssorte kontinuierlich und in gleichen Raten ab. Der Abgang pro Jahr betrage M Stück. Bei der Umstellung der Produktionsanlagen auf diese Sorte fallen losfixe Kosten in Höhe von a Geldeinheiten an, die Kosten der Lagerung betragen b Geldeinheiten **pro Stück und Jahr**. Die entscheidungsrelevanten Gesamtkosten sind zu minimieren. Welches ist die unter diesen Umständen optimale Losgröße?

8. Die Firma ReZi möchte ihre Bestellpolitik für das Rohstofflager optimieren. Eine Analyse der relevanten Kostenstrukturen ergab folgende **Stückkostenverläufe** in Abhängigkeit von der Bestellmenge.

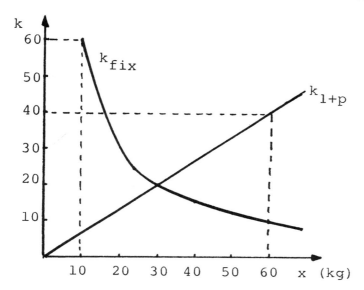

k_{fix} = bestellmengenfixe Kosten/kg
k_{1+p} = Lagerhaltungskosten/kg

a) Skizzieren Sie in der Abbildung den Verlauf der Gesamtstückkostenkurve ($k_g = k_{\text{fix}} + k_{1+p}$) und lesen Sie die optimale Bestellmenge ab.

b) Wie hoch ist der von der Firma ReZi angesetzte Kapitalkostensatz p (Jahreszinssatz), wenn die *Lagerkosten* mit 0,5 GE pro Kilogramm und Tag angegeben sind und der gesamte Jahresbedarf des Rohstoffes auf 136,5 kg geschätzt ist? Der Einstandspreis pro Kilo Rohstoff ist 20,– GE/kg (Jahr = 360 Tage).

9. Eine Süßwarenfabrik fertigt mehrere Schokoladensorten, u. a. die Sorte „Zartbitter" mit einem Gesamtabsatz von 120 000 Tafeln im Jahr (ein Jahr = 360 Tage). Der Absatz erfolgt kontinuierlich und in gleichen Raten. Bei jeder Umstellung der Produktionsanlagen auf die Sorte „Zartbitter" entstehen Kosten von 270,– DM. Die Lagerkosten **je Tag und Tafel** betragen 0,005 DM. Ermitteln Sie die optimale Auflagenhäufigkeit.

Die Ergebnisse der Aufgaben finden Sie auf S. 204.

1.4 Fertigung

Kontrollfragen:

1. Wie lassen sich die Fertigungsverfahren nach der Art des ihnen zugrundeliegenden Produktionsprogramms systematisieren?

2. Welche Typen von Fertigungsverfahren ergeben sich, wenn man diese nach der Art der technischen Prozesse untergliedert?
3. Kennzeichnen Sie die Fertigungsverfahren nach dem Kriterium der organisatorischen Gestaltung des Fertigungsablaufes.
4. Arbeiten Sie die Vor- und Nachteile der Fließ- und der Werkstattfertigung heraus.
5. Was versteht man unter strategischer, taktischer und operativer Fertigungsprogrammplanung?
6. Erläutern Sie den Zusammenhang zwischen den verschiedenen Planungsebenen (siehe Frage 5) anhand eines Beispiels.
7. Nennen und erläutern Sie Instrumente der Fertigungsprogrammplanung im Hinblick auf die verschiedenen Stufen.
8. Welche Bedeutung besitzt der Deckungsbeitrag für die operative Programmplanung?
9. Inwieweit kann die Berücksichtigung von Fixkosten im Rahmen der operativen Fertigungsprogrammplanung zu Fehlentscheidungen führen?
10. Nach welchem Kriterium erfolgt die Auswahl der Erzeugnisse bei freien Kapazitäten?
11. Wie wird das optimale Fertigungsprogramm in der operativen Programmplanung bei Vorliegen eines einzigen Kapazitätsengpasses bestimmt?
12. Beschreiben Sie die einzelnen Schritte zur Festlegung des optimalen Fertigungsprogramms, wenn mehrere Engpässe vorliegen.

Aufgaben:

10. Ein Unternehmen kann auf einer Fertigungsanlage, die pro Periode 2000 Stunden genutzt werden kann, die Produkte x_1, x_2 und x_3 herstellen, die zu den Marktpreisen $p_1 = 21,-$ DM, $p_2 = 17,-$ DM und $p_3 = 12,-$ DM unbegrenzt abgesetzt werden können. Die Fixkosten der Anlage sind 4.000,- DM pro Periode, die variablen Kosten sind bei Produkt 1: 13,- DM/Stck., bei Produkt 2: 10,- DM/Stck. und bei Produkt 3: 8,- DM/Stck. Die Produktionszeit pro Stück auf der Anlage beträgt:

Produkt 1:   2 Stunden/Stück;
Produkt 2:   1 Stunde/Stück;
Produkt 3: 1/2 Stunde/Stück.

Welches Produkt ist das gewinngünstigste und wird daher auf der Anlage produziert?

11. Ein Unternehmen stellt das Silberbesteck „Spaten" in drei Ausführungen mit unterschiedlichem Silbergehalt (Silberanteil am Gesamtgewicht) her. Für die operative Produktionsprogrammplanung stehen folgende Daten zur Verfügung:

Ausführung	Silbergehalt	Var. Kosten pro Besteck	Absatzpreis pro Besteck	Maximale Absatzmenge
Spaten 0,2	20%	60,–	80,–	1000
Spaten 0,4	40%	90,–	120,–	1000
Spaten 0,5	50%	135,–	175,–	1000

Bestimmen Sie das gewinngünstigste Produktionsprogramm, wenn dem Unternehmen maximal 180 kg Silber zur Verfügung stehen und jedes Besteck ein Gesamtgewicht von 200 g hat.

12. Eine Unternehmung stellt zwei Produkte 1 und 2 mit den Deckungsbeiträgen von 200,– DM je Mengeneinheit des Produktes 1 und von 500,– DM je Mengeneinheit des Produktes 2 her. Die beiden Produkte werden auf zwei Maschinen A und B hergestellt mit einer Kapazität von 200 Stunden pro Monat (Maschine A) und 300 Stunden pro Monat (Maschine B). Die Produktionskoeffizienten sind der nachstehenden Tabelle zu entnehmen:

Maschinen \ Produkte	1	2	Kapazität in Std./Monat
A	2	2	200
B	4	2	300

Von Produkt 2 können, wie die Marktforschung ermittelt hat, maximal 70 Mengeneinheiten abgesetzt werden.

Bestimmen Sie das Produktionsprogramm mit dem größten Deckungsbeitrag aller Produkte (graphische Lösung und analytische Bestimmung des durch die graphische Lösung ermittelten Eckpunktes).

13. Eine Unternehmung produziert auf einer Maschine, die aus technischen Gründen mindestens 210 Stunden pro Monat ausgelastet sein muß, zwei Produkte 1 und 2 mit Produktionszeiten von 1,5 Stunden (Produkt 1) und 7 Stunden (Produkt 2) je Produktmengeneinheit. Für Produkt 1 besteht ein Liefervertrag über 30 ME pro Monat. Die Unternehmung will, um ihre Marktposition behaupten zu können, einen Mindestumsatz von 24.000,– DM erzielen. Die Absatzpreise betragen 400,– DM/ME (Produkt 1) und 200,– DM/ME (Produkt 2).

Bestimmen Sie das kostenminimale Produktionsprogramm der Unternehmung bei variablen Stückkosten von 300,− DM (Produkt 1) und 50,− DM (Produkt 2) (graphische Lösung mit analytischer Bestimmung des Eckpunktes).

14. Eine Unternehmung stellt zwei Produkte 1 und 2 her. Mit Produkt 1 wird bei einem Absatzpreis von 180,− DM ein Deckungsbeitrag von 20,− DM je Mengeneinheit erzielt, mit Produkt 2 bei einem Absatzpreis von 90,− DM ein Deckungsbeitrag von 80,− DM je Mengeneinheit. Für die Herstellung der beiden Produkte werden drei Rohstoffe A, B, C benötigt, von denen maximal 450 t (Rohstoff A), 360 t (Rohstoff B) und 240 t (Rohstoff C) je Monat beschafft werden können. Die Produktionskoeffizienten sind der nachstehenden Tabelle zu entnehmen:

Rohstoffe \ Erzeugnisse	1	2	Max. verfügbare Menge [t/Monat]
A	3	5	450
B	4	3	360
C	3	1	240

Von Produkt 2 können maximal 75 Mengeneinheiten abgesetzt werden.

Da die Unternehmung ihre Marktposition verbessern will, wird neben dem Ziel „Maximierung des Deckungsbeitrages" auch das Ziel „Umsatzmaximierung" verfolgt. Die beiden Ziele werden im Verhältnis 7:3 bewertet.

Bestimmen Sie das Produktionsprogramm, das der Unternehmung maximalen Nutzen bringt (graphische Lösung und analytische Bestimmung des ermittelten Eckpunktes).

15. Die in einer Gutsverwaltung tätigen Produktionsprogrammplaner J. und M. stehen vor folgender Aufgabe:

Es sind 40 ha mit Weizen und Rüben zu bebauen. Für den Weizenanbau eignen sich jedoch höchstens 30 ha. Der Arbeitsaufwand betrage für den Weizen 0,3 Tage/ha, für den Rübenanbau 0,8 Tage/ha. Es stehen 3 Arbeiter zu je 8 Arbeitstagen zur Verfügung.

Der Ertrag pro Hektar Rüben wird in diesem Jahr auf 20 000 kg geschätzt. Der Absatzpreis für die unbegrenzt absetzbaren Rüben betrage 50 DM/t. Die variablen Kosten für den Rübenanbau (Saatkosten etc.) belaufen sich auf 200 DM/ha. Für Weizen wird wie im Vorjahr mit einem Hektar-Nettogewinn von 400,− DM/ha gerechnet. Die Pachtkosten (fixe Kosten) betragen für die **gesamte** Anbaufläche 8.000,− DM.

Unterstützen Sie die beiden Produktionsprogrammplanungsspezialisten bei der Suche nach dem gewinnmaximalen Anbauprogramm (graphische Lösung und analytische Bestimmung des durch die graphische Lösung ermittelten Eckpunktes).

16. Ein Unternehmen produziert zwei Erzeugnisse 1 und 2 in den Abteilungen A und B. Die folgende Tabelle gibt die Produktionskoeffizienten und die Kapazität der Abteilungen wieder.

Abtlg. \ Erzeugnis	1	2	Kapazität [Std./Monat]
A	3	3	240
B	1,5	3	150

Von Erzeugnis 2 lassen sich maximal 40 ME im Monat absetzen.

Die Kosten in den Fertigungsabteilungen betragen 50 DM/Std. (Abteilung A) und 80 DM/Std. (Abteilung B); sonstige variable Kosten fallen an in Höhe von 130 DM/ME (Erzeugnis 1) und 60 DM/ME (Erzeugnis 2).

Bestimmen Sie das deckungsbeitragsmaximale Produktionsprogramm bei Absatzpreisen von 430 DM/ME (Erzeugnis 1) und 500 DM/ME (Erzeugnis 2) (graphische Lösung).

Die Ergebnisse der Aufgaben finden Sie auf S. 204.

2. Produktionstheoretische Grundlagen

2.1 Produktionsfunktion, Faktorbeziehungen und begriffliches Instrumentarium

Kontrollfragen:

1. Welcher Zusammenhang wird durch eine Produktionsfunktion beschrieben?
2. Wie läßt sich dieser Zusammenhang mathematisch darstellen?
3. Welche Arten von Beziehungen zwischen den Produktionsfaktoren können unterschieden werden?
4. Wie lassen sich die verschiedenen Arten von Faktorbeziehungen graphisch veranschaulichen?
5. Geben Sie Beispiele für Produktionsprozesse mit peripher substituierbaren und limitationalen Produktionsfaktoren.
6. Worin unterscheiden sich linear- und nichtlinear-limitationale Produktionsfunktionen?

7. Kennzeichnen Sie die folgenden Produktionsfunktionen nach der Art der Faktorbeziehungen, die ihnen zugrunde liegt.

   a) $x = \dfrac{1}{4} v_1 \cdot v_2$

   b) $x = v_1 + \dfrac{1}{2} v_2$

   c) $x = 5 v_1 \cdot v_2 + 2 v_1^2 \cdot v_2^2 - 0{,}1 v_1^3 \cdot v_2^3; \quad v_1 = \text{konstant} = 2$

   d) $x = \dfrac{1}{2} v_1; \quad v_1 = 2 v_2, \; v_1 = 4 v_3$

8. Definieren Sie die Begriffe:
   a) Grenzproduktivität,
   b) Grenzertrag,
   c) Durchschnittsertrag,
   d) Produktionskoeffizient
   und stellen Sie diese Begriffe mathematisch dar.

9. Die Grenz**produktivitäten** eines Produktionsfaktors bei alternativen Einsatzmengen werden durch die erste Ableitung der Produktionsfunktion dargestellt. Unter welcher Voraussetzung ist es berechtigt, die erste Ableitung als Grenz**ertrags**funktion zu bezeichnen — wie in der Literatur üblich?

10. Welche Beziehung besteht zwischen Produktionskoeffizient und Durchschnittsertrag?

2.2 Produktionsfunktion vom Typ A

Kontrollfragen:

2.2.1 Partielle Faktorvariation

1. Welchen historischen Ursprung hat die Produktionsfunktion vom Typ A?
2. Nennen Sie die wesentlichen Merkmale dieser Produktionsfunktion.
3. Was verstehen Sie unter partieller und totaler Faktorvariation?
4. In welchen Ausprägungen tritt das Ertragsgesetz auf?
5. Beschreiben Sie die Produktionsfunktion, die im allgemeinen als Ertragsgesetz bezeichnet wird.
6. Wie läßt sich der Verlauf einer ertragsgesetzlichen Produktionsfunktion begründen?

7. Welche Bedeutung hat die Einsatzmenge des konstanten Faktors für den Verlauf der Gesamtertragskurve?
8. Bei welcher Einsatzmenge erreicht der variable Faktor seine höchste Produktivität?
9. Leiten Sie graphisch aus einer ertragsgesetzlichen Gesamtertragskurve
   a) die Grenzertragskurve,
   b) die Durchschnittsertragskurve
   ab.
10. Wo liegt das Maximum der Grenzertragskurve?
11. Zeigen Sie graphisch und analytisch, daß die Grenzertragskurve die Durchschnittsertragskurve in deren Maximum schneidet.
12. Warum schneidet die Grenzertragskurve die Abszisse bei der Einsatzmenge des variablen Faktors, bei der die Gesamtertragskurve ihr Maximum erreicht?
13. Wie lassen sich die Maxima von Gesamt-, Grenz- und Durchschnittsertragskurve analytisch bestimmen?
14. Welchem Zweck dient das Vier-Phasen-Schema?
15. Charakterisieren Sie die vier Phasen dieses Schemas.
16. Welche Annahmen liegen dem Ertragsgesetz zugrunde?
17. Diskutieren Sie diese Annahmen im Hinblick auf die Bedeutung des Ertragsgesetzes für die Beschreibung industrieller Produktionsprozesse.

2.2.2 Totale Faktorvariation

1. Welche Möglichkeiten bestehen für die graphische Darstellung einer substitutionalen Produktionsfunktion vom Typ $x = f(v_1; v_2)$ bei totaler Faktorvariation?
2. Welcher Zusammenhang besteht zwischen einem Ertragsgebirge und Ertragskurven bei partieller Faktorvariation?
3. Definieren Sie den Begriff der Ertragsisoquante!
4. Wie lassen sich Ertragsisoquanten aus einem Ertragsgebirge herleiten?
5. Warum können sich Ertragsisoquanten nicht schneiden?
6. Warum sind Ertragsisoquanten normalerweise linksgekrümmt?
7. Wodurch wird bei einer Darstellung der Ertragsfunktion mittels Isoquanten ein unterschiedliches Ertragsniveau ausgedrückt?

8. Was besagt der Begriff der Niveaugrenzproduktivität?
9. Wie ist eine homogene (inhomogene) Produktionsfunktion definiert?
10. Welche Arten von homogenen Produktionsfunktionen lassen sich unterscheiden?
11. Wie läßt sich der Homogenitätsgrad einer Produktionsfunktion bestimmen?
12. Was versteht man unter
    a) der Durchschnittsrate der Substitution,
    b) der Grenzrate der Substitution?
13. Welcher Zusammenhang besteht zwischen der Grenzrate der Substitution und den Grenzproduktivitäten der Produktionsfaktoren?

2.2.3 Minimalkostenkombination

1. Welche Fragestellung liegt dem Begriff der Minimalkostenkombination zugrunde?
2. Welche Punkte einer Ertragsisoquanten begrenzen den Bereich wirtschaftlich sinnvoller Faktorkombinationen?
3. Welche zusätzlichen Informationen werden neben der Produktionsfunktion benötigt, um die günstigste der möglichen Faktorkombinationen zu ermitteln, mit denen sich ein bestimmtes Ertragsniveau erzielen läßt?
4. Was ist unter einer Isokostenlinie zu verstehen?
5. Warum besitzt die Isokostenlinie eine negative Steigung?
6. Wie läßt sich mit Hilfe der Isokostenlinie die Minimalkostenkombination bestimmen?
7. Welchen Bedingungen muß die Minimalkostenkombination genügen?
8. Zeigen Sie graphisch, wie sich bei unveränderter Kostenobergrenze
    a) die Preissenkung (-steigerung) nur eines Produktionsfaktors,
    b) eine prozentual gleiche Preissenkung (-steigerung) beider Produktionsfaktoren
    auf die Minimalkostenkombination auswirkt.
9. Zeigen Sie ebenfalls graphisch die Konsequenzen einer Änderung des für die Produktion zur Verfügung stehenden Budgets (= Obergrenze der Gesamtkosten).

Aufgaben:

17. Wo liegen bei folgender Produktionsfunktion die vier *Gutenberg*'schen Produktionsphasen, wenn gilt $v_1 = \text{konstant} = 2$:

$$x = 3 v_1^2 v_2^2 - 0{,}2 v_1^3 v_2^3 \; ?$$

18. Für die Herstellung eines Gutes gilt die folgende Produktionsfunktion:

$$x = \frac{4}{5} v^2 - \frac{2}{15} v^3.$$

   a) Bestimmen Sie das Maximum des Grenzertrages.
   b) Bestimmen Sie die Intervalle steigender bzw. sinkender Produktivität.
   c) Bei welcher Faktoreinsatzmenge liegt das Maximum des Gesamtertrags?

19. Ein Produktionsprozeß sei durch folgendes Ertragsgebirge beschrieben:

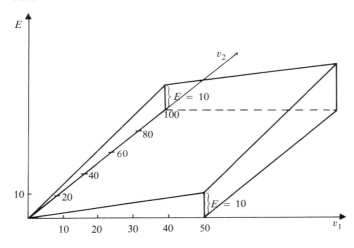

   a) Tragen Sie die zu diesem Ertragsgebirge gehörenden Isoquanten für die Ertragsniveaus 10 ME, 8 ME, 6 ME, 4 ME und 2 ME in ein zweidimensionales Schaubild ein.
   b) Um welche Art der Faktorsubstitution handelt es sich?
   c) Wie heißt die Produktionsfunktion, die jeden Punkt des Ertragsgebirges bestimmt? ($E = f(v_1; v_2)$)

20. Bestimmen Sie den Homogenitätsgrad der folgenden Produktionsfunktionen:

a) $x = \dfrac{1}{4} v_1 \cdot v_2$

b) $x = \sqrt{100\, v_1 \cdot v_2}$

c) $x = \dfrac{v_1 \cdot v_2^2}{\dfrac{1}{4} v_2}$

d) $x = \dfrac{3}{8} v_1^2 \cdot v_2^2 - \dfrac{4}{15} v_1^3 \cdot v_2^3$

e) $x = 0{,}75\, v_1^{1/6} \cdot v_2^{1/4}$

21. Für die Produktionsfunktion $x = 2 v_1 \cdot v_2$ gilt die folgende Substitutionsrate:

$$\frac{dv_2}{dv_1} = -0{,}5$$

Bestimmen Sie die zu dieser Substitutionsrate zugehörigen Einsatzmengen von v_1 und v_2 für $x = 9$.

22. Kennzeichnen Sie für die abgebildete Ertragsisoquante den Bereich wirtschaftlich sinnvoller Faktorkombinationen.

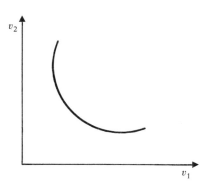

23. Gegeben sind die Produktionsfunktion

$x = 2 v_1^{1/3} \cdot v_2^{2/3}$

und die Faktorpreise $p_1 = 4{,}-$ DM/ME und $p_2 = 8{,}-$ DM/ME.

Bestimmen Sie den maximal möglichen Ertrag, wenn die Gesamtkosten $960{,}-$ DM betragen.

24. Der Produktionsprozeß einer Unternehmung ist formal durch folgende Produktionsfunktion gegeben:

$x = v_1^{1/2} \cdot v_2^{1/2}$

Das letztjährige Kostenbudget von 48 GE wurde bei den Faktorpreisen $p_1 = 4$ GE/FE und $p_2 = 1$ GE/FE vollständig benötigt. Da inzwischen der Preis des Faktors 2 gestiegen ist (p_1 = konstant), setzt die Unternehmung in diesem Jahr ein höheres Kostenbudget von 96 GE fest.

Bis zu welchem maximalen Preis des Faktors 2 kann die Unternehmung einkaufen, um die letztjährige Ausbringungsmenge x halten zu können? (Optimalverhalten vorausgesetzt!)

Die Ergebnisse der Aufgaben finden Sie auf S. 204/205.

2.3 Produktionsfunktion vom Typ B

Kontrollfragen:

1. Welche Gründe führten zur Entwicklung der Produktionsfunktion vom Typ B?
2. In welchen wesentlichen Punkten unterscheiden sich die Produktionsfunktionen vom Typ A und B?
3. Beschreiben Sie den mittelbaren Zusammenhang zwischen Ausbringung und Faktoreinsatz, wie er durch die Produktionsfunktion vom Typ B wiedergegeben wird.
4. Welchen Einfluß hat die Z-Situation eines Aggregates auf seinen Faktorverbrauch?
5. Wie ist die technische (ökonomische) Verbrauchsfunktion definiert?
6. Nennen Sie Beispiele für technische (ökonomische) Verbrauchsfunktionen.
7. Wie läßt sich der Gesamtverbrauch eines Faktors (V_i^{tot}) während der Einsatzzeit t eines Aggregates ermitteln?
8. Was versteht man unter dem optimalen Leistungsgrad einer Maschine?
9. Wie wird der optimale Leistungsgrad bestimmt?
10. Welche Kritik läßt sich an der Produktionsfunktion vom Typ B üben?

Aufgaben:

25. Eine Maschine kann mit unterschiedlichen Intensitätsgraden arbeiten, die zwischen $2 \leq d \leq 4$ liegen. Dabei hat d die Dimension Stück pro Minute. Für den Betrieb der Maschine werden zwei Verbrauchsfaktoren eingesetzt, deren Verzehrmengen pro Stunde in Abhängigkeit von der Intensität sich durch folgende Verbrauchsfunktionen wiedergeben lassen:

$$v_1 = 2400d - 24d^2 + 6d^3$$

$$v_2 = 1800d - 12d^2 + 3d^3$$

Bestimmen Sie den optimalen Leistungsgrad der Maschine bei Faktorpreisen von $p_1 = 8, -$ DM/ME und $p_2 = 3, -$ DM/ME.

26. Die Verzehrmengen einer Maschine an Öl und Kühlmittel lassen sich durch folgende technische Verbrauchsfunktionen wiedergeben:

$$\tilde{v}_1 = \frac{1}{5}\tilde{d}^2 - 2\tilde{d} + 12 \;\triangleq\; \text{Ölverbrauch} \; [\text{Liter}/100 \; \text{Umdrehungen}]$$

$$\tilde{v}_2 = \frac{1}{2}\tilde{d}^2 - 4\tilde{d} + 14 \;\triangleq\; \text{Kühlmittelverbrauch} \; [\text{Liter}/100 \; \text{Umdrehungen}]$$

Die möglichen Intensitätsgrade der Maschine liegen zwischen $1 \leq \tilde{d} \leq 10$. Der Preis für einen Liter Öl sei $2, -$ DM, für einen Liter Kühlmittel $4, -$ DM.

a) Bestimmen Sie die minimalen spezifischen Verzehrmengen von $\tilde{v}_1$ und $\tilde{v}_2$.

b) Wie hoch ist der Tagesverbrauch (8 Stunden) der Maschine an Öl, wenn diese mit optimaler Intensität betrieben wird?

27. Bäckermeister R. M. verwendet für die Herstellung seiner berühmten Weihnachtsstollen ein Rezept, das u. a. folgende Zutaten pro Stollen (x) vorsieht:
1 kg Mehl (r_1); 100 g Hefe (r_2); 200 g Zucker (r_3); 400 g Butter (r_4); 500 g Rosinen (r_5) und 100 g Orangeat (r_6).

a) Wie lautet die Produktionsfunktion, wenn die Faktoreinsatzmengen $r_1; \ldots; r_n$ in Kilogramm dimensioniert sind?

b) Die Zutaten Butter und Hefe stehen nur in begrenzter Menge zur Verfügung: Butter maximal 20 kg, Hefe maximal 4 kg. Welcher der beiden Faktoren limitiert die Stollenproduktion?

28. Einem Unternehmen stehen zur Herstellung eines Erzeugnisses zwei Produktionsprozesse zur Verfügung. Die beiden Prozesse lassen sich durch folgende linear-limitationalen Produktionsfunktionen beschreiben:

Prozeß I: $\quad x = \min\left(\frac{1}{5}r_1; \frac{1}{2}r_2\right)$

Prozeß II: $\quad x = \min\left(\frac{1}{2}r_1; \frac{1}{5}r_2\right)$

x = Ausbringungsmenge des Erzeugnisses, r_1 = Einsatzmenge Faktor 1, r_2 = Einsatzmenge Faktor 2.

a) Zeichnen Sie die beiden Produktionsprozesse in ein $r_1 - r_2$-Diagramm bis zu einem Ausbringungsniveau von jeweils x = 15 ME.

b) Zeichnen Sie die Ertragsisoquanten für die Ertragsniveaus x = 5, x = 10 und x = 15 ein.

c) Wie lautet die Gleichung der Ertragsisoquante für x = 10, die sich im Substitutionsgebiet zwischen den beiden Prozessen befindet?

d) Wie muß das Unternehmen die beiden Prozesse kombinieren, wenn es unter Beachtung des Wirtschaftlichkeitsprinzips produzieren will und von Faktor 2: 45 ME, von Faktor 1: 60 ME zur Verfügung hat? (Graphische Lösung)

Die Ergebnisse der Aufgaben finden Sie auf S. 206.

3. Kostentheoretische Grundlagen

Kontrollfragen:

3.1 Betriebswirtschaftlicher Kostenbegriff/Kosteneinflußgrößen

1. Durch welche Begriffselemente kann der Kostenbegriff charakterisiert werden?
2. Worin unterscheiden sich der wertmäßige (zweckorientierte) und der pagatorische (ausgabenorientierte) Kostenbegriff?
3. Worin liegt der Vorteil des wertmäßigen Kostenbegriffs?
4. Wodurch wird das Mengengerüst der Kosten bestimmt?
5. Erläutern Sie den Begriff der Leistungsbezogenheit anhand von Beispielen.
6. Welche Funktion besitzt die Bewertung des leistungsbezogenen Güterverbrauchs?
7. Zeigen Sie anhand von Beispielen mögliche Wertansätze im Rahmen des wertmäßigen Kostenbegriffs auf.
8. Von welchen Faktoren ist die Höhe des Produktionskostenniveaus grundsätzlich abhängig?
9. Aufgrund welcher Einflüsse ändern sich die Einsatzmengen der Produktionsfaktoren?
10. Erläutern Sie an einem Beispiel die Bedeutung der Faktorqualität für die Kostenhöhe.

11. In welcher Weise beeinflußt eine Änderung des Fertigungsprogramms die Kosten?
12. Stellen Sie unmittelbare und mittelbare Wirkungen einer Änderung der Faktorpreise auf die Kosten dar.
13. Was versteht man unter den externen Effekten und wie beeinflussen sie das Kostenniveau?

3.2 Beschäftigungsgrad als zentrale Kosteneinflußgröße

1. Welche Kostenarten unterscheidet man nach der Art ihrer Abhängigkeit vom Beschäftigungsgrad?
2. Zeigen Sie an einem Beispiel, welche Bedeutung die Aufteilung der Gesamtkosten in fixe und variable Kosten für unternehmerische Entscheidungen besitzt.
3. Welche Beziehung besteht zwischen den Begriffen Fixkosten, Nutzkosten und Leerkosten?
4. Welche Ursachen führen zum Entstehen von fixen Kosten?
5. Was versteht man unter intervallfixen Kosten?
6. Nennen Sie Beispiele für intervallfixe Kosten.
7. Warum ist im Hinblick auf die fixen Kosten eine möglichst hohe Kapazitätsauslastung von Bedeutung?
8. Welche Arten variabler Kosten können unterschieden werden?
9. Was versteht man unter dem Reagibilitätsgrad von Kosten?
10. Welchen Wert weist der Reagibilitätsgrad fixer Kosten sowie der verschiedenen Arten variabler Kosten auf?
11. Stellen Sie den Verlauf von Gesamt- und Stückkosten für die einzelnen Arten variabler Kosten graphisch dar.
12. Nennen Sie Beispiele für proportionale Kosten.
13. Inwieweit gehören Akkordlöhne zu den proportionalen Kosten?
14. Wie verändert sich die Relation fixer zu variablen Kosten bei technischem Fortschritt?
15. Zeigen Sie Möglichkeiten einer Umwandlung fixer in variable Kosten auf.
16. Erläutern Sie an einem Beispiel die Wirkung kompensatorischer Effekte von unterschiedlichen Kostenverläufen.

3.3 Formen der Anpassung an Beschäftigungsschwankungen und ihre kostenmäßigen Konsequenzen

1. Geben Sie einen Überblick über die fertigungstechnischen Möglichkeiten einer Unternehmung, sich an Beschäftigungsschwankungen anzupassen.
2. Wie erfolgt die Anpassung bei einer substitutionalen Produktionsfunktion und partieller Faktorvariation?
3. Leiten Sie graphisch aus dem Ertragsgesetz die Kostenfunktion ab.
4. Beschreiben Sie den Verlauf der ertragsgesetzlichen Kostenfunktion.
5. Warum beginnt die Kostenfunktion — anders als das Ertragsgesetz — nicht im Ursprung des Koordinatenkreuzes?
6. Definieren Sie die Begriffe
   a) Grenzkosten,
   b) Durchschnittskosten.
7. Wie sind diese Begriffe mathematisch definiert?
8. Leiten Sie graphisch aus der ertragsgesetzlichen Kostenfunktion die Grenzkosten sowie die variablen und totalen Durchschnittskosten ab.
9. Wie werden graphisch und analytisch die Minima der Grenzkosten-, der variablen und der totalen Durchschnittskostenfunktion bestimmt?
10. Warum nähert sich mit wachsender Beschäftigung die Kurve der totalen Durchschnittskosten der der variablen Durchschnittskosten?
11. Warum sinken die totalen Durchschnittskosten trotz steigender variabler Durchschnittskosten zunächst noch weiter, bis sie im Schnittpunkt mit der Grenzkostenkurve ihr Minimum erreichen?
12. Beschreiben Sie den Zusammenhang von Gesamtkosten, Grenzkosten, variablen und totalen Durchschnittskosten mit Hilfe des Vier-Phasen-Schemas.
13. Welches ist das optimale Anpassungsverhalten bei substitutionaler Produktionsfunktion und totaler Faktorvariation?
14. Stellen Sie diese Form der Anpassung für den Fall graphisch dar, daß die Unternehmung die Minimalkostenkombination realisiert.
15. Wie nennt man die Verbindungslinie kostenminimaler Faktorkombinationen, entlang der sich die Unternehmung an Beschäftigungsschwankungen anpaßt?
16. Was versteht man unter zeitlicher (intensitätsmäßiger, quantitativer) Anpassung?

17. Nennen Sie die Schritte, die notwendig sind, um aus den Verbrauchsfunktionen die Kostenfunktion $K = f(x)$ ($x \triangleq$ Produktion/Tag) herzuleiten.
18. Welchen Verlauf hat die Kostenfunktion $K = f(x)$ bei zeitlicher Anpassung?
19. Welche Grenzkosten (variable, totale Durchschnittskosten) ergeben sich aus diesem Verlauf der Gesamtkostenfunktion?
20. Warum läßt sich zu den kostenmäßigen Konsequenzen intensitätsmäßiger Anpassung keine generelle Aussage treffen?
21. Was ist an der folgenden Behauptung falsch: »Für den Fall konvexer Verbrauchsfunktionen ergibt sich bei intensitätsmäßiger Anpassung ein s-förmiger Kurvenverlauf, wobei die optimale Intensität durch den Wendepunkt der Gesamtkostenkurve bestimmt wird«?
22. Kann man von einem umgekehrt s-förmigen Gesamtkostenverlauf eindeutig auf einen bestimmten Typ von Produktionsfunktion schließen?
23. Welche Formen quantitativer Anpassung unterscheidet man?
24. Stellen Sie graphisch die kostenmäßigen Konsequenzen reiner quantitativer Anpassung dar für den Fall, daß
    a) der Betrieb sich quantitativ durch Stillegung bzw. Wiederinbetriebnahme von Aggregaten,
    b) durch den Verkauf bzw. Kauf von Aggregaten
    anpaßt.
25. Wie verhält sich eine Unternehmung bei selektiver Anpassung?
26. Welcher Kostenverlauf ergibt sich bei dieser Anpassungsform?
27. Ein Unternehmen verfügt über eine Maschine, für die ein optimaler Leistungsgrad bestimmt werden kann. Wie paßt sich dieses Unternehmen optimal an eine veränderte Beschäftigung an?
28. Beschreiben Sie das optimale Anpassungsverhalten eines Unternehmens für den Fall, daß zur Produktion eines Gutes zwei (mehrere) funktionsgleiche, aber kostenverschiedene Maschinen zur Verfügung stehen.
29. Worin unterscheiden sich multiple und mutative Betriebsgrößenvariation?
30. Wodurch läßt sich die Veränderung im Verhältnis fixer zu variablen Kosten bei mutativer Betriebsgrößenvariation erklären?
31. Warum sind kapitalintensivere Fertigungsverfahren erst ab einer bestimmten Betriebsgröße wirtschaftlicher als weniger kapitalintensive?

Aufgaben:

29. Ein Produktionsprozeß sei durch folgende Kostenfunktion beschrieben:

$$K = \frac{1}{10} x^3 - 3x^2 + 50x + 400$$

Berechnen Sie die Grenzkostenfunktion, die Funktion der variablen Durchschnittskosten und die Funktion der totalen Durchschnittskosten und die Minima dieser Funktionen[1].

30. Zeichnen Sie zu der abgebildeten Gesamtkostenkurve die Grenzkostenkurve sowie die Kurven der variablen und totalen Durchschnittskosten.

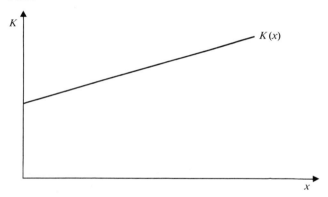

31. Gegeben ist die Produktionsfunktion

$$x = 2 v_1^{1/4} \cdot v_2^{3/4}$$

a) Ermitteln Sie die Expansionslinie bei Preisen von $p_1 = 1$ und $p_2 = 48$.

b) Ermitteln Sie die Kostenfunktion $K = f(x)$ bei totaler Faktorvariation unter Beachtung der Minimalkostenkombination.

32. Der Produktionsprozeß einer Unternehmung läßt sich formal durch folgende Produktionsfunktion darstellen:

$$x = r_1^{1/2} \cdot r_2^{1/2}.$$

---

[1] Bei der Ermittlung der minimalen totalen Durchschnittskosten ist die entstehende Gleichung 3. Grades durch sinnvolles Probieren zu lösen.

Die Faktorpreise der beiden Produktionsfaktoren sind:

$P_1 = 1$ (GE/FE) und $p_2 = 4$ (GE/FE).

Die Unternehmung möchte aufgrund steigender Nachfrage ihre Produktion ausdehnen, kann jedoch wegen Beschaffungsschwierigkeiten von Faktor 1 maximal 16 Faktoreinheiten beschaffen.

Wie entwickeln sich die Kosten in Abhängigkeit von der Ausbringungsmenge $x [K = f(x)]$, wenn die Unternehmung, die soweit wie möglich das Wirtschaftlichkeitsprinzip verfolgt, ihre Ausbringungsmenge von 0 gegen unendlich steigert?

33. Die Stückkosten eines Aggregates weisen in Abhängigkeit von der Intensität d (ME/ZE) folgenden Verlauf auf:

$k(d) = 5d^2 - 60d + 200$.

Zeigen Sie, daß das Minimum der Grenzkosten bei intensitätsmäßiger Anpassung bei einer niedrigeren Ausbringungsmenge $x = d \cdot t$ liegt als das Minimum der Stückkosten (t = konst. = 10 Std.).

34. Für ein Aggregat gelten die folgenden Verbrauchsfunktionen

$v_1 = 2d^2 - 16d + 40 \qquad v_{1/2} \triangleq$ ME/Stck.

$v_2 = 2,5d^2 - 28d + 80 \qquad d \triangleq$ Stck./Std.

mit Faktorpreisen von $p_1 = 3,-$ DM/ME und $p_2 = 4,-$ DM/ME. Ermitteln Sie die Kostenfunktion $K = f(x)$ ($x \triangleq$ Stück/Tag)

a) wenn sich das Unternehmen bei optimaler Intensität zeitlich anpaßt;

b) wenn sich das Unternehmen bei maximaler Betriebszeit von t = 10 Std./Tag intensitätsmäßig anpaßt.

35. Ein Betrieb verfügt über zwei funktionsgleiche, aber kostenverschiedene Aggregate, deren Kostenfunktionen wie folgt dargestellt werden können:

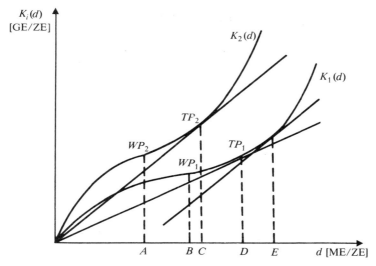

$K_i(d)$ [GE/ZE]; d [ME/ZE]; $i = 1, 2$ (Aggregatkennziffer)

Beide Aggregate können sowohl zeitlich bis $t_{i_{max}}$ als auch intensitätsmäßig bis $d_{i_{max}}$ und quantitativ angepaßt werden.

a) Welches der beiden Aggregate wird zuerst im Produktionsprozeß eingesetzt, und mit welcher Intensität läuft dieses Aggregat? (Geben Sie die Intensität mit Hilfe der im Schaubild verwendeten Buchstaben an.)

b) Bis zu welcher Intensität wird das zuerst eingesetzte Aggregat unter Optimalbedingungen angepaßt, wenn der Output weiter erhöht werden soll?

c) Mit welcher Intensität läuft bei zeitlicher Anpassung das Aggregat, das als zweites eingesetzt wird?

Begründen Sie Ihre Antworten.

36. In einem Betrieb stehen für die Herstellung eines Produktes zwei funktionsgleiche, aber kostenverschiedene Anlagen zur Verfügung, die zeitlich zwischen null und acht Stunden pro Tag angepaßt werden können. Die folgenden Funktionen geben die Kosten je Stunde (DM/Stunde) in Abhängigkeit vom Leistungsgrad d (ME/Stunde) an:

$K_1 = d_1^3 - 6 d_1^2 + 36 d_1$

$K_2 = d_2^3 - 6 d_2^2 + 45 d_2$.

a) Bis zu welcher Leistungsmenge X^a wird nur ein Aggregat eingesetzt und zeitlich angepaßt, wenn die Unternehmung sich kostenoptimal an Beschäftigungsschwankungen anpaßt? ($X \triangleq$ tägliche Produktionsmenge).

b) Ab welcher Leistungsmenge X^b wird zusätzlich das zweite Aggregat eingesetzt?

c) Bis zu welcher Leistungsmenge X^c wird das zweite Aggregat zeitlich angepaßt?

d) Ermitteln Sie die Kostenfunktion $K = f(X)$ für die Anpassungsphasen I – III.

37. Ein Unternehmen besitzt vier funktions- und kostengleiche Aggregate mit einer Kapazität von je 50 ME/Tag. Die aggregatfixen Kosten je Aggregat betragen 1.000,– DM, die variablen Durchschnittskosten 20,– DM/ME. Weiterhin existieren 2.000,– DM unternehmensfixe Kosten.

Stellen Sie graphisch die Kostenfunktion $K = f(x)$ ($x \triangleq$ ME/Tag) dar für den Fall, daß sich das Unternehmen zeitlich und quantitativ durch Stillegung oder Wiederinbetriebnahme von Aggregaten an Beschäftigungsschwankungen anpaßt.

38. Ein Unternehmen verfügt über zwei funktionsgleiche, aber kostenverschiedene Aggregate, deren Grenz- und Stückkostenfunktionen wie folgt dargestellt werden können:

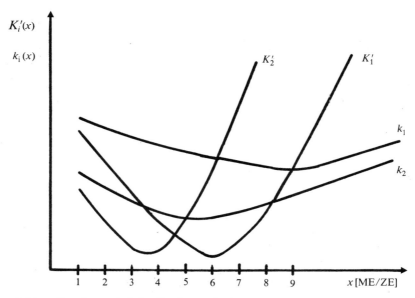

$K_i'(x)$ = Grenzkostenfunktion des Aggregates i
$k_i(x)$ = Stückkostenfunktion des Aggregates i
x = Intensität des Aggregates (ME/Std).

Beide Aggregate können sowohl zeitlich bis $t_{i_{max}} = 10$ Stunden, intensitätsmäßig bis $x_{i_{max}}$ und quantitativ angepaßt werden.

Ermitteln Sie den optimalen Maschineneinsatz in den ersten drei Anpassungsphasen durch Angabe der Intensitäten, Mengen, Einsatzzeiten und Aggregatnummern.

Die Ergebnisse der Aufgaben finden Sie auf S. 207 bis 209.

4. Ergebnisse der Aufgaben

1. Grundlohn: 12,– DM/Std.

   Vorgabezeit: 6 Min./Stck.

   Minutenfaktor: 0,20 DM/Min.

   Geldsatz: 1,20 DM/Stck.

   Verrechnete
   Minuten: 75 Min./Std.

2. a) 18 DM/Std.

   b) 20% $\left(\text{Akkordzuschlag} = \dfrac{\text{Grundlohn} - \text{Mindestlohn}}{\text{Mindestlohn}}\right)$

3. a) $x_{A/B} = 5$; $x_{A/C} = 10$; $x_{B/C} = 20$.

   b)

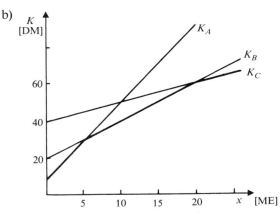

Die fettgedruckte Linie stellt die Operationslinie des Betriebes dar.

4. CW 2000; kritische Mengen: 10000 Kopien/Monat (1000/2000) und 20000 Kopien pro Monat (2000/2000 S)

5. optimale Bestellmenge: 50 Tonnen/Bestellung
   optimale Bestellhäufigkeit: 15 Bestellungen/Jahr
   optimale Lagerdauer: 24 Tage/Bestellung

6. $k(t) = \dfrac{9}{t} + 0{,}01\,t$; $t_{opt} = 30$ Tage/Bestellung.

7. $x_{opt} = +\sqrt{\dfrac{2 \cdot a \cdot M}{b}}$

8. a) $x_{opt} = 30$ kg
   b) $p = 10\%$

9. $n_{opt} = 20$ Lose/Jahr.

10. Produkt 3; Gewinn: 12.000,– DM.

11. 1000 Einheiten Spaten 0,2;
    1000 Einheiten Spaten 0,5 und
    500 Einheiten Spaten 0,4

12. $x_1 = 30$ ME; $x_2 = 70$ ME; max. Deckungsbeitrag: 41.000,– DM.

13. $x_1 = 30$ ME; $x_2 = 60$ ME; min. variable Kosten: 12.000,– DM.

14. $x_1 = 40$ ME; $x_2 = 66$ ME (beste ganzzahlige Lösung);
    Zielfunktion (Nutzenmaximierung):
    $N = 0{,}7\,(20x_1 + 80x_2) + 0{,}3\,(180x_1 + 90x_2) \rightarrow$ Max!

15. x_1 (Weizen) $= 16$ ha; x_2 (Rüben) $= 24$ ha; max. Gewinn: 20.800,– DM.

16. $x_1 = 60$ ME; $x_2 = 20$ ME; max. Deckungsbeitrag: 2.800,– DM.
    Zielfunktion (Maximierung des Deckungsbeitrags):
    DB $= 30x_1 + 50x_2 \rightarrow$ Max!

17. Phase I: $0 \leq v_2 \leq 2{,}5$
    Phase II: $2{,}5 < v_2 \leq 3{,}75$
    Phase III: $3{,}75 < v_2 \leq 5$
    Phase IV: $v_2 > 5$.

18. a) $x'_{max} = 1{,}6$
    b) steigende Produktivität: $0 < v < 3$
       sinkende Produktivität: $v > 3$
    c) $v = 4$.

19. a)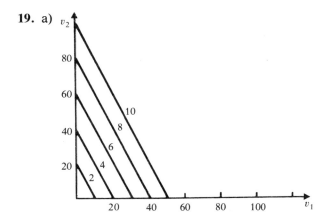

b) totale bzw. alternative Faktorsubstitution.

c) $E = 0{,}2\, v_1 + 0{,}1\, v_2$.

20. a) 2

b) 1 (linear-homogen)

c) 2

d) nicht-homogen

e) $\dfrac{5}{12}$

21. $v_1 = 3$; $v_2 = \dfrac{3}{2}$

22.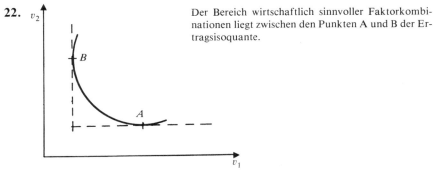

Der Bereich wirtschaftlich sinnvoller Faktorkombinationen liegt zwischen den Punkten A und B der Ertragsisoquante.

23. $x_{\max} = 160$

24. $p_{2_{\max}} = 4$;

Hinweis: Mit der Änderung von p_2 ändert sich auch die Minimalkostenkombination.

206 Lösungen

25. $d_{opt} = 2$ Stck./Min.

26. a) $\tilde{v}_{1_{min}} = 7$ Liter/100 Umdrehungen
$\tilde{v}_{2_{min}} = 6$ Liter/100 Umdrehungen
b) $\tilde{v}_1^{tot} \approx 238{,}16$ Liter/Tag

27. a) $x = \min(1\,r_1;\ 10\,r_2;\ 5\,r_3;\ 2{,}5\,r_4;\ 2\,r_5;\ 10\,r_6)$
b) Hefe

28. a) – b)

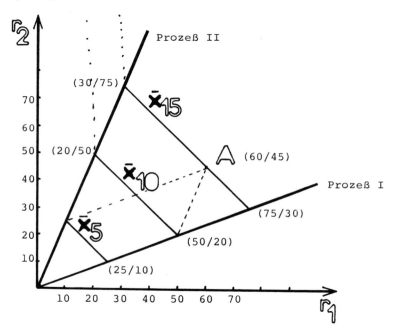

c) Die Isoquante geht durch die Punkte (50/20) und (20/50) und hat damit die Steigung -1

Punkt-Steigungsform

$$\frac{r_2 - 20}{r_1 - 50} = -1 \quad \text{es folgt: } r_2 = -r_1 + 50 + 20$$

$$r_2 = 70 - r_1$$

d)

10 Ausbringungsmengeneinheiten sind mit Prozeß I und 5 Ausbringungsmengeneinheiten sind mit Prozeß II zu produzieren.

Prozeß I verbraucht damit: 50 ME (Faktor 1) und 20 ME (Faktor 2)
Prozeß II verbraucht damit: 10 ME (Faktor 1) und 25 ME (Faktor 2)

| Summe: | 60 ME | 45 ME |

$x = 15$ ME $= x$ max

29. Grenzkosten:

$$K'(x) = \frac{dk}{dx} = \frac{3}{10} x^2 - 6x + 50$$

$K'_{\min} = 20 \quad (x = 10)$

variable Durchschnittskosten:

$$k_v(x) = \frac{K_v}{x} = \frac{1}{10} x^2 - 3x + 50$$

$k_{v_{\min}} = 27{,}5 \quad (x = 15)$

totale Durchschnittskosten:

$$k(x) = \frac{K}{x} = \frac{1}{10} x^2 - 3x + 50 + \frac{400}{x}$$

$k_{\min} = 50 \quad (x = 20)$

30.

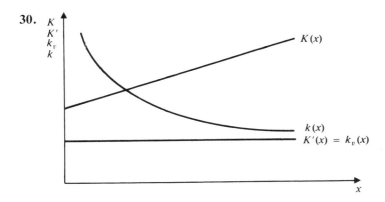

31. a) $v_2 = \frac{1}{16} v_1$

b) $K(x) = 16x$

32. $K = 4x$ für $0 \leq x \leq 8$

$K = 16 + \frac{x^2}{4}$ für $x > 8$

208 Lösungen

33. Stückkostenminimum bei $d = 6$ ME/Std. bzw. $x = 60$ ME/Tag;
    Grenzkostenminimum bei $d = 4$ ME/Std. bzw. $x = 40$ ME/Tag

34. a) $K(x) = 40x$
    b) $K(x) = 0{,}16x^3 - 16x^2 + 440x$

35. a) Aggregat 1 (niedrigere minimale Stückkosten);
       zeitliche Anpassung bei optimaler Intensität D;
    b) intensitätsmäßige Anpassung bis $E(K'_1 = k_{2_{min}})$
    c) C (optimale Intensität des Aggregates 2)

36. a) $X^a = 24$
    b) $X^b = 32$
    c) $X^c = 56$
    d) Phase I: $K(X) = 27X$ $\qquad\qquad\qquad\qquad\qquad 0 \leq X \leq 24$
       Phase II: $K(X) = \dfrac{1}{64}X^3 - \dfrac{3}{4}X^2 + 36X \qquad 24 < X \leq 32$
       Phase III: $K(X) = 36X - 256 \qquad\qquad\qquad\quad 32 < X \leq 56$

37.

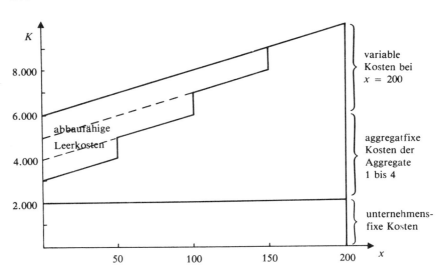

38.

1. Phase:	Agg. 2;	$d_{2_{opt}} = 5$;	$0 \leq t_2 \leq 10$;	$0 \leq x \leq 50$
2. Phase:	Agg. 2;	$5 < d_2 \leq 6$	$t_2 = 10$;	$50 < x \leq 60$
3. Phase:	Agg. 1;	$d_{1_{opt}} = 9$;	$0 \leq t_1 \leq 10$;	$60 \leq x \leq 150$
	Agg. 2;	$d_2 = 6$;	$t_2 = 10$;	

Literaturverzeichnis

Adam, D.	Produktionspolitik, 3., durchgesehene Auflage, Wiesbaden 1980.
Ausschuß für Wirtschaftliche Fertigung e. V.	AWF-Empfehlung, Integrierter EDV-Einsatz in der Produktion, CIM: Computer Integrated Manufacturing, Begriffe − Definitionen − Funktionszuordnungen, Eschborn 1985.
Berg, C.	Materialwirtschaft, Stuttgart/New York 1979.
Berg, C. C., Korb, U.-G.	Mathematik für Wirtschaftswissenschaftler, Teil II: Lineare Algebra und Lineare Programmierung, Wiesbaden 1975.
Bergner, H.	Der Ersatz fixer Kosten durch variable Kosten, in: ZfbF 1967, S. 141−162.
Bloech, J., Lücke, W.	Produktionswirtschaft, Stuttgart/New York 1982.
Bobenhausen, F.	Produktionslogistik in der flexibel automatisierten Drehteilefertigung, in: Arbeitsvorbereitung, 26. Jg. (1989), Nr. 2.
Busse v. Colbe, W., Laßmann, G.	Betriebswirtschaftstheorie, Band I Grundlagen, Produktions- und Kostentheorie, Berlin/Heidelberg/New York 1975.
Däumler, K.-D., Grabe, J.	Kostenrechnung II − Deckungsbeitragsrechnung, Herne/Berlin 1982.
Delfmann, W.	Das Gesetz der Massenproduktion, in: WISU 2/85, S. 65f.
Dellmann, K.	Betriebswirtschaftliche Produktions- und Kostentheorie, Wiesbaden 1980.
Ellinger, Th.	Reihenfolgeplanung, in: Handwörterbuch der Betriebswirtschaft, 4. Aufl., Stuttgart 1976, Sp. 3411ff.
Eversheim, W., u. a.	Maßnahmen zur Realisierung von CIM in kleinen und mittleren Betrieben, in: VDI-Zeitschrift, Bd. 129, Nr. 5, 1987.
Götzinger, M., Michael, H.	Kosten- und Leistungsrechnung, 3., überarbeitete und erweiterte Auflage, Heidelberg 1985.
Grochla, E.	Grundlagen der Materialwirtschaft, 3., gründlich durchgesehene Auflage, Wiesbaden 1978.
ders.	Materialwirtschaft, in: HWB Band I/2, 4., völlig neu gestaltete Auflage, Stuttgart 1975, Sp. 2627−2645.
Gutenberg, E.	Grundlagen der Betriebswirtschaftslehre, Erster Band, Die Produktion, 23., unveränderte Auflage, Berlin/Heidelberg/New York, 1979.
Hansmann, K.-W.	Industriebetriebslehre, München/Wien 1984.
Heinen, E.	Betriebswirtschaftliche Kostenlehre, 6. verbesserte und erweiterte Auflage, Wiesbaden 1983.
ders.	Industriebetriebslehre, 7. vollständig überarbeitete und erweiterte Auflage, Wiesbaden 1983.

Hinterhuber, H.	Normung, Typung und Standardisierung, in: HWB Band I/2, 4., völlig neugestaltete Auflage, Stuttgart 1975, Sp. 2777–2782.
Hoitsch, H.-J.	Produktionswirtschaft. Grundlagen einer industriellen Betriebswirtschaftslehre, München 1985.
Hoss, K.	Fertigungsablaufplanung mittels operationsanalytischer Methoden, Würzburg/Wien 1965.
Jehle, E.	Unternehmung und gesellschaftliche Umwelt, Stuttgart 1980.
Johnson, S. M.	Optimal Two- and Three-Stage Production Schedules with Setup-Times Included, in: Naval Research Logistics Quarterly, (1) 1954, S. 61 ff.
Jünemann, R.	Materialflußtechnik 1, 2. Auflage, Dortmund 1987.
ders.	Materialfluß und Logistik, Dortmund 1989.
Kahle, E.	Produktion, München/Wien 1980.
Kaluza, B.	Flexibilität der Produktionsvorbereitung industrieller Unternehmen, in: Internationale und nationale Problemfelder der Betriebswirtschaftslehre, hrsg. von Gert v. Kortzfleisch und Bernd Kaluza, Berlin 1984, S. 287–333.
Kern, W.	Die Messung industrieller Fertigungskapazitäten und ihrer Ausnutzung, Köln/Opladen 1962.
Kilger, W.	Produktions- und Kostentheorie, Wiesbaden 1958.
Kistner, K.-P.	Produktions- und Kostentheorie, Würzburg/Wien 1981.
Koch, H.	Zur Diskussion über den Kostenbegriff, in: ZfhF 1958, S. 355–399.
ders.	Zur Frage des pagatorischen Kostenbegriffes, in: ZfB 1959, S. 8 ff.
Kortzfleisch, G. v.	Betriebswirtschaftliche Arbeitsvorbereitung, Berlin 1962.
ders.	Kostenquellenrechnung in wachsenden Industrieunternehmen, in: ZfbF 1964, S. 318–328.
ders.	Systematik der Produktionsmethoden, in: Industriebetriebslehre in programmierter Form, hrsg. von H. Jacob, 1. Band, Grundlagen, S. 119–205.
Kottke, E.	Die optimale Beschaffungsmenge, Berlin 1966.
Krelle, W.	Produktionstheorie, Tübingen 1969.
Kroeber-Riel, W.	Beschaffung und Lagerung, Betriebswirtschaftliche Grundfragen der Materialwirtschaft, Wiesbaden 1966.
Kupsch, P. U., Marr, R.	Personalwirtschaft, in: Industriebetriebslehre, Entscheidungen im Industriebetrieb, hrsg. von E. Heinen, Wiesbaden 1972.
Lücke, W.	Probleme der quantitativen Kapazität in der industriellen Erzeugung, in: ZfB 1965, S. 354–369.
Mauthe, K. D., Roventa, P.	Versionen der Portfolioanalyse auf dem Prüfstand, ZfO, Heft 4/1982, S. 191–204.
Mellerowicz, K.	Kosten und Kostenrechnung I, Theorie der Kosten, 4., durchgesehene Auflage, Berlin 1963.
Meyhak, H.	Entscheidungstabellen-Technik, Heidelberg 1975.
Münstermann, H.	Unternehmensrechnung, Wiesbaden 1969.

Pfeiffer, W., Dörrie, U., Stoll, E.	Menschliche Arbeit in der industriellen Produktion, Göttingen 1977.
Reichmann, Th.	Die betriebswirtschaftlichen Anpassungsprozesse im Lagerbereich, in: ZfbF 1967, S. 762–772.
Reichwald, R.	Arbeit als Produktionsfaktor, München/Basel 1977.
Riebel, P.	Die Elastizität des Betriebes, Köln/Opladen 1954.
Riedel, G.	Deckungsbeitragsrechnung, wie aufbauen, wie nutzen?, Gernsbach 1976.
Scheer, A. W.	CIM, Der computergesteuerte Industriebetrieb, 3. Auflage, Saarbrücken 1987.
Schmalenbach, E.	Kostenrechnung und Preispolitik, 8., erweiterte und verbesserte Auflage, Köln/Opladen 1963.
Schneider, E.	Einführung in die Wirtschaftstheorie, II. Teil, 10., verbesserte Auflage, Tübingen 1965.
Schweitzer, M., Küpper, H. U.	Produktions- und Kostentheorie der Unternehmen, Hamburg 1974.
Steffen, R.	Analyse industrieller Elementarfaktoren in produktionstechnischer Sicht, Berlin 1973.
ders.	Produktions- und Kostentheorie, Stuttgart 1983.
Wagner, H.	Die Bestimmungsfaktoren der menschlichen Arbeitsleistung im Betrieb, Wiesbaden 1966.
ders.	Dispositive Produktionsvorbereitung, in HWProd., hrsg. von Kern, W., Stuttgart 1979, Sp. 2155–2173.
Wöhe, G.	Einführung in die Allgemeine Betriebswirtschaftslehre, 14., überarbeitete Auflage, München 1981.
Zäpfel, G.	Produktionswirtschaft. Operatives Produktions-Management, Berlin/New York 1982.

Sachregister

Abfälle 25
Akkordlohn 12 ff.
Akkordrichtsatz 13 f.
Akkordzuschlag 13 f.
Anforderungsprofil 5
Anpassungsformen 115 ff., 197 f.
   bei totaler Faktorvariation 122 ff.
   ertragsgesetzliche 163 ff.
   intensitätsmäßige 128 ff.
   kombinierte 130 f., 165 ff.
   quantitative 131 ff.
   zeitliche 125 ff.
Arbeitsbewertung 10 f., 123 f.
Arbeitsentgelt 9, 11 ff.
Arbeitsleistung 2 ff.
   dispositive 1
   menschliche 2 ff.
   objektbezogene 2
Arbeitsmethodik 9
Arbeitsteilung 5 f.
Arbeitsumweltbedingungen 6 ff.
   sachliche 6
   soziale 6
   zeitliche 7 f.
Arbeitsvorbereitung 47 ff.
   allgemeine 47 f.
   spezielle 48 ff.

Bedürfnishierarchiethese 5
Bedürfnisse 4 ff.
Beschaffungszeit 27 ff.
Beschäftigungsgrad 107 ff.
Bestellhäufigkeit 31 f., 145 f.
Bestellmenge, optimale 29 ff., 143 ff.
Betriebsfähigkeit 17
Betriebsgröße 113, 136 ff.
Betriebsmittel 16 ff.
Betriebsstoffe 24

CAD 73
CAM 74
CAP 74
CAQ 74

CIM 72 ff.
CNC-Technik 44

Deckungsbeitrag 53 ff.
   engpaßbezogener 55
Disposition, körperliche 3
Durchschnittsertrag 82, 86
Durchschnittsrate der Substitution 92

Effekte, externe 115
Einflußgrößen der menschlichen
   Arbeitsleistung 2 ff.
   extrapersonelle 3 ff.
   intrapersonelle 5 ff.
Einproduktfertigung 40
Einzelfertigung 41
Elastizität, fertigungstechnische 21 ff.
Elementarfaktoren 1
Entsprechung, verfahrenstechnische 22 ff.
Ertragsgebirge 88 f.
Ertragsgesetz 82 ff.
Expansionspfad 123 f.

Faktor, dispositiver 1
Faktorbeziehungen 77 ff.
   limitationale 79 f.
   substitutionale 77 f.
Faktorvariation 84 ff.
   partielle 84 ff., 188 f.
   totale 88 ff., 189 f.
Fertigungsprogrammplanung 53 ff.
   operative 53 ff.
   strategische 47 ff.
   taktische 47 ff.
Fertigungsverfahren 40 ff.
Fixkosten 108 ff.
   absolut fixe Kosten 108
   bestellmengenfixe 30 ff.
   Nutz- und Leerkosten 108 f.
   sprungfixe Kosten 108
Flexible Automatisierungssysteme 45 f.

Sachregister

Fließfertigung 42 f.
Fördersysteme 46

Geldakkord 13
Geldsatz 13 f.
Genfer Schema 139
Grenzertrag 81, 85
Grenzkosten 118 f.
Grenzproduktivität 80
Grenzrate der Substitution 92
Grundlohn 13 f., 140
Gruppenfertigung 43

Hawthorne-Experimente 4
Hilfsstoffe 24
Homogenitätsgrad 90 f., 157

Intensität 96 ff.
Isodeckungsbeitragslinie 59, 148
Isokostenlinie 94
Isoquante 89
Isoquantensystem 89 f.
Istleistung 14, 140

Kapazität 19 ff.
  maximale 19
  minimale 19
  optimale 19, 20
  qualitative 21
  quantitative 19 ff., 57
Kapazitätsbeschränkung 148
Kombinationsprozeß 1
kompensatorische Effekte 113
Kosten, variable 110 ff.
  degressive 111
  progressive 112
  proportionale 111
  regressive 112
Kosteneinflußgrößen 110 ff.
Kostenisoquante 93

Lagersysteme 38 f.
  dynamisch 39
  statisch 39
Leistungsbereitschaft 3
Leistungsbewertung 11
Leistungsfähigkeit 3
Leistungsgrad, optimaler 99 ff.
Leistungsstand, technischer 17 ff.

Lohnberechnung 11 ff., 139 ff.
Lohnformen 11 ff.
Losgröße, optimale 49 ff., 151 ff.

Massenfertigung 40 f.
Materialbereitstellungsprinzipien 26 ff.
Mehrproduktfertigung 41
Meldemenge 27
Menge, kritische 23, 141
Minimalkostenkombination 93 ff., 155 ff., 190
Minuten, verrechnete 14
Minutenfaktor 13 f., 140
Modernität eines Betriebsmittels 17

Nebenprodukte 25
Niveauvariation 90
Normalleistung 13 f., 140
Normung 25

Operationslinie 24
Optimierungsmodell 29 ff.
Organisation 1
Organisationsstruktur der Fertigung 42 f.

Portfolio-Analyse 47 f.
Potentialfaktoren 16
PPS
Prämienlohn 15 ff.
Produktionsfunktion 77 ff.
  homogene 90
  inhomogene 91
  Typ A 82 ff., 153 f.
  Typ B 95 ff., 193 f.
Produktionskoeffizient 80
Produktionsprogramm, optimales 54, 148

Reagibilitätsgrad 110 f.
Recycling 25
Reihenfolgeplanung 62 ff.
Rohstoffe 24
Rüstkosten 53, 144

Serienfertigung 40 f.
Sicherheitsbestand 29
Simplex-Algorithmus 59 ff.

Sortenfertigung 40 f.
Soziallohn 16
Standardisierung 25 f.
Stücklohn 16
Stundenverdienst 12 ff., 140

Tagesrhythmik 3 f.
Typung 25

Verbrauchsfunktion 96 ff., 200
   technische 97
   ökonomische 98

Vier-Phasen-Schema 87 f., 121 f., 153 f.
Vorgabezeit 14

Werkstattfertigung 42 f.
Werkstoffe 24 ff.

Zeitakkord 13
Zeitausgleich 8
Zeitlohn 11 ff.
Zeit-Verbrauchsfunktion 99

Die aktuelle Information und Dokumentation
über Recht, Wirtschaft und Steuern für die betriebliche Praxis:

Betriebs-Berater

Zeitschrift für Recht und Wirtschaft

Seit über 40 Jahren ist der „Betriebs-Berater" der zuverlässige und unentbehrliche Informationsmittler zwischen der Wirtschaftspraxis, Gesetzgebung und Rechtsprechung.

Mit dem „Betriebs-Berater" arbeiten: Unternehmen und deren Berater, Rechtsanwälte und Notare, Angehörige der steuerberatenden Berufe, Banken, Versicherungen, Behörden, Gerichte, Verbände und Körperschaften aller Art, Wissenschaftler und Studenten. Er bietet:

> Schnelle und ständige Information über alle wesentlichen Gerichtsentscheidungen, neuen Gesetze, Verordnungen und Verwaltungsmaßnahmen.

> Praxisnahe Erörterung wichtiger Rechtsfragen durch Aufsätze, Abhandlungen, Entscheidungsanmerkungen und Kurzinformationen.

> Kritische Auseinandersetzung mit Gesetzgebung, Rechtsprechung und Rechtsanwendung.

> Präzise Darlegung zusammenhängender Rechtsprobleme und Hinweise auf Querverbindungen.

> Zweckmäßige Gliederung, klare Sprache und sachlich knappe Darstellung.

Der „Betriebs-Berater" erscheint alle 10 Tage. Die weiteren Bezugsbedingungen geben wir Ihnen gerne bekannt. Bitte fordern Sie Probehefte beim Buchhandel oder direkt beim Verlag an.

Günstiger Vorzugspreis für Studenten und Referendare

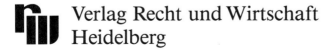

Verlag Recht und Wirtschaft
Heidelberg

Grundstudium Betriebswirtschaftslehre

Band 1: Handels- und Steuerbilanzen
Einschließlich der Systematik betrieblicher Ertrags- und Substanzsteuern und der Vermögensaufstellung
Von Dipl.-Hdl. OStR Günter Bauch und
Dipl.-Kfm. Andreas Oestreicher.
Mit einem Geleitwort von Prof. Dr. Otto H. Jacobs.
4., neubearbeitete und erweiterte Auflage 1989,
306 Seiten mit 48 Abb. und Tab., Kt.,
ISBN 3-8005-6284-7

Band 2: Kosten- und Leistungsrechnung
Eine Einführung
Von Dipl.-Kfm. Manfred K. Götzinger und
Dipl.-Kfm. Dr. Horst Michael.
Mit einem Geleitwort von Prof. Dr. Heinz Bergner.
4., unveränderte Auflage 1988, 259 Seiten, Kt.,
ISBN 3-8005-6297-9

Band 3: Investitions- und Finanzplanung
Eine Einführung in finanzwirtschaftliche Entscheidungen unter Sicherheit
Begründet von Dr. Thomas Veit und Dipl.-Kfm. Werner Straub,
fortgeführt von Dipl.-Kfm. Hartmut Walz und Prof. Dr. Dieter Gramlich.
3., völlig neubearbeitete und erweiterte Auflage 1990,
ca. 320 Seiten mit 55 Abb. und Tab., Kt.,
ISBN 3-8005-2000-1

Band 4: Produktionswirtschaft
Eine Einführung mit Anwendungen und Kontrollfragen
Von Prof. Dr. Egon Jehle, Dipl.-Kfm. Dr. Klaus Müller und
Dipl.-Kfm. Dr. Horst Michael.
Mit einem Geleitwort von Prof. Dr. Gert von Kortzfleisch.
3., überarbeitete und erweiterte Auflage 1990,
ca. 220 Seiten mit 94 Abb. und Tab., Kt.,
ISBN 3-8005-6287-1

 **Verlag Recht und Wirtschaft Heidelberg**